AS 22 CONSAGRADAS LEIS DE PROPAGANDA E MARKETING

AS 22 CONSAGRADAS LEIS DE PROPAGANDA E MARKETING

MICHAEL NEWMAN

M.BOOKS

M.Books do Brasil Editora Ltda.

Rua Jorge Americano, 61 - Alto da Lapa
05083-130 - São Paulo - SP - Telefones: (11) 3645-0409/(11) 3645-0410
e-mail: vendas@mbooks.com.br
www.mbooks.com.br

Dados de Catalogação na Publicação

Newman, Michael/ As 22 Consagradas Leis de Propaganda e Marketing

2007 – São Paulo – M. Books do Brasil Editora Ltda.

1. Marketing 2. Propaganda 3. Publicidade 4. Administração

ISBN: 85-7680-010-1

Do original: The 22 Irrefutable Laws of Advertising

EDITOR
MILTON MIRA DE ASSUMPÇÃO FILHO

Produção Editorial
Salete Del Guerra

Tradução
Maria Lúcia Rosa

Revisão de Texto
Sílvio Ferreira Leite
Patrícia Travanca

Coordenação de Gráfica
Silas Camargo

Editoração e Capa
RevisArt

2007

Este livro é dedicado a Steve Costello;
que me ensinou que você pode ser uma Lei, e ainda
assim ter a maior curiosidade, compaixão e generosidade.

AGRADECIMENTOS

Agradeço a meu editor, Nick Wallwork, por sua paciência com este projeto desordenado, comigo, e com esta idéia difícil e superabrangente.

Agradeço também a Michael, da *Campaign Brief,* e a Patsy, da *FBI,* por suas sugestões, bem como às pessoas apaixonadas do prêmio Young Guns. Danny Searle, Neil Lawrence e Garry Horner merecem agradecimentos por tentarem alinhar os gurus de suas corporações.

Um agradecimento especial não só aos colaboradores brilhantes e generosos, mas particularmente aos incansáveis profissionais da propaganda de todo o mundo, que suportaram a força das missivas diárias e deram conta de programas impossíveis.

Também àqueles gurus da propaganda que prometeram demais e ofereceram menos do que o prometido (filosofia oposta ao que é defendido neste livro) – e por isso não foram incluídos neste projeto — gostaria de reconhecer que vocês têm sido deixados para trás por seus colegas.

Obrigado a Jennifer Eborall, como sempre, pela clareza na elaboração de seu projeto.

E, finalmente, obrigado a meus clientes, colegas de trabalho e pessoas queridas que suportaram animadamente mais um livro, escrito em um ano, e que tomou muito de meu tempo e atenção.

Vocês todos merecem o melhor.

Sumário

Prefácio

Mike Newman e eu fomos uma dupla de criação. Durante quase oito anos confiei em sua capacidade de redistribuir o alfabeto em palavras capazes de tocar os sentidos. Nosso objetivo era criar propagandas que estabelecessem uma ligação emocional, mesmo que nossos esforços às vezes tenham gerado uma resposta superemocional como, por exemplo, no caso do cliente que ameaçou pôr fogo em nossa agência e prometeu transformá-la em restaurante. Em sua melhor fase, nosso trabalho ganhou contas e prêmios importantes. Na pior fase, criamos um comercial de televisão para um produto de higiene feminina, que mostrava uma represa.

Aprende-se muito com a experiência.

E este livro é a oportunidade de aprender com os 22 profissionais mais experientes do ramo.

"Quando você tem um bom argumento, saia do caminho" é uma dica que recebemos do lendário Dave Trott.

E, como você verá, Mike sai do caminho para que os colaboradores falem com cada um de vocês sobre as leis consagradas da propaganda e marketing. Francamente, não sei como Mike convenceu todos esses pesos pesados a participar. Talvez eles estivessem pensando como eu ao vislumbrar a chance de escrever este prefácio:

"Uau, imagine estar em um livro com aqueles caras!"

Quando Mike e eu trabalhamos juntos, um de nossos clientes tinha uma grande placa na parede: "OQPTD".

Queria dizer O Que Posso Tirar Disso?

Era a pergunta que sabíamos que precisávamos responder em toda propaganda a ser apresentada.

Acho que foi o ponto de partida para Mike. De modo inteligente, a questão "O Que Posso Tirar Disso?" é uma proposta irrefutável de propaganda.

22 livros pelo preço de um!

Bob Isherwood
Worldwide Creative Director
Saatchi & Saatchi

INTRODUÇÃO

As Regras do Engajamento

Consagrada, imutável, incontroversa, indubitável, inquestionável, incontestável – a grande promessa é o coração da propaganda. Mas a palavra realmente importante no título deste livro é "Leis".

As leis e a propaganda têm sido sempre uma combinação problemática. Inicialmente, as palavras parecem seguir juntas, da mesma forma evidente como costumavam caminhar a vodca e o centeio.

A propaganda, certamente, é independente. Cresce vigorosamente a partir do que nunca foi visto. Evitando fórmulas. Rejeitando regras.

Como pode a propaganda, a mais efêmera de todas as despesas de uma empresa, ser regida de uma forma prática por leis como, por exemplo, a matemática ou a física?

A Lei da Selva, alguns diriam.

Ou a Lei de Murphy?

Ou pior, a Lei dos Retornos Decrescentes?

E, certamente, o mundo cheio de energia do departamento de criação das agências recuará ante a noção de algo tão restritivo quanto as regras universais.

Os profissionais da área podem suspeitar que algo prensado dentro desta capa tenha o poder de limitar o fluxo de suas ejaculações de criação. Para eles eu digo: pense nestes 22 capítulos não como leis da natureza a serem obedecidas, mas como forças da natureza a serem usadas para sua vantagem.

Fúria + Controle = Gênio.

Este livro não é sobre regras a serem impostas como um chicote para matar idéias. Nem são isentas de prescrições objetivas ou de falhas. Infelizmente, "a probabilidade de se descobrir a fórmula infalível para a propaganda de sucesso é tão realista quanto encontrar a fórmula de viver bem", para citar uma colega, Jane Caro, crítica da TV australiana. Nossa intenção foi apenas fazer um guia simples para os fundamentos da comunicação comercial bem-sucedida.

O objetivo modesto do projeto é codificar os princípios universais básicos da propaganda efetiva, conforme indicação dos maiores profissionais de todos os cantos do mundo. Os princípios do marketing têm sido encobertos por inúmeros modelos de arquitetura para guiar os praticantes (templos de marca, degraus, cebolas, gráficos moleculares, roda de carroça). Até agora, o fim do processo de marketing para a propaganda não foi bem analisado.

A criatividade na propaganda é vista como uma força incerta, não residindo em processos quantificáveis e identificáveis, objetivos, mas na intuição, a chamada intuição criativa, "superlógica", e na sorte dada por Deus.

Alguns anos atrás, conheci Roy Grace, o lendário diretor de arte de Nova York, que sentia fisicamente sinais intuitivos. Quando lhe perguntavam como ele sabia que sua idéia seria um sucesso, ele respondia simplesmente: "meus bagos doem".

Como Prender um Raio em uma Garrafa

Tudo é tão relativo assim? Toda decisão é tão subjetiva? A verdade é apenas uma opinião pessoal? Anarquia criativa?

O sucesso seria mais que um dom indicativo de boas oportunidades e de uma noção sobre quais delas responderiam à imaginação?

Até você retirar as camadas e criar uma propaganda excelente, tudo parece um exercício esotérico. Mas, queira ou não, o marketing precisa de um impulso criativo, para alcançar o coração das pessoas.

Portanto, como fazer para saltar, cheios de confiança, da séria convencionalidade do mundo dos dados e das cifras apresentadas na sala de diretoria, para o âmbito vívido da imaginação?

Este livro busca dar uma ajuda nesse sentido. Astros de todo o globo se reuniram para este projeto, o que ocorreu pela primeira vez, para que pudessem revelar com clareza a mágica prática que tornou a propaganda deles tão bem-sucedida. É uma tentativa de elucidar o mistério e definir um mapa útil para o futuro. Siga os conselhos que eles dão e você fará julgamentos mais sutis, intuitivos e perceptivos sobre sua propaganda.

O conhecimento novo vem da solução de problemas. E o mais valioso é chamado de conhecimento tácito, pois foi incutido por meio da experiência, foi aprendido, não anotado. O acesso àqueles que têm sabedoria tácita especializada é escasso e altamente valioso nesta economia do conhecimento.

O painel de profissionais de destaque foi eleito pela amplitude de suas reputações, por sua forma de perceber o mundo atual, pelo sucesso espetacular de suas empresas e seus clientes, bem como pelo equilíbrio de visões que têm dos Estados Unidos, Reino Unido, Europa, África do Sul, América do Sul, Sudeste Asiático e Australásia.

Não levamos em consideração representar certas redes de agências em detrimento de outras. Não estamos alegando que somos politicamente corretos, mas apenas corretos. Não queremos fornecer um guia para que você escolha a agência que possa vender sua próxima propaganda, mas sim falar daquilo que você deve procurar em uma propaganda com possibilidades de sucesso no futuro.

Claro que a interpretação de cada Lei é individual e, sem dúvida, nem todos os envolvidos concordarão completamente com todas as opiniões expressadas. Atitudes paradoxais e estilos divergentes fazem parte da vivacidade do texto. Nossa tarefa é simplesmente examinar os princípios da excelente propaganda.

O autor Patrick White, ganhador do Prêmio Nobel, certa vez escreveu sobre o conceito de "razão criadora" e apresentou esta definição que pode dar o tom certo aqui: é uma discussão da imaginação criadora como forma particular do pensamento, que exige uma lógica própria. Estamos tentando dar foco ao que é importante, para encorajar a propaganda bem-sucedida, bem como para apontar as transgressões que devem ser evitadas a todo custo.

Você poderia perguntar: mas por que precisamente 22? E da mesma forma: por que os Cinco Famosos, os Sete Segredos, os Quatro Fabulosos? Não se trata simplesmente de aliteração. É um número mágico.

Este livro é uma regeneração, na verdade uma reinvenção da série que começou com as 22 Leis do Marketing e das Marcas, que foram examinadas de várias formas nos trabalhos dos senhores Trout, Ries, e da sra. Ries, que influenciaram profundamente o meio. Agora é a vez da propaganda.

Há outras leisconsagradas, além destas 22? Sim, sem dúvida, e a pesquisa continuará no website do projeto: The22lawsofadvertising.com

Isto É Grave, Doutor?

Nunca, em sua brilhante história, a propaganda precisou tanto de estrelas mundiais para ter uma orientação. Recentemente houve dias sombrios na maioria dos mercados, e o mundo tem mudado com muita rapidez na maioria dos negócios. O cenário psicológico passa por modificações sísmicas em todas as nações da Terra já há alguns anos. Da mesma forma, a fragmentação da mídia ruiu a tela de proteção de muitas empresas de destaque. O resultado tem sido uma carnificina em muitos setores. Mesmo produtos solidamente estabelecidos foram esmagados e queimados no novo mercado.

No entanto, muitas agências, hoje, ainda estão presas aos velhos tempos, e permitem que seus clientes gastem milhões, para chegar em becos sem saída lotados de destroços e sem originalidade. Ou, o que é igualmente criticável, ousam se lançar tão sobrecarregadas de bagagem que suas campanhas não têm chance de alcançar o público-alvo. Como resultado, as agências de propaganda lutam atualmente contra a pior recessão dos últimos 70 anos.

(Em 2003, o índice da Standard & Poor's das empresas globais de propaganda caiu 20% nos três primeiros meses e despencou 70% de seu pico atingido em dezembro de 1999. A propaganda foi o setor com pior desempenho, ficando à frente apenas do tabaco [Sydney Morning Herald/Deutsch Bank, 3 março].)

A mídia se fragmentou.

Consumidores cada vez mais cínicos e conhecedores têm se rebelado.

As principais agências perderam terreno para os profissionais de marketing direto. (Na época em que escrevia o livro, o Deutsch Bank previu cautelosamente uma tendência de crescimento a longo prazo de 5% para as agências de propaganda, além de um crescimento de 6 a 8% no marketing não tradicional.)

Ao mesmo tempo, muitos clientes perderam sua fé (cega) no poder da propaganda. A crença simplesmente morreu.

Ou foi assassinato?

O tão zeloso setor de pesquisa foi um cúmplice antes do fato? (O júri ainda não deu uma sentença.)

De qualquer modo, alguém procurou "propaganda" no dicionário e deu com outra palavra muito mais sexi para os executivos, diretores financeiros e acionistas:

"Responsabilidade".

Tudo, desde então, tem conspirado contra a propaganda, como costumava ser.

As reduções de despesas arrefeceram o entusiasmo do setor.

A pesquisa drenou sua originalidade.

A realidade superou seus efeitos especiais.

Francamente, não é surpresa ver que os profissionais de marketing estejam realocando recursos. Afinal, ultimamente, o diretor de marketing também tem enfrentado períodos muito turbulentos.

Cortes nos orçamentos têm sido impostos, ao mesmo tempo em que a demanda diminui e a concorrência aumenta. Estratégias táticas de curto prazo têm sido a reação usual impensada, sendo o crescimento dos gráficos de vendas trimestrais, e o crescimento dos lucros a qualquer custo, a ordem do dia, tudo em função do desenvolvimento da receita a longo prazo.

As empresas têm aprendido que não precisam falhar para serem extintas.

Só precisam ter sucesso com menos freqüência que seus concorrentes. O diretor executivo de uma famosa agência de propaganda resumiu recentemente isso para mim: "O anti-Cristo venceu".

Sendo assim, nunca houve um momento melhor para este livro.

Símbolos do Sucesso

A propaganda excelente é criada por meio de uma combinação de profundas habilidades analíticas com nuanças sutis de nossa natureza mais verdadeira.

Propaganda é imaginação deliberada. A única arte está na criação de símbolos e histórias que captem as verdades fundamentais da vida diária.

Sucesso significa aprender a se engajar, fascinar, manter e, dessa forma, lucrar com esses símbolos e histórias. Veja como regras de engajamento o que vem a seguir.

Atualmente, o processo da propaganda está freqüentemente repleto de problemas, cercado de situações sem saída, um labirinto de contradições e precipícios, trilhas desgastadas e soluções corriqueiras. Na realidade, é um artesanato, semelhante a uma pedreira (exceto que a pedra é mais fácil de ser quebrada do que uma idéia verdadeiramente persuasiva). O papel da propaganda é como um aparelho transmissor entre marketing e consumidor — traduz o marketing racional em uma linguagem diferente e mais atraente.

No dialeto das emoções, os medos, o espírito, e mesmo o osso engraçado. A boa propaganda é ao mesmo tempo pessoal e universal, reunindo pessoas em uma experiência compartilhada.

Na melhor situação, pode repercutir profundamente. Ela diz: "Você não está sozinho". E quando é feita com inspiração suficiente, assim como a excelente música pop, eleva seu sucesso para algo que se parece com arte.

Entra em nossos corações.

Entra no léxico.

Entra na cultura popular.

E vende feito água. Afinal, este é o início de toda concepção que vai gerar uma "idéia de propaganda".

Embora tudo pareça óbvio, o fundamental é freqüentemente esquecido nesses dias excitantes de efeitos de produção e estratégias de marca de arrasar que beneficiam os consultores de marca.

A excelente propaganda também permite que uma marca fique muito acima de seu peso. Propagandas excelentes transcendem estratégias comuns, bem como orçamentos inadequados.

Desde os primeiros movimentos de autoconsciência humana que definiram uma espécie capaz de sentir emoções, nossos cérebros programados têm nos cercado de sensações de símbolos. Nós os desejamos. Agora, sem sermos profundos demais, logo no início do livro, devemos reconhecer que as marcas se tornaram uma fonte importante desses símbolos que auxiliam as pessoas no século XXI. Um recente estudo norte-americano mostrou o surgimento de nomes cristãos para identificar marcas: Canon, Bentley, Jaguar, Chanel, Porsche, Timberland, Reebok e até Xerox e Camry. Talvez você goste de saber que esse estudo relacionava 24 crianças chamadas Unique.

A boa propaganda é a maneira mais profunda que as empresas têm de transformar produtos em marcas e criar o simbolismo necessário.

Ela tira um profissional de marketing da corrida de ratos e o coloca na corrida de marcas.

Não a marca em benefício da marca, nem o ego fortalecido.

Não a marca em nome de maiores vendas, receita mais alta e melhores lucros.

A posição adotada por este livro é muito simples.

Uma excelente idéia de propaganda é a ferramenta mais rápida e eficiente, em termos de custo, na luta para se ganhar mais dinheiro vendendo mais.

A "idéia", evidentemente, não deve ser uma propaganda a mais no sentido tradicional, mas sim *uma idéia demonstravelmente maior que a propaganda*.

Outro ponto de partida é que com a palavra "criativo" quero dizer uma forma de comunicar uma idéia inerentemente interessante ao público-alvo, e essencialmente mais barata que o tipo de propaganda que não atrai tanto a atenção.

A "criatividade" dá ao marketing o poder do imediatismo persuasivo. O que significa que a mensagem é mais rápida e, portanto, tem menor custo de veiculação que uma propaganda comum. Um investimento em excelente criatividade economiza muito dinheiro, quando se trata de freqüência. O que é um bom começo.

Isso é tudo. Precisamos mais do que a criatividade de impacto, para obter sucesso. Caso contrário, haveria apenas uma Lei para ser discutida.

O Poder das Pessoas

Quando escrevi esta Introdução, tive acesso a um cálculo que determinava alguns poucos anos para que os consumidores passem a ser bombardeados com uma média de 1,3 mensagem de marketing a cada minuto de vigília (Stephen Byrne, Diffusion *Jupiter Media Metrix*). Perguntei a mim mesmo que benefício esses “3 décimos” de mensagem dariam a um anunciante. Talvez você possa questionar até mesmo o verdadeiro valor da mensagem completa, que se dispersaria por alguns decimais de outra mensagem um segundo depois.

A ciência do marketing confiou no uso hábil do comercial de televisão de 30 segundos (e em muitos departamentos de criação, redatores e diretores de arte ainda passam o dia redigindo scripts que começam: “O comercial abre em uma praia nas Bahamas...”).

Hoje, uma idéia genial de propaganda deve ser maior que uma propaganda comum. Fora do convencional e além da tradição da mídia.

Uma quantidade incrível de novas mídias está abrindo possibilidades para um admirável mundo novo de agências e clientes — interatividade, realidade virtual, ambiente e técnicas de imersão.

Mas, pode-se perguntar se tudo isso realmente funciona? A uma taxa de 1,3 mensagem por segundo, já estamos bem imersos. Permaneça imerso por tempo suficiente e você se afoga. Os clientes, hoje, estão preocupados com a nova tecnologia de filtro de propaganda anexada aos aparelhos de televisão, sem perceber que as pessoas já desenvolveram, algum tempo atrás, a tecnologia altamente eficiente de filtrar a propaganda dentro do cérebro.

Estudos recentes indicam que tanto as empresas quanto suas propagandas estão deixando de atender às necessidades de consumidores cada vez mais insatisfeitos e desconfiados. Não é que as pessoas reajam à propaganda devido à quantidade.

Elas também fazem objeção ao tipo de propaganda que as empresas oferecem. A maioria das pessoas, nos mercados desenvolvidos, considera a propaganda desinteressante e repetitiva. A repetição não é só a freqüência de exibição, mas também se relaciona à mesmice do estilo de execução e da mensagem. As empresas fazem pouco para engajar as pessoas, e embora haja uma noção aprofundada de ansiedade no mercado, elas parecem mais interessadas em empurrar bobagens, em vez de oferecer soluções a seus clientes.

Em suma, a maioria dos profissionais de marketing conduz a propaganda na direção errada.

Não só as pessoas evitam a propaganda, como a própria propaganda evita as pessoas.

Os estudos mostram que a cada ano *um número maior de consumidores fica menos atento* a propagandas que no ano anterior. Em 2003, foram 81%.

Os anunciantes devem aprender a mudar seu comportamento, se quiserem influenciar o comportamento de compra. Lembre-se: a falta de Q.I. é inferida cientificamente, se você não soluciona um problema e continua a usar o mesmo método.

As pessoas querem inovação por parte das corporações e marcas. E nos dizem que isso não ocorre.

65% não confiam mais nas grandes empresas.

56% não gostam de propagandas mundiais só porque são reconhecidamente mundiais.

69% acham que as grandes empresas não têm ética. *Grey Australia 2003,* citada em 29 de maio, *Business Review Weekly.*

Talvez um choque maior para alguns anunciantes seja a declaração dos consumidores de que os padrões de criação estão decaindo.

Não adianta discutir. Os consumidores são o júri final.

Qual É o Veredicto?

Bem, 71% dos consumidores dizem que as propagandas precisam ser mais "audaciosas e surpreendentes", para que sejam atrativas. Também aconselham "novos meios, mais interessantes" de comunicação, prometendo prestar mais atenção às propagandas surpreendentes.

Quem pensaria nessa possibilidade? Nossa, as pessoas querem relações mais estimulantes conosco. Não se trata mais de perguntar onde está o bife. Agora é hora de descobrir onde está a idéia, onde está a graça, onde está a inovação.

As marcas e sua propaganda não estão liderando, embora seja o desejo dos consumidores.

A "inventividade" é vista como a qualidade mais desejável para uma empresa, disseram 96% dos consumidores australianos em um estudo recente.

Uma pesquisa de opinião da Edelman, no Reino Unido, descobriu que a propaganda é a fonte de informação com menos credibilidade, de acordo com os consumidores. Eles não querem mais "mensagens". Querem respeito, emoção e autenticidade. Não querem saber das características do produto. Querem entretenimento, empatia e engajamento.

O setor de pesquisa gastou tanto tempo para aparar as arestas da propaganda criativa, que chega a ser irônico concluir que os consumidores querem propaganda com forma mais definida, conforme demonstram os estudos atuais.

O resultado é que ninguém se interessa mais pelo tipo de propaganda que os clientes têm feito há décadas.

As pessoas querem histórias, não discursos de vendas.

Uma página começa a ser virada na propaganda mundial.

Uma Pequena História

Na rodovia de acesso a uma cidade com uma única rua chamada Koonoomoo, havia duas fazendas com plantação de morangos. Uma à esquerda, outra à direita.

Para atrair compradores que passavam por lá, um dos produtores colocou uma placa à margem da estrada: *Fazenda de Morangos.*

O concorrente fez o mesmo do outro lado e acrescentou na sua placa uma noção de imediatismo: *Fazenda de Morangos, agora aberta à visitação.*

Para não ficar atrás, o primeiro produtor alterou sua mensagem acrescentando um novo atrativo: *Fazenda de Morangos, agora aberta à visitação. Você mesmo escolhe.*

O segundo produtor apelou então para sua maior vantagem, e a mais lógica, representada pela facilidade de acesso e pela proximidade: *Fazenda de Morangos, agora aberta à visitação. Você mesmo escolhe. A 300 metros.*

O fazendeiro do outro lado da estrada ficou perplexo. Sua plantação de morangos começava a uns três quilômetros de distância, depois de uma descida poeirenta por um caminho de terra que acompanhava um riacho solitário ladeado de arbustos. O que fazer?

A solução foi encontrar um apelo emocional: *"Fazenda de Morangos – Passeio turístico".*

Aproveite a viagem.

Michael Newman

Os Legisladores

Jim Aitchison, ex-diretor executivo de criação da Batey Ad Group, abriu mão de uma carreira muito bem-sucedida em propaganda, durante 20 anos, para perseguir sua paixão por escrever livros. O resultado é a série best-seller *Cutting Edge Advertising/Television/Radio, How Asia Advertises,* a série *Clueless in Advertising/Public Relations/Banking and Finance/Marketing Communications/Starting a Business* e em 2003, *Is Anybody Out There? — The New Blueprint for Marketing Communications in the 21st Century.*

Australiano, vive em Cingapura; é um palestrante requisitado, conhecida personalidade do rádio e ator.

Jamie Barrett começou sua carreira em criação na famosa agência Fallon, em Minneapolis, EUA. Em Nova York, trabalhou na TBWA Chiat/Day por um ano e então mudou-se para a Wieden & Kennedy, em Portland, para trabalhar na Nike. No decorrer de oito anos lá, produziu o trabalho de landmark para Michael Jordan, Charles Barkley, Tiger Woods, os astros do tênis Andre Agassi e Pete Sampras, e para a Olimpíada de Atlanta. Então, retornou à Fallon para dirigir seu escritório em Nova York durante três anos, ganhando quatro Leões de ouro no processo. Atualmente é chefe de criação na lendária Agência Goodby Silverstein & Partners, em San Francisco.

Ian Batey nasceu na Inglaterra e estudou na Austrália. É fundador da Batey Ads Ltd em Cingapura, que se tornou a maior rede de agências independentes da Ásia. Famoso por sua criação da campanha a Singapore Airlines, a agência está associada a muitas das marcas básicas do Sudeste Asiático. O credo de sua agência pregava propaganda que "faz coçar os pés, e não a cabeça".

Seu livro, *Asian Branding*, foi um best-seller em toda a região.

Anne Bologna é presidente da Fallon, Nova York. Antes disso, ela passou quase 10 anos em Fallon Minneapolis, mais recentemente como chefe de planejamento estratégico para algumas das marcas mais respeitáveis do mundo: Starbucks, BMW, United Airlines e Citibank, entre elas.

Em 1998, ela criou a bíblia da marca Starbucks, emprestando foco estratégico a uma organização empreendedora a tudo, desde desenvolvimento de produto até merchandising, a marketing. Ela é professora convidada em Harvard Business School e lecionou marketing e comportamento do consumidor em St Thomas University.

Reg Bryson foi membro-fundador da marca ícone da agência de criação, The Campaign Palace, em Sydney, e foi diretor-executivo até 2003. Ele foi o primeiro a introduzir planejamento estratégico como disciplina no setor de propaganda na Austrália.

Seus créditos de criação incluem a ATV Ad of the Year e Ouro em Cannes. Seus créditos estratégicos incluem mais prêmios de eficiência na Australásia que qualquer outro no setor e foi chamado de lenda viva da publicidade pela *Campaign Brief*.

Jean-Marie Dru é presidente e diretor-executivo da TBWA Worldwide. Começou como executivo de contas na conta gigante da Procter & Gamble na agência Dupuy Compton em Paris, na década de 1970, e progrediu, tornando-se diretor-executivo de criação em 1977. Na década de 1980, ele foi co-fundador da BDDP, que em 1988 fundiu-se com a TBWA.

Seus livros, *Disruption* e *Beyond Disruption*, têm sido best-sellers influentes no mundo, e ele foi presidente do júri do Cannes Advertising Film Festival, em 1993 e 1998.

Neil French é diretor de criação mundial da Ogilvy & Mather. Suas propagandas foram as primeiras campanhas asiáticas a aparecer nos prêmios anuais internacionais. Inglês, ele trouxe a irreverência natural que transformou o estilo um pouco sóbrio de publicidade em Cingapura, e praticamente renovou a criação na Ásia.

Começou como executivo de contas quando jovem (ele explica, que em tempos difíceis se faz qualquer coisa por dinheiro).

Bob Isherwood nasceu e estudou em Melbourne. Entrou na agência CDP em Londres, nos dias tranqüilos da empresa, e mais tarde tornou-se co-diretor de criação tanto da The Campaign Palace quanto da Saatchi & Saatchi em Sydney, Austrália, onde trabalhou em parceria com o autor. Atualmente é diretor de criação mundial da Saatchi & Saatchi, com sede em Nova York. Em 2001, atuou como presidente de júri do Cannes Festival.

James Lowther é sócio-fundador e atualmente presidente da M&C Saatchi, Londres. Ele trabalhou na Saatchi & Saatchi como copywriter em 1977, tornando-se diretor de criação adjunto em 1987 e suplente do presidente em 1989. Tudo isso não é pouco para alguém cujo primeiro emprego foi numa fazenda de criação de ovinos no interior da Austrália.

David Lubars, natural do Brooklyn, Nova York, atualmente é presidente e diretor-executivo de criação da Fallon, América do Norte; também atua na diretoria internacional e no comitê administrativo. Antes disso, foi diretor-executivo e diretor de criação da BBDO West.

Venceu todos os maiores prêmios de criação no mundo, inclusive o Ouro e o Titânio em Cannes, Grand Clio, Grand ANDY, One Show de Ouro, Effie de Ouro, D&AD e Communication Arts. Apareceu duas vezes na capa da revista *Archive.*

Michael Newman estudou Direito, felizmente antes de a publicidade descobri-lo. Anos mais tarde, tornou-se Diretor-Executivo de Criação da Saatchi & Saatchi na Austrália, durante seus anos de maior crescimento e sucesso em criação; integrou a diretoria de criação internacional até o final de 2001, quando formou a companhia de idéias, novíssimo.

É colunista em revistas comerciais em vários países, viajou e proferiu palestras sobre tópicos de propaganda em lugares distantes como o Sudeste Asiático e a América do Sul.

Em dezembro de 2003, lançou a segunda rede de agências da M&C Saatchi, a DNA, na Austrália.

É autor do livro de publicidade, *Creative Leaps* (John Wiley & Sons, 2002).

Mike O'Sullivan é um irlandês que começou sua carreira em publicidade na Y&R London, antes de se transferir para o escritório em Auckland, em 1994. Em 1998, foi indicado diretor-executivo de criação na maior agência da Nova Zelândia, a Colenso/BBDO, Auckland. Foi premiado com oito Leões de Cannes, cinco Lápis One Show, três Effies, quatro NBR (Financial Times) Agency of the Year, e três de quatro prêmios Agency of the Year, pela *Campaign Brief*. Está em 7º lugar entre os 10 maiores profissionais de criação listados pela *Media Magazine*, e a Campaign Brief acaba de classificá-lo em primeiro lugar como diretor de criação na Austrália. No final de 2003, ele mudou-se para Clemenger/BBDO, Melbourne.

MT Rainey é presidente da Rainey Kelly Campbell Roalfe/Y&R, a 6ª maior agência do Reino Unido. Ela é planejadora, treinando e liderando a disciplina nos EUA na Chiat/Day, na década de 1980. Graduado em Glasgow University, Mary Teresa é palestrante e editora de publicações do setor e de comunicações. Ela defendeu a mudança da renda com base em comissão à noção de agências que cobram idéias e propriedade intelectual. Ela é presidente do Marketing Group, na Grã-Bretanha e é membro-fundadora do 30 Club.

Al Ries é um estrategista lendário de marketing, renomado palestrante e autor best-seller. Cunhou o conceito de "posicionamento" há mais de 20 anos. Com o expert em marketing Jack Trout, é autor de *Positioning: The Battle for Your Mind*, e seguiu com *Marketing de Guerra, Bottom-up Marketing, The 22 Immutable Laws of Branding,* e *Focus,* entre outros. Com sua filha, Laura Ries, ele colaborou na redação de *The 11 Immutable Laws of Internet Branding* e *The Fall of Advertising and the Rise of PR*, que foi lançado em 2002.

Ele é co-fundador e presidente da Ries and Ries, empresa de marketing com sede em Atlanta.

Kevin Roberts nasceu em Lancaster, no norte da Inglaterra, e começou sua carreira em propaganda como executivo de marketing na Gillette e na Procter & Gamble, antes de se tornar diretor-executivo na Pepsi, no Oriente Médio, e mais tarde, no Canadá. Então ele mudou-se para a Nova Zelândia para assumir o posto de chefe de operações na cervejaria, Lion Nathan.

The Jupiter Drawing Room, nome de um bordel em um conto de Guy de Maupassant.

Como diretor de criação, seus prêmios incluem, só em 2001, cinco Leões em Cannes, três One Show, e cinco Clio Magazine Best of Show em New York Festivals.

A revista *Advertising Age's Creativity*, em sua mais recente pesquisa de opinião sobre criatividade, classificou The Jupiter Drawing Room a quinta agência mais criativa do mundo — a primeira vez que uma agência africana conseguiu isso entre as 5 Melhores globais.

1
CAPÍTULO

A Lei da Simplicidade

Vamos começar pelo começo. Que diabos você faz para conseguir transmitir *sua* mensagem? Há ruídos concorrentes demais, que já distraem seu cliente potencial em um mundo tão tumultuado. Como você faz para se destacar do ruído diário, não apenas daquele estático, que vem de outros anunciantes, mas da clamorosa explosão de informações em que todos vivemos? (Por exemplo, você sabia que atualmente há um número de informações novas duas vezes maior, bombardeando-nos, em comparação a três anos atrás? Os pesquisadores concluem que a quantidade de novas informações produzidas só no último ano foi de cerca de 23 exabytes; um exabyte é um milhão de terabytes; um terabyte é um milhão de megabytes — aproximadamente o conteúdo de um milhão de livros da grossura deste.)

Entretanto, não somos os únicos a sofrer com isso. Observadores dedicados de pássaros têm notado que o chapim-real (Parus major) passou por um problema semelhante. Ele também teve de encontrar uma resposta para sobreviver a um lugar ruidoso. A inteligente solução do chapim foi mudar seu canto a fim de ser ouvido por seus colegas potenciais acima da zoeira de sons altos, baixos e contínuos dos carros, aviões e maquinário que se acumulam na trilha sonora da vida urbana moderna. Falando em termos simples, agora o pássaro canta notas mais altas quando está perto de estradas principais e intersecções barulhentas, ruidosas.

A natureza entende que em um mundo abarrotado, deve-se encontrar uma maneira de ocupar um espaço vazio, caso se queira se comunicar com sucesso. A pergunta é: como você leva sua propaganda para um espaço vazio? *Acabe com a confusão.* Se você quer ser notado em um mundo confuso, seja cruelmente simples. A simplicidade é a única técnica infalível de publicidade. Porque é a única que *reduz* a *confusão* sem prejudicar a compreensão. De fato, o pensador lateral original, Edward De Bono, acredita que a simplicidade é tão valiosa no atual mundo dos negócios que ele achou que se deveria fundar o Institute of Simplicity (Instituto da Simplicidade).

Propaganda é comunicação, e se a pessoa certa não ouve realmente sua propaganda, tendo-a ouvido, não entende claramente o que você está dizendo, então, você fracassou. Colocando cruamente, vivemos na era da superinformação; isto significa que quanto mais informações você inclui em sua propaganda, menos as pessoas tirarão dela. A Lei da Simplicidade existe para restringir o Crime de *Add-vertising.* Lembre-se, embora a propaganda seja chamada de "ad" no idioma inglês, a maneira mais efetiva de comunicar uma mensagem é *subtrair* informações secundárias.

Todas as grandes mensagens são profundamente simples: Não ande; Faça; Te Amo; Não Matareis. A Navalha de Ockham[1], uma ferramenta filosófica que perdurou no tempo, diz que quando há duas respostas corretas que resolvem um problema igualmente bem, a resposta *mais* correta é a mais

1 Navalha de Ockham leva o nome de seu autor, William de Ockham (ca. 1285-1349), frade franciscano inglês. Também chamada de Lei da Parcimônia.

simples. Trabalhe para comprimir uma idéia persuasiva em um núcleo — uma simplicidade profunda; a intensidade de um haikai.

Ah, mas "o quanto é difícil ser simples", como Van Gogh disse. A arte, evidentemente, não é o quanto você a sintetiza. Mas, em vez disso, o modo como a sintetiza. Para Marcello Serpa, o astro brasileiro da publicidade e ex-presidente de jurados em Cannes, a simplicidade nunca foi uma opção para a propaganda de sucesso. É apenas um ponto de partida. A prova está em seu trabalho, ano após ano de sucesso espantoso: simplesmente chocante. Uma nota realmente alta na publicidade de hoje.

A Lei da Simplicidade, por Marcello Serpa

É muito mais fácil ser complexo do que simples. A simplicidade é uma das características mais definitivas em propaganda e, provavelmente, seja uma das mais esquecidas. Talvez pelo "simples" possuir uma dupla personalidade: o simples pode ser uma síntese genial, ou simplesmente uma obviedade primária.

Para ser simples, é preciso ter muito mais autoconfiança do que para ser complexo.

O simples pode ser constrangedor. Afinal, todos nós queremos ser percebidos como alguém com pensamento refinado. A complexidade de raciocínio pode ser facilmente confundida com inteligência pelos mais incautos e significar salários e participações maiores nos lucros. As salas de reunião do mundo todo estão cheias de pessoas que, para justificar seus salários, emitem opiniões supercomplexas sobre assuntos muito simples.

Complicar o simples parece ser um bom incentivador de carreiras.

Porém, o simples só é sofisticado, só é valorizado quando é descoberto antes de se tornar óbvio. Até ser descoberta, uma idéia simples vivia escondida em algum lugar. Perto, mas muito bem disfarçada. Foi preciso que alguém a pensasse primeiro, que a descobrisse, para que outro alguém pudesse então dizer: "uau, por que não pensei nisso antes?". E, apenas depois desta frase, repetida por muitos, é que uma idéia simples transforma-se no óbvio.

Imagino que deva ter sido assim que aconteceu com a roda, o clipe de papel, com o título "Think small" para a VW ou com a foto de um pedaço de seda roxa cortada para o cigarro Silk Cut.

Quem primeiro descobre o óbvio torna-se gênio e quem o apenas repete, medíocre.

Ser simples também é ter uma meta e procurar alcançá-la com o mínimo de recursos. Chegar lá pelo caminho mais curto. Com o mínimo de energia. Nessa busca, tudo o que não trabalha em função da sua simplicidade, da sua pureza deve ser retirado.

Ser simples é comunicar uma idéia nova, usando a menor quantidade possível de elementos, criar algo tão forte e impactante na sua simplicidade, que acaba gerando uma reação maravilhosa em quem fica exposto a ela.

O simples emociona. É a revelação, quase sagrada, do óbvio: "Nossa por que eu não pensei nisso antes?"

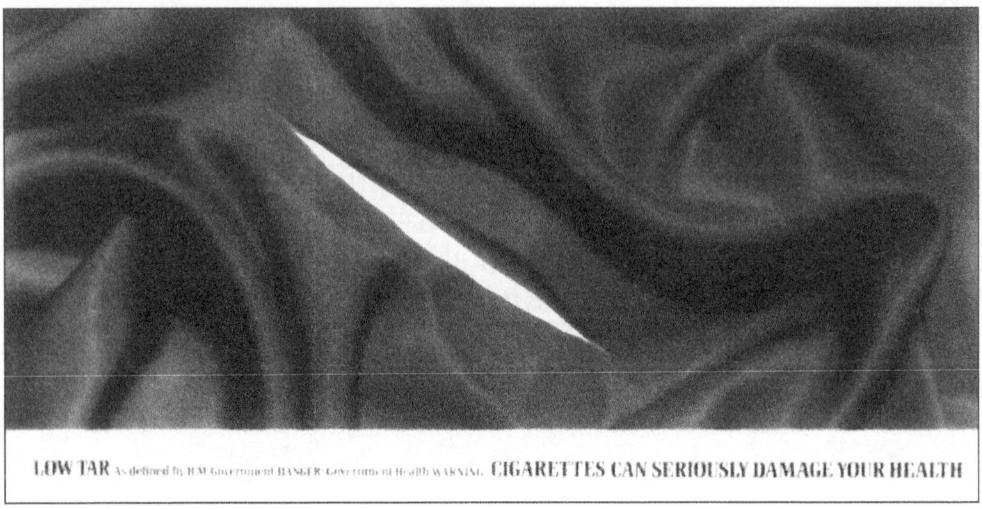

Propaganda é comunicação. E, como na comunicação, o resultado da propaganda é medido não pelo que se fala, mas pelo que as pessoas entendem.

Uma campanha começa a funcionar quando aquilo que vende, pode ser aqui uma mensagem institucional, um preço promocional ou um carro novo, consegue ser percebido por quem fica exposto a ela.

Porém, saber apenas que existe um carro novo no mercado não é suficiente. É preciso entender o que faz este carro diferente dos outros, em que ele é melhor.

Mas isso não é ainda suficiente. É preciso que esta diferença seja realmente relevante para quem procura um carro.

É simples. É só responder a duas perguntas:

"O que vou dizer sobre este produto?" e "Será que o que vou dizer é de verdade aquilo que vai motivar as pessoas?" Estas duas respostas são a parte mais importante do processo de criação de qualquer campanha, filme ou anúncio.

Ser simples também é ser objetivo antes de criar.

A capacidade de entendimento de uma mensagem depende do desenvolvimento social de cada país. Um país europeu, como a Inglaterra por exemplo, está acostumado com um nível de complexidade que está diretamente relacionada ao seu desenvolvimento cultural. Quanto mais complexa uma sociedade, maior a capacidade de abstração de mensagens mais elaboradas. Em países como o Brasil, jovem e ainda em desenvolvimento, essa capacidade é bem menor. Ser simples e objetivo não é opção, é necessidade. Muitas das campanhas inglesas mais brilhantes que conheço não teriam a menor chance de funcionar no Brasil por serem simplesmente ininteligíveis.

Aqui, um benefício de um produto tem que ser comunicado de forma clara, direta, para que possa ser percebido por uma quantidade maior de pessoas.

Mas ser simples apenas não basta. É preciso ser simples e surpreendente. Tirar o espectador da letargia que um break comercial provoca nas pessoas. Fazer com que o seu anúncio se destaque numa revista cheia de chavões e imagens artificiais, sorrindo e se oferecendo para quem a lê. Dilatando as pupilas do seu público-alvo e, com isso, entrando mais facilmente com a sua mensagem. Ser recebido de olhos abertos por quem o assiste.

Esse talvez seja um dos grandes diferenciais da propaganda brasileira. Simples, sem ser simplória. Objetiva e ao mesmo tempo impactante. Popular, sem ser medíocre.

Anúncios como o do Guaraná Antarctica, que com o mínimo de elementos comunica a síntese de um benefício. Sem calorias, portanto sem barriga. (No calories, no belly.)

Vencedor do Grand Prix de mídia impressa do Festival de Cannes de 1993, esse comercial abriu um caminho que vem sendo seguido por muitos publicitários brasileiros.

Outro exemplo de simplicidade é o anúncio que mostra a exposição de Botero no Museu de Arte Moderna de São Paulo, o Masp. Define, com humor, a característica mais marcante da pintura de Botero, artista colombiano que apenas retrata personagens enormes e obesos.

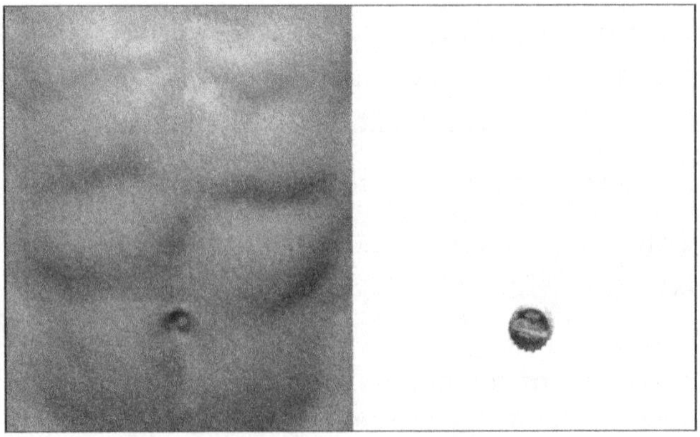

Poupar as juntas e articulações é um dos benefícios mais importantes de um tênis para quem corre todos os dias. Os tênis Mizuno são reconhecidos pela Associação Brasileira de Ortopedistas como os que possuem o mais eficiente sistema de absorção de impacto no mercado.

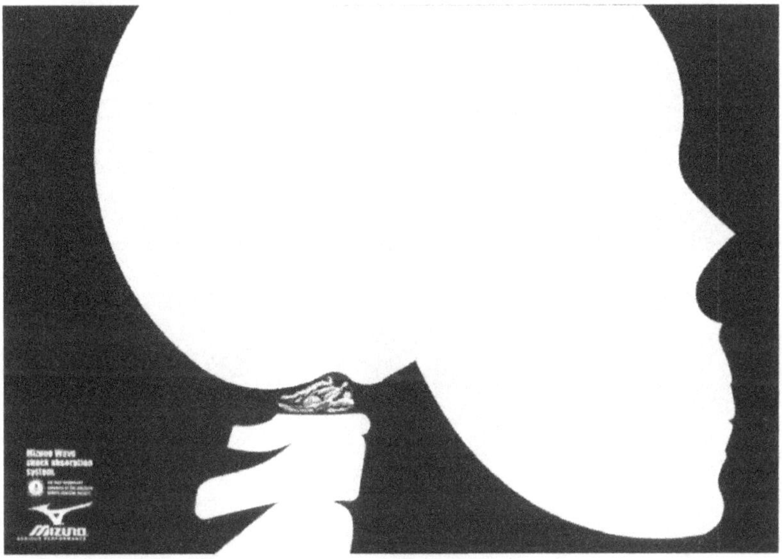

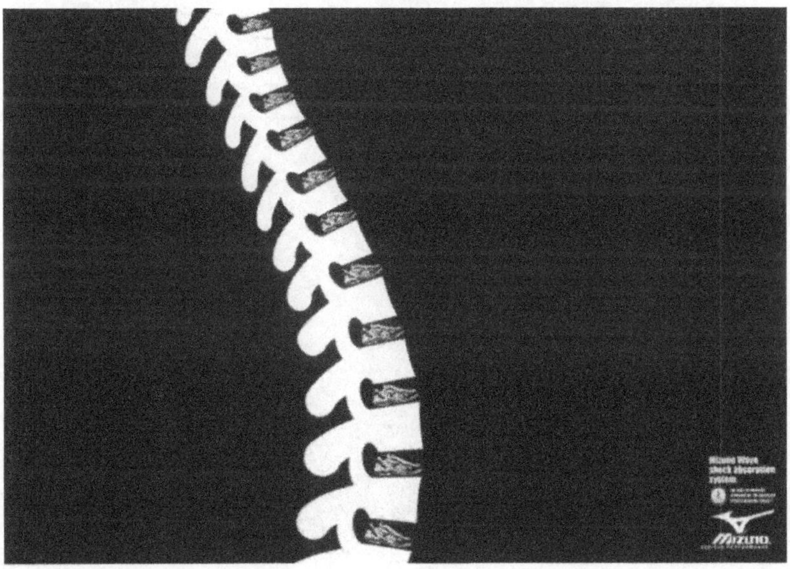

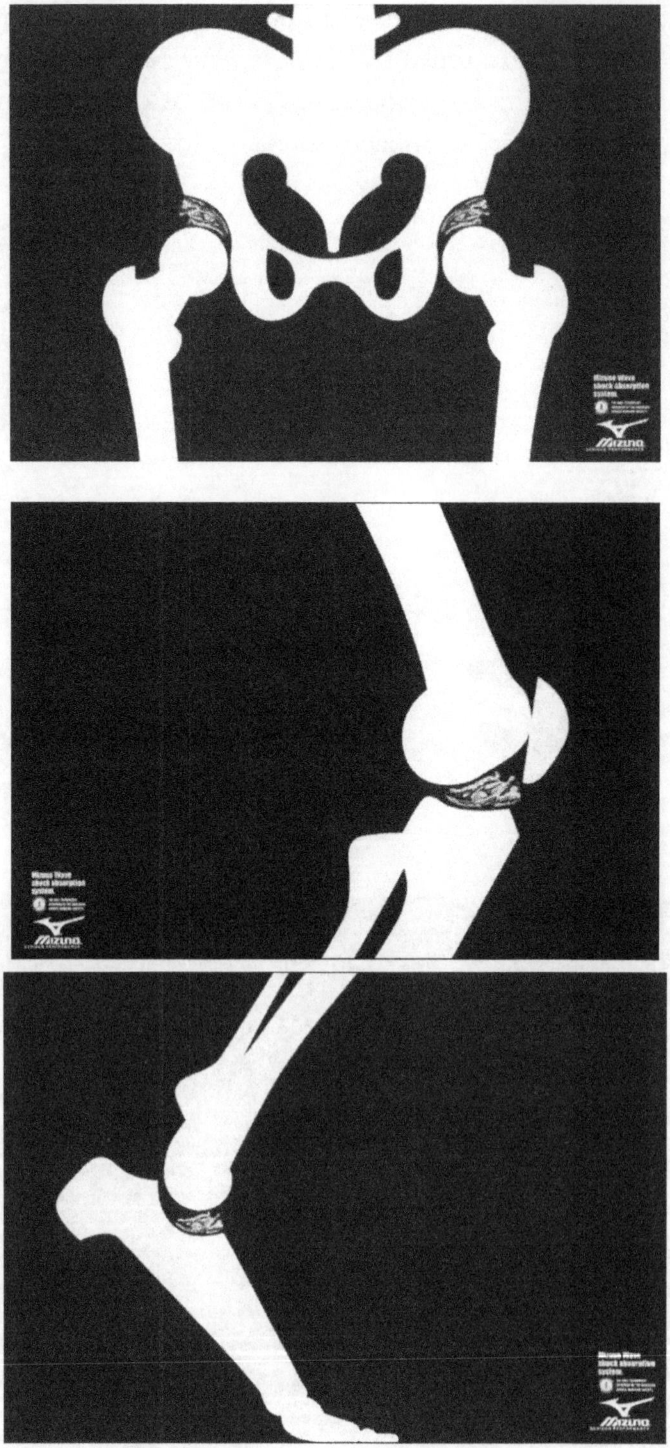

Imaginar um tênis entre os ossos parece então ser a solução mais simples.

Assim também foi com a VW. Descobrir um double-check e usá-lo para reforçar a imagem de marca alemã, comprometida com a qualidade total de seus produtos, nos parecia bem óbvio.

Uma vez, Jean Marie Dru, na época presidente do festival de Cannes, comentou sobre algumas peças nossas que haviam ganhado vários Leões naquele ano: "Muitos diretores de criação na França jamais as aprovariam. São muito simples. Os franceses preferem a complexidade."

Sou um entusiasta do simples, da busca do óbvio escondido, do *Hai Kai* japonês, do exercício da redução, da capacidade de síntese que tinha um Picasso no fim da vida. Ele, ao responder para alguém que criticava ser muito fácil com um traço desenhar um de seus touros, simplesmente disse: "Levei 50 anos para conseguir".

2

CAPÍTULO

A Lei do Posicionamento

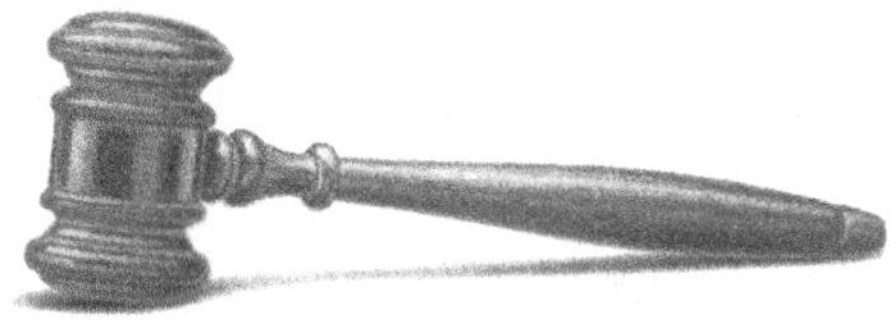

"A palavra posicionamento deve ser uma das mais repetidas no léxico da publicidade, rivalizando somente com "pesquisa", "morf(o)-" e "não foi culpa minha".

O mais impressionante é o marketing ter sobrevivido tanto tempo antes de Al Ries e Jack Trout cunharem o termo e explicarem o conceito deles. Mas, uma vez que eles fizeram isso, tudo mudou. Se eles tivessem patenteado a palavra, teriam ficado ricos como Bill Gates. Desde então, entender o que é um bom posicionamento tem deixado muita gente rica. Não é uma panacéia, mas é indispensável.

O posicionamento resolve o perigoso Crime de Estar no Lugar Errado, na Hora Certa. Desenvolvido para encontrar meios de achar espaço para novos produtos em mercados altamente desenvolvidos, o posicionamento tornou-se um importante conceito educativo nos mercados em desenvolvimento do mundo todo.

Muito tem mudado no mundo do marketing desde que o conceito foi ventilado pela primeira vez, e ninguém melhor que o próprio Al Ries para explorar como o posicionamento evoluiu, e como os profissionais de marketing têm se tornado judiciosos ao usá-lo para garimpar o território mais rico.

A Lei do Posicionamento, por Al Ries

Na maioria dos dias, o livro mais vendido de propaganda na Amazon.com é *Positioning: The Battle for Your Mind,* de Jack Trout e colaboradores. O que é surpreendente nisto é que o livro foi publicado 22 anos atrás.

Durante mais de duas décadas, o posicionamento tem sido um tópico controvertido na comunidade publicitária, nem sempre visto favoravelmente. Bill Bernbach escreveu um artigo denunciando o conceito de posicionamento e David Ogilvy disse: "Bahhh! posicionamento". O que é posicionamento e por que ele gera tamanha relação de amor/ódio?

O conceito de posicionamento desafia uma idéia que é o coração e a alma da comunidade publicitária: que a função básica da propaganda é comunicar. "Diga mais, venda mais" era o velho adágio da propaganda.

A propaganda como forma de comunicações é uma idéia profundamente embutida na psique corporativa. Muitos departamentos de propaganda agora estão se denominando "Departamento de Comunicações de Marketing", para abreviar. Muito mal. O nome incentiva os publicitários a irem exatamente na direção errada.

Propaganda não é comunicações; é posicionamento. A melhor propaganda comunica pouco sobre o produto ou serviço. O que a melhor propaganda faz, no entanto, é estabelecer e reforçar uma posição na mente do cliente potencial.

Um pouco de história poderia ser oportuno. O posicionamento iniciou-se em 1972 quando Jack e eu escrevemos uma série de artigos intitulados "The Positioning Era Cometh", para a revista *Advertising Age.* A série foi um sucesso fenomenal. A *Advertising Age* vendeu mais de 5.000 reimpressões dos artigos e nós imprimimos e distribuímos 150.000 cópias.

Como resultado da publicidade, fomos convidados a fazer centenas de palestras sobre o assunto (até última contagem, mais de 1.000). Também escrevemos muitas dezenas de artigos de revistas e jornais. No processo, o posicionamento ficou famoso; mas em algum momento nos últimos 31 anos, a idéia básica do conceito se perdeu.

O pessoal de marketing costumava falar sobre os 4 Ps: produto, preço, lugar e promoção (product, price, place, promotion). Agora eles falam sobre os 5 Ps, os quatro originais mais posicionamento. E nenhuma empresa poderia lançar uma marca nova sem primeiro escrever uma declaração de posicionamento.

Quando você estuda essas declarações de posicionamento, pode ver onde o pessoal de marketing perdeu o rumo. Em geral, elas são escritas do ponto de vista da empresa: "Queremos posicionar nossa marca como o mais importante produto na categoria". O que está errado com uma declaração de posicionamento como esta? Tudo. Ela deixa o cliente potencial fora da equação.

"Posicionamento não é o que você faz para o produto. Posicionamento é o que você faz com a mente do cliente potencial." Esta citação de nosso livro de 1981 resume o conceito. Uma declaração de posicionamento deveria ser formulada do ponto de vista do cliente potencial: "Há um buraco aberto na mente para um produto premium na categoria. É a posição que queremos que nossa marca preencha". Um jogo semântico? Pode ser. Mas a verdade é que as estratégias de posicionamento da maioria das marcas fracassam totalmente, deixando de levar em conta as possibilidades de posicionamento que poderiam existir na mente. Vamos dar uma olhada nessas possibilidades.

O Buraco Aberto

Preço é o buraco mais fácil na mente para se entender e é um dos mais fáceis de preencher.

A decisão da Häagen-Dazs de introduzir uma linha mais cara de sorvetes estabeleceu a posição "premium" de sorvete para a marca e fez da Häagen-Dazs um dos mais duradouros sucessos de marketing das últimas décadas.

O que a Häagen-Dazs fez com sorvete, a Heineken fez com cerveja. Foi a primeira marca a ocupar a posição de cerveja com preço alto na mente. Então, o pessoal da Anheuser-Busch decidiu que se a Heineken foi a primeira cerveja *importada* com preço alto, eles poderiam ocupar a posição como a primeira cerveja *doméstica* de alto preço, uma posição que a marca Michelob da Anheuser-Busch ocupa hoje.

Rembrandt na pasta de dentes, Evian na água, Orville Redenbacher na pipoca, Rolex em relógios, Mercedes-Benz em automóveis: estas e centenas de outras marcas devem seu sucesso por serem a primeira marca a ocupar a posição de alto preço na mente.

O preço alto é apenas um dos buracos na mente. O preço baixo é outro. O que a Häagen-Dazs, a Heineken e a Mercedes fizeram no extremo mais alto, marcas como a Wal-Mart e a Southwest Airlines têm feito no extremo mais baixo.

As mentes podem mudar. Stolichnaya foi a primeira vodca a ocupar a posição de preço alto na mente. À medida que o tempo passou e a Guerra Fria se aqueceu, os americanos passaram a rejeitar uma vodca russa como a Stolichnaya. Então, a Absolut passou inteligentemente para a posição de vodca com alto preço. Hoje, a Absolut vende aproximadamente três vezes mais que a Stolichnaya nos EUA.

Quantos buracos de preço há numa mente comum? Depende da categoria. Normalmente há três. A marca regular, a marca com preço baixo e a marca com preço alto. Quando você tem três marcas que ocupam todas as três posições, pode-se dizer que você vence a Coroa Tríplice de Branding. A Anheuser-Busch, por exemplo, tem a Busch, a cerveja mais vendida com preço baixo; a Budweiser, a cerveja mais vendida a preço médio, e a Michelob, a mais vendida a preço alto.

Em algumas categorias, há espaço para uma marca com "preço ultra alto". Hoje, a vodca Grey Goose, por exemplo, está crescendo mais rápido que a Absolut e não está muito atrás da Stolichnaya em vendas, e certamente deverá passar a marca russa no futuro.

"País de origem" é outro buraco óbvio na mente. A Toyota foi a primeira a preencher o buraco de carros importados japoneses e tornou-se a principal marca. Eles fizeram isso novamente com a Lexus, que se tornou a marca líder japonesa, de automóveis com preços altos.

A Corona foi a primeira a ocupar o buraco mexicano na mente do consumidor de cerveja. A Beck's foi a primeira a ocupar o buraco alemão.

Alguns consultores têm chamado isto de estratégia de posicionamento, "a primeira vantagem propulsora", mas não é bem isso. É uma vantagem, mas não é a razão que levou as principais marcas a serem líderes.

É a vantagem do "primeiro lembrete". Ou seja, a marca que entra primeiro na mente é a vencedora, não necessariamente a marca que é a primeira na categoria.

- O Duryea foi o primeiro automóvel na estrada, mas nunca ficou gravado na mente. O Ford foi o primeiro automóvel a ser lembrado.
- O MITS Altair 8800 foi o primeiro computador pessoal, mas nunca entrou na mente. O Apple foi o primeiro computador pessoal a ser registrado na mente.
- A Du Mont fabricou o primeiro aparelho de TV; a Hurley, a primeira máquina de lavar. Mas estas e muitas outras marcas não ficaram gravadas na mente de seus clientes potenciais. Você não vence no mercado. Você vence na mente.

A Nova Categoria

Às vezes não há buracos abertos na mente do cliente potencial e você precisa criar um. Chamamos isto de estratégia de posicionamento: "crie uma nova categoria que você possa ser o primeiro a ocupar".

O Gatorade, por exemplo, foi a primeira bebida esportiva. Desenvolvida na década de 1960 por uma equipe de médicos para ajudar a equipe de futebol americano Gators, da Universidade da Flórida, a marca atualmente fatura mais de $2 bilhões no mundo.

O PowerBar foi a primeira barra energética e agora domina este mercado em ascensão. Alguns críticos, evidentemente, acham que isto é apenas um jogo de palavras. PowerBar para eles é apenas um chocolate com um nome diferente para ajudar os consumidores a atenuar seus sentimentos de culpa ao comerem algo doce. Talvez na realidade exista pouca diferença entre um doce e uma PowerBar, mas não na mente. Os consumidores consideram-nos como sendo duas categorias diferentes.

A Red Bull foi a primeira bebida energética. Introduzida na Áustria em 1987, ela agora fatura mais de $1 bilhão em vendas no mundo.

A Zima foi a primeira...bem, a Zima foi a primeira do que? O rótulo dizia "ClearMalt", mas ninguém sabia o que aquilo significava. O anúncio na televisão também não ajudava. "O que ela tem?" perguntava um bartender. "É segredo. É alguma coisa diferente", respondia um vendedor misterioso com terno branco e chapéu preto.

A Zima não conseguiu estabelecer uma nova categoria e as vendas continuam decepcionantes. Quando você quer criar uma nova categoria e então preenche essa lacuna, precisa focalizar seus esforços para a venda da categoria, e não para a marca.

O que é uma planilha de computador? Quase ninguém sabia o que uma planilha era até que a Visi-Calc introduziu a primeira planilha para computadores pessoais como as máquinas de 8 bits da Apple. E então eles venderam os benefícios da nova categoria de planilhas. Lotus 1-2-3 foi a primeira planilha para máquinas de 16 bits como o PC IBM. E o Excel da Microsoft foi a primeira planilha para o sistema operacional Windows. A Digital Equipment foi o primeiro minicomputador. A Dell foi o primeiro computador pessoal vendido diretamente a consumidores. O Palm foi o primeiro computador portátil. O Michelin foi o primeiro pneu radial com cinto de aço. A Prince foi a primeira raquete de tênis tamanho extra. E a Callaway Big Bertha foi o primeiro driver com pneu radial de golfe tamanho extra.

Estas e muitas outras marcas tornaram-se enormes sucessos ao "criarem uma nova categoria que poderiam ocupar".

A Marca Número Dois

Os consumidores gostam de ter escolha. Às vezes pode-se construir uma marca poderosa dando aos consumidores uma alternativa à marca líder.

Mas, que estratégia pode oferecer melhor a posição número dois? "Talvez se pudermos produzir um produto melhor que a líder", assim raciocinam, "não iremos necessariamente superá-los, mas acabaremos na posição número dois". Esta é a pior abordagem possível para uma marca prospectiva número dois. Por quê? Porque o melhor produto não pode vencer no mercado, mesmo que os consumidores esperem que ele vença.

Naturalmente, há um forte axioma, ou crença, nas mentes dos consumidores, de que "o melhor produto ou serviço vence no mercado". Afinal, isto é tão lógico e tão óbvio; quem poderia discordar?

Eu poderia. Há um paradoxo em marketing. Embora todos acreditem que o melhor produto vencerá no mercado, a pior estratégia possível para qualquer empresa é tentar produzir um "produto melhor".

Por que isto? Porque o líder em seu campo não criou a percepção de produzir o melhor produto. Se você tenta alegar que seu produto é melhor, o cliente potencial pensa: "Não, não pode ser melhor; caso contrário seria o líder".

No entanto, o que a maioria das empresas tenta fazer? Elas tentam (1) produzir um produto melhor e (2) comunicar essa diferença a clientes existentes e potenciais. Embora seja fácil fazer (1), é quase impossível fazer (2).

A cola da Royal Crown tem sabor melhor que a Coca-Cola? A Royal Crown acha que sim e sua pesquisa mostra que 57% dos clientes potenciais preferem o sabor da Royal Crown à Coca-Cola Classic. Esta é uma diferença bem grande.

No entanto, a cola com melhor sabor (Royal Crown) tem apenas 2% do mercado de cola. O que eles precisam fazer, você poderia estar pensando, é comunicar esta diferença. Bem, eles tentaram isso e não funcionou.

"Não pode ser", pensa o cliente potencial. "Se a Royal Crown fosse a cola com melhor sabor, seria a líder, e não a Coca. Deve haver algo errado com a pesquisa."

Na verdade, a empresa Royal Crown contratou uma organização independente de pesquisa para conduzir um milhão de provas de sabor comparando seu produto com a Coca-Cola. Fariam diferença 10 milhões de provas de sabor? Não. Você acredita no que quer acreditar e se você acredita que o produto melhor vence no mercado, então a Coca-Cola deve ser o melhor produto porque é o líder.

Então, como você se torna uma marca forte, número dois? Você se torna o oposto da líder. A Coca-Cola é a velha marca estabelecida, o que significa que seus pais beberam Coca-Cola. Logo, a Pepsi-Cola disse: "Você não quer beber o que seus pais bebiam, você é a Geração Pepsi".

A Listerine era o anti-séptico bucal com "sabor ruim" que acabava com os germes e o mau hálito de sua boca. Logo, a Scope tornou-se o anti-séptico bucal com "sabor agradável" e uma forte marca número dois.

A Home Depot é a loja líder de "materiais de construção", mas seus corredores cheios de gente e prateleiras lotadas atraem mais os homens que as mulheres. Logo, a Loew's tornou-se a loja de aprimoramentos para o lar para as mulheres, com seus layouts limpos e amplos corredores.

Windows é o sistema operacional de computador que você compra da Microsoft. O Linux, o sistema operacional com o crescimento mais rápido, é "software de fonte aberta", ou gratuito.

Dualidade é uma característica fundamental de uma mente humana. Diga "preto" e as pessoas também pensam "branco". Diga "homens" e as pessoas também pensam "mulheres". Diga "grande" e as pessoas também pensam "pequeno".

Sua melhor chance de ocupar a posição número dois é tentar se tornar o oposto do líder. Em toda categoria, a mente tem uma lacuna aberta para a marca número dois, esperando por alguém para ocupá-la.

O Especialista

Toda lanchonete nos EUA vende café, mas todas também vendem hambúrgueres, cachorro-quente, batata frita, torta de maçã, doughnuts e dúzias de outras comidas e bebidas.

Logo, a Starbucks especializou-se em café e tornou-se uma marca de muito sucesso. O mesmo fez o McDonald's, que se especializou em hambúrgueres. E a Dunkin' Donuts, que se especializou em doughnuts. E a Subway, que se especializou em sanduíches com pão longo.

A maior empresa transportadora aérea nos EUA foi a Emery Air Freight. Que tipo de serviços a Emery oferecia? Tudo — pacotes grandes, pequenos, entrega em um dia, entregas baratas em dois ou três dias. Então a Federal Express se especializou em "pequenos pacotes, em um dia" e tornou-se uma marca muito mais bem-sucedida que a Emery.

A Enterprise Rent-A-Car se especializou no negócio de "substituição de seguro" e tornou-se a maior empresa de aluguel de carros nos Estados Unidos. (Se o seu carro é roubado ou danificado e você tem apólice de seguro com cobertura para isso, tem direito a um carro por um período de tempo.)

Em categorias completamente desenvolvidas (como automóveis) onde a maioria dos segmentos tem marcas bem estabelecidas, a melhor forma de posicionar sua marca é enfatizando um único atributo. A Volvo fez isso com "segurança". E a BMW fez isso com "dirigir". Em essência, cada uma tornou-se especialista nas categorias de segurança e direção.

Quase sempre é possível construir uma marca ocupando uma posição de especialista nas mentes dos consumidores. A única pergunta real é: "a categoria vai ser suficientemente grande?"

Clubes de golfe para canhotos poderiam ser uma posição especializada, mas talvez não seja um mercado suficientemente grande para uma marca explorar.

A Marca de Canal

Hanes foi a primeira marca de meias de seda com a maior venda nas lojas de departamento dos EUA, mas ela tinha um problema. As mulheres não estavam comprando em lojas de departamento com freqüência suficiente. Então a empresa quis expandir sua distribuição.

Os supermercados foram a escolha lógica. (As mulheres vão ao supermercado quase duas vezes por semana.) Então a Hanes desenvolveu uma segunda marca somente para distribuição em supermercados. O nome L'eggs foi uma escolha particularmente boa porque dá sentido duplo (pernas e ovos). Para reforçar o nome, o produto foi embalado em um recipiente plástico que parecia um ovo. L'eggs, a primeira marca de meia-calça em supermercado, tornou-se a marca mais vendida de meias no país.

A Internet criou muitas oportunidades para criar marcas de canal. A Amazon.com, a eBay, a Monster.com, a Salesforce.com são apenas algumas das várias marcas bem-sucedidas exclusivamente pela Internet.

Paul Mitchell tornou-se uma marca de cuidados dos cabelos e da pele de 600 milhões de dólares, focalizando o canal de salões profissionais de beleza. A Ping fez o mesmo com clubes de golfe, focalizando o canal pro-shop. A Amway fez o mesmo focalizando o canal MLM (marketing multiníveis).

Um dos métodos menos usados de construir uma marca é a marca de "canal". À medida que os canais são introduzidos, eles criam muitas oportunidades para fazer exatamente isto.

A Marca Gênero

Às vezes você pode construir uma marca focalizando metade do mercado.

- A Marlboro tornou-se uma grande marca, posicionando-se como o primeiro cigarro para homens.
- A Virginia Slims tornou-se uma grande marca, posicionando-se como o primeiro cigarro para mulheres.
- A Right Guard tornou-se uma grande marca, posicionando-se como o primeiro desodorante para homens.
- A Secret tornou-se uma grande marca, posicionando-se como o primeiro desodorante para mulheres.

O Problema "Nome Ruim"

Para complicar a busca para uma lacuna aberta na mente, há a questão do nome. Você não pode colocar um pino quadrado em um orifício redondo e não pode preencher uma lacuna na mente com um nome ruim, inadequado.

Ralph Lifshitz era um jovem designer de moda em Nova York que aspirava a coisas melhores. Logo ele mudou seu nome para Ralph Lauren e tornou sua marca Polo a marca de moda de maior sucesso no mundo. Ele poderia ter realizado seu objetivo com o nome Polo Ralph Lifshitz? Claro que não.

Marion Morrison queria se tornar astro de filme de cowboy, então mudou seu nome para John Wayne e tornou-se o astro de maior sucesso do cinema. Ele poderia ter conseguido seu objetivo com o nome Marion? Claro que não.

Muitos nomes asiáticos não funcionam fora da Ásia. Nomes como Daewoo, Daihatsu e Matsushita são difíceis de pronunciar e de escrever fora da Ásia. Quando a Tokyo Tsushin Kogyo começou a comercializar seus produtos nos EUA, a empresa mudou seu nome para Sony. Uma boa mudança. Muitas empresas asiáticas que querem estabelecer marcas no mundo todo terão de fazer o mesmo.

O Problema "Um Nome, Dois Buracos"

Então há o problema de tentar usar o mesmo nome para preencher dois buracos diferentes. A Xerox, a principal marca de copiadoras para escritório, tentou entrar no mercado de computadores com o nome Xerox. Foi um desastre.

A IBM, a principal marca de computadores de grande porte, tentou entrar no mercado de computadores pessoais com o nome IBM. A empresa perdeu centenas de milhões de dólares tentando preencher dois buracos com um nome.

Há exemplos de sucesso em extensão de linha? Certamente, mas estes geralmente acontecem em mercados fracos onde nenhuma única marca domina a categoria. Ou eles acontecem com marcas fracas com pouca identidade em suas categorias. (Em outras palavras, se a sua marca não representa alguma coisa em uma categoria, você pode passar para outra categoria onde ela também não vai representar nada.)

Mas quando as marcas têm uma posição forte na mente, elas não podem ser mudadas. A cerveja Coca-Cola poderia desafiar a Budweiser com sucesso? Que pergunta tola.

O Problema de "Mudar o Buraco"

Algumas empresas acham que podem mudar o que suas marcas representam. Então a Volkswagen está tentando vender um automóvel de $100.000 chamado Phaeton. E a Mercedes-Benz está tentando vender veículos classe A por $20.000. É improvável que ambos os esforços tenham sucesso a longo prazo.

Você pode aprofundar um buraco, pode ampliá-lo, mas uma coisa que você não pode fazer com um buraco é mudá-lo de lugar. Quando uma marca é fortemente estabelecida na mente, raramente ela pode, se puder, mudar para uma nova locação.

Há muito mais a dizer sobre posicionamento. Só arranhamos a superfície do assunto neste capítulo. (Os leitores interessados podem obter uma cópia da Edição de 20º Aniversário de *Positioning*, com novas ilustrações e comentários, tanto de Jack como meus.)

Você não pode errar, entretanto, se pára de pensar em seu produto, sua marca e sua empresa e foca na mente do consumidor.

É onde você pode ganhar e onde você também pode perder.

3

CAPÍTULO

A Lei da Consistência

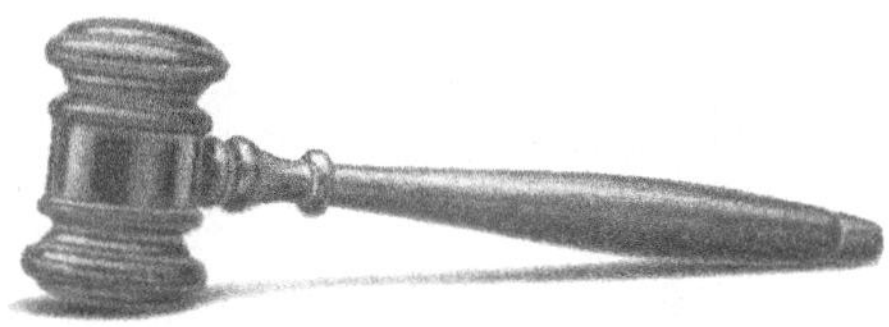

A Lei da Consistência tem um inimigo natural. O Crime do Funcionário Novo. Uma mudança no departamento de marketing geralmente leva a mudanças drásticas na agência, na direção da campanha e na marca. O problema é que freqüentemente o público leva mais tempo para se cansar de uma campanha que os executivos de marketing. A história da propaganda está repleta de campanhas tidas como fora de moda, abandonadas, como esposas, substituídas por novos modelos muito antes de o original se desgastar.

Ou, às vezes, antes de serem usadas.

Os consumidores costumam se lembrar da campanha de uma marca muito depois de todos da empresa terem esquecido o nome do cliente idiota que a encomendou.

Novas agências, e novos diretores de criação, são os culpados por esse pecado da impaciência, tanto quanto os executivos clientes. Muitos estão ansiosos para se destacar, quase sempre à custa do pensamento cuidadosamente construído e do posicionamento original.

A consistência, como a simplicidade, é uma dura batalha na cultura dinâmica da propaganda, que venera a mudança.

Afinal, acertar e resolver questões novas é o que alimenta o momentum do processo de marketing. A tarefa de permanecer consistente é dificultada, hoje em dia, pelo número de pontos que uma campanha deve manter na multimídia e entre os consumidores, juntamente com o número crescente de mãos que a conduzem por meio dessas várias permutações e extensões.

Em 2003, a Heinz anunciou no Reino Unido, para horror de consumidores saudosistas, que estava vendo criticamente seu slogan de 36 anos, Beanz Meanz Heinz. O clichê, adorado por todos, já havia sobrevivido a um atentado à sua vida uma década antes, quando a agência BMP veiculou Heinz Builds Britz. Entretanto, a receita original para o sucesso resistiu ao teste do tempo e voltou depois de três anos.

Outro exemplo: A Toyota, nos Estados Unidos, abandonou sua campanha “Oh What a Feeling” dois anos após ser concebida, no final da década de 70. No entanto, a noção viveu em outros mercados, como a Austrália, onde tornou-se o slogan mais conhecido em todas as categorias de propaganda, transformando a campanha na mais premiada no país.

Enquanto isso, a Toyota americana gastava dezenas de milhões de dólares tentando embutir um slogan diferente, depois outro, e outro, sem captar a qualidade da propaganda original. Ou até mesmo sem se comparar à potência criativa do trabalho desenvolvido na Austrália. Em nome da eficácia, engoliram certo orgulho e finalmente voltaram ao ponto essencial (*Get the Feeling*), em 2001.

Há vários anunciantes mundiais de alta qualidade, que poderiam aprender com a capacidade perceptiva da Toyota. Inúmeras técnicas podem tornar a consistência mais fácil de ser atingida, como o uso criativo de propriedades de marca, recursos mnemônicos, e idéias demonstravelmente possíveis de integrar uma campanha, para começar.

A propriedade de uma propaganda é como uma casa. Faça sua manutenção, renove-a a cada dois anos, e ela vai durar a vida toda.

Em seu livro *Asian Branding*, Ian Batey, fundador da poderosa agência do Sudeste Asiático, a Batey Ads, defendeu fortemente a consistência de uma campanha. Veiculada durante muito tempo por sua agência, a campanha da Garota Cingapura, para a Singapore Airlines (SAI), estabeleceu todos os tipos de benchmarks para a propaganda da região, e é um exemplo de modelo de construção de marca contínua e bem-sucedida.

Consistência, diz ele, é a única forma de voar.

A Lei da Consistência, por Ian Batey

No Oriente, a mentalidade do trader ainda prevalece: compre e venda, compre e venda. É difícil aceitar uma fórmula que sugira que se deva construir qualquer coisa como o valor da marca a longo prazo. Quando as marcas asiáticas olham para mercados mundiais, uma mentalidade completamente diferente é necessária.

Um aspecto positivo de se pensar pequeno é ser capaz de agir com rapidez; e são os resultados que atraem o investidor asiático. Entretanto, na arena de marketing, freqüentemente a diligência desvaloriza as marcas em um instante.

Claramente, os serviços de comunicação publicitária da Ásia têm sido delinqüentes. Nosso setor simplesmente ainda não atuou conjuntamente, para educar os donos de marcas asiáticas quanto às enormes vantagens de desenvolver estratégias de marca positivas e construir marca a longo prazo. Nosso setor também tem se permitido distrair-se com o pensamento e com as práticas voltadas para o curto prazo.

Os modos do Ocidente atingiram o coração e a alma da Ásia, e os adolescentes — os grandes consumidores asiáticos de amanhã — estão saboreando e aceitando tudo. E por que não?

Diante disso, a principal providência é reter os valores essenciais. No entanto, nenhum modelo de marketing deveria ser tão rígido que não possa ser refinado. Nenhum mantra de marketing pode ser tão rígido, a ponto de *proibir* qualquer mudança, qualquer flexibilidade.

Corporativamente, pode-se dizer: "Aqui está o modelo que sempre usamos. Por isso, vamos ver se ele funciona em uma determinada sociedade".

Por exemplo, a Marlboro nunca mudou significativamente sua plataforma, desde a década de 70, quer esteja falando com homens que cavam fossos ou com homens que se sentam em salas de diretoria. A marca toca a todos da mesma forma. Mas, quando entra no mercado individual, a equipe Marlboro pode precisar ser muito flexível, pois cada mercado tem as próprias regras e regulamentos.

Diretrizes estratégicas não mudariam; *táticas* sim.

A consistência mundial de sua propaganda tem sido o ponto fundamental do poder da Marlboro. Uma vez que ela é visualmente muito forte e simples, todos podem entendê-la e perceber os valores que ela projeta. O sucesso da Marlboro entre jovens e velhos, na Ásia, é um bom exemplo de como uma identidade de marca ocidental, bem-estabelecida, passou triunfantemente por todos os tipos de barreiras culturais e sociais e permaneceu verdadeira para si mesma, durante o processo.

O marketing de uma marca mundial, que busca crescimento substancial por meio de um amplo grupo de pessoas, deveria tentar seguir grande parte do mesmo modelo em qualquer lugar. É puro bom senso. Este mundo de comunicações, que encolhe rapidamente, e o movimento crescente de pessoas pelos continentes são duas razões para a consistência.

Outra razão é a necessidade de haver uma consistente alma da marca, para ser apresentada a todas as pessoas.

A missão de vínculo com a marca é difícil. Homens de negócios da Ásia não são renomados por assumirem riscos em uma área esotérica como o marketing. São conspícuos por sua abordagem conservadora. Entretanto, sob a superfície, está uma energia que adora assumir riscos financeiros em corridas de cavalos e cassinos. Assim, nós — o setor de serviços de comunicações — temos de encontrar maneiras mais criativas de fazer os donos de marcas asiáticas se comprometerem com programas mais corajosos de construção de marca.

Acho que a alma de uma marca poderia começar a perder o caminho, se as diversas expressões criativas espalhadas pelo globo começassem a se distanciar dos valores essenciais da marca. Sou definitivamente a favor do controle central de marcas mundiais e acho que a maioria dos donos de marcas apoiaria esta visão. Entretanto, você precisa fazer verificações e balanceamentos regulares, para se certificar de que está em boa posição.

O profissional de marketing de um produto de uso diário — pasta dental ou detergente, produto que é direcionado para as massas, pessoas residentes em moradias populares ou locais afastados — deve levar em conta a cultura local, o ponto de vista local. No entanto, a arquitetura central sobre a qual a marca foi construída não precisa mudar.

O sucesso do Marlboro — o cowboy do Marlboro tornou-se um ícone internacional em países onde os cowboys nunca existiram — reforça o poder de se promover consistentemente as propriedades essenciais de branding. Sempre que for legalmente possível, sua propaganda de marca é universalmente a mesma no mundo, lançada para todos os níveis sócio-econômicos.

A Levi's fornece outro bom exemplo de excelente construção de marca mundial, a partir do centro. Todos os jovens compartilham muito os mesmos traços universais, lutando contra a autoridade e chegando a acordos quanto ao seu lugar na sociedade. Ao concentrar sua propaganda nas similaridades, a Levi's supera as diferenças.

O Que É Consistência?

O vínculo, ao longo da vida, é o maior sonho de todos os proprietários de marca ambiciosos. As pessoas adoram ser amadas e, previsivelmente, gravitam em torno de marcas que as conhecem, as entendem e tocam seus corações.

Para isso, a consistência — uma única mensagem — deve ser mantida por determinado tempo na mesma área geográfica, com os mesmos produtos de mídia e nos mesmos canais publicitários.

Valor da Marca

Embora tenha se formalizado como conceito há cerca de 20 anos, o valor da marca (*brand equity*) é, de longe, o ativo mais valioso para a maioria das empresas. Tem sido descrito como "a reserva inicial do fluxo de caixa". O consumidor é motivado a comprar ou pagar mais, mas isso ainda não foi convertido em resultado de vendas. O próprio fato de o valor da marca ser intangível torna muito mais difícil o trabalho de protegê-lo e aumentá-lo.

Para ser verdadeiro com a marca, é necessário que seu proprietário, o *staff*, os distribuidores, parceiros e agentes entendam a sua identidade. Eles deveriam ter uma boa noção do que a marca representa: o que nela é atemporal e o que não é. Qualquer esforço global e genuíno de construção de marca deveria incluir programas capazes de educar os funcionários. Todos devem conhecer e apoiar entusiasticamente os aspectos da estratégia de marca que devem ser seguidos como os Mandamentos de Moisés e também aqueles que podem ser modificados para atender a necessidades locais. Se o próprio staff do proprietário da marca não entende nem aceita o que ele está tentando construir, que chance resta ao público?

As marcas mundiais são naturalmente obrigadas a transcender as fronteiras, e, às vezes, essas fronteiras são guardadas com muito ciúme dentro da própria empresa. Seminários, workshops, trabalhos em campo e programas de troca de função derrubarão as paredes. O vínculo além das fronteiras não só nutre um fluxo mais livre de informação e cooperação, mas também permite que uma empresa desenvolva vocabulário próprio e modelos de marketing. Além disso, sistemas podem ser implementados, para que todos se mantenham informados, quando os esforços de construção de marca se distanciarem da estratégia. Fazer com que os funcionários votem em campanhas publicitárias que, na sua opinião, exemplificam melhor a essência da marca, gera envolvimento. E, o que é mais importante, sinaliza se os funcionários entendem plenamente o que seja a marca.

Todo proprietário de marca tem de encontrar um modo próprio de ser verdadeiro em relação à sua marca, mas qualquer que seja o modelo adotado, o apoio entusiasta do programa realizado no mercado local é fundamental. Às vezes nos esquecemos de que os jovens, homens e mulheres, nas trincheiras territoriais, são a primeira linha de defesa e ataque da marca.

Manter-se verdadeiro consigo mesmo e com sua marca requer eterna vigilância.

O Perigo de Mudança

Embora a variedade seja o tempero da vida, a mudança não é.

Ao contrário da opinião popular, imagino que os consumidores amadurecidos geralmente resistem à mudança. Por outro lado, muitos profissionais de marketing sentem que a mudança é a salvação deles. O mesmo acontece com as agências de propaganda. É convencional mudar. É *não*-convencional não mudar.

O mundo está mudando rapidamente, ou pelo menos é o que nos dizem. A tecnologia de informação nos pressiona, nos modifica. Tudo tem de mudar para sobreviver. É como se estivéssemos descendo pela forte correnteza de um rio, desafiando uns aos outros para ver quem lidera a corrida, sem sabermos ou nos preocuparmos com o lugar para o qual o rio nos leva — e pode muito bem ser as Cataratas do Niágara.

Você não precisa pular cegamente naquele rio que flui veloz.

Você não tem de ser totalmente obcecado pela mudança.

Sente-se calmamente e avalie as perspectivas.

As Marcas São Compostas de Três Partes: O Corpo, a Alma e a Consciência

O corpo é a máquina de mudança. Representa tudo de palpável que sua marca oferece: os desenvolvimentos de produto e as melhorias em processo contínuo.

A alma da marca representa o lado emocional que sua marca oferece. Geralmente ela está profundamente enraizada, e espelha o caráter único, a personalidade e a cultura de sua marca.

A consciência da marca representa a responsabilidade que a corporação tem de recompensar os clientes específicos ou o grande público.

Para que os profissionais de marketing que trabalham com grandes mercados levem o crescimento global de sua marca a sério, as três dinâmicas devem ocorrer.

A missão do corpo da marca é muito clara — ela é sua máquina de regular melhorias e inovações. Por outro lado, é na condução da alma da marca que as coisas saem freqüentemente dos trilhos, para os profissionais de marketing e as agências de propaganda. Eles costumam mudar consistentemente a aparência, o sentimento, a personalidade e o apelo essencial subjacente da marca. É o mesmo que fazer Frank Sinatra cantar como Elvis Presley, e depois como Pavarotti, só para estar na moda.

Chegar à alma certa da marca não é tarefa fácil, mas, uma vez que esse objetivo foi atingido, não precisa ser modificado essencialmente durante décadas. A alma da marca é a mãe da marca, e assim como a bandeira e o hino nacional de um país, deve ter um lugar positivo, duradouro, no coração dos consumidores. Depois que os clientes se acalmam, como o adolescente que se livra da adrenalina, não aceitam mais constantes mudanças superficiais.

A consciência da marca tem sido, há gerações, parte integrante do jogo entre os grandes donos de marcas mundiais. Como representa, para as pessoas, um caráter mais institucional, deve refletir os valores da alma da marca, e não ser alvo de mudança constante.

À medida que o século XXI decolar, esta parte da composição da marca se expandirá em tamanho e valor comercial. Os proprietários de marcas asiáticas (a maioria deles ainda não está adotando este desenvolvimento) devem levar essa responsabilidade mais a sério, de agora em diante, se tiverem ambições mundiais.

Um colega argumenta que, embora uma excelente marca seja "propriedade do mundo, ela mostra, para cada indivíduo, uma diferença sutil. Ela guarda, entretanto, uma parte essencial que atinge ressonância universal e se torna o menor denominador comum — ou o maior fator comum — através de si mesma".

Embora eu ache que meu colega tenha atingido alguns pontos nevrálgicos, a visão dele complica as questões de construção de marca e de "mudança". Se as pessoas que falam do jogo da mudança não forem muito claras, que chance têm os outros, principalmente os proprietários de marca, de chegar a um consenso sobre a questão?

Vigilância é a senha.

Lembre-se da Garota Cingapura. Ela é eternamente a personalidade afetuosa, gentil, atenciosa, em seu sarongue *kebaya*. O que muda, entretanto, é que ela oferece consistentemente melhores sistemas on-line para reservas, assentos mais largos, corredores mais amplos, mais coquetéis, comida melhor, entretenimento mais sofisticado durante o vôo, e assim por diante. É igualmente essencial assegurar que a Garota Cingapura retenha a juventude e o frescor à medida que os anos se tornam décadas.

Portanto, nos esforçamos para *modernizar consistentemente a propaganda utilizando histórias e valores de produção* — a estrutura do conteúdo, o estilo do filme, a trilha sonora, a fotografia. A execução pode desempenhar um grande papel na definição da identidade distintiva de uma marca.

É uma receita que tem por objetivo manter sempre a Garota Cingapura relevante e atraente para os consumidores.

Construir uma marca é como desenvolver um relacionamento com um amigo. Se você mantém com ele um contato regular, tem boa chance de cultivar essa amizade. Se por alguma razão ele passa a conversar com você a cada seis meses, ou apenas uma vez por ano, ou se vejam a cada dois anos, gradualmente se esquecerão um do outro.

O mesmo acontece na propaganda. Se você é sério, tem de manter um diálogo regular; tem de continuar nutrindo o relacionamento. Tem de tornar seus clientes interessados em você, ligados a você.

Mesmo em tempos difíceis, quando os negócios estão lentos, de algum modo você tem de

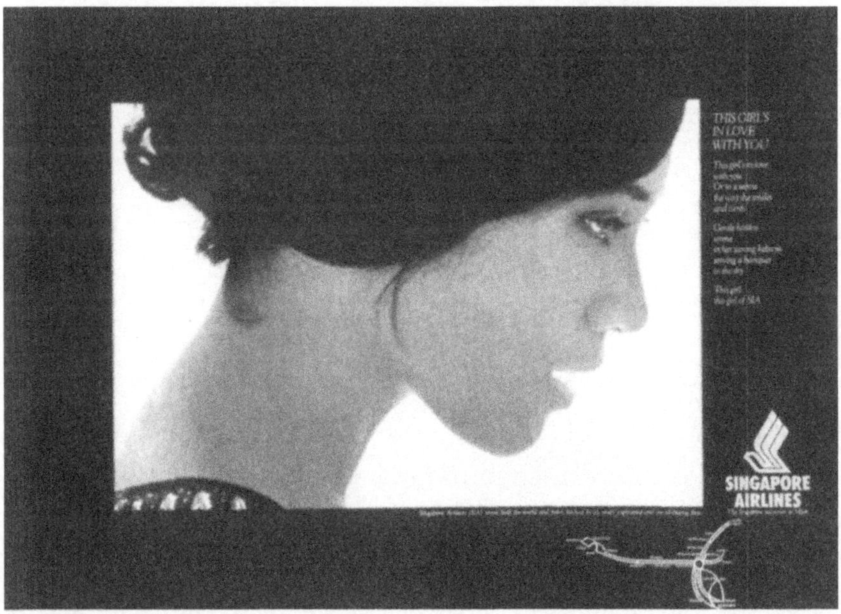

A propaganda que lançou o ícone. A frase Garota Cingapura veio mais tarde, aparecendo na letra da música. A proposição da marca tem sido oferecida consistentemente há 30 anos.

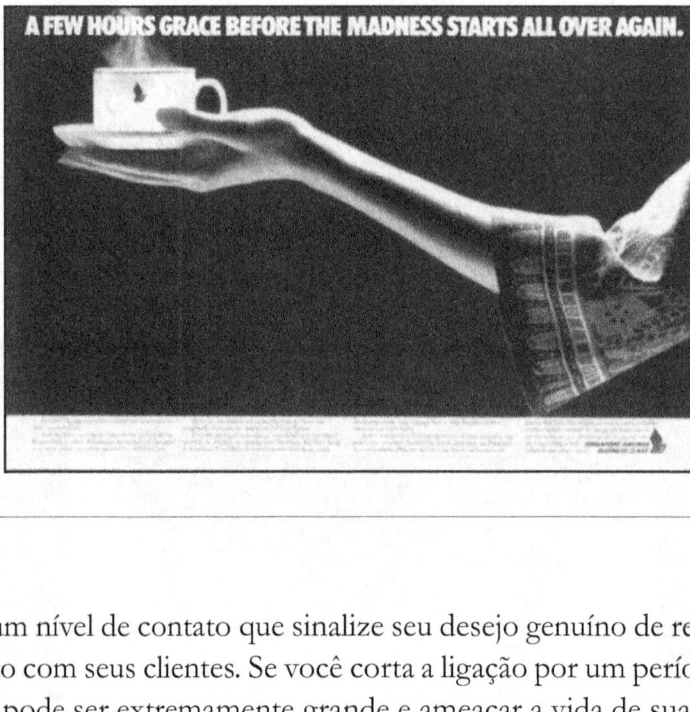

sustentar um nível de contato que sinalize seu desejo genuíno de reter um relacionamento com seus clientes. Se você corta a ligação por um período extenso, o prejuízo pode ser extremamente grande e ameaçar a vida de sua marca.

Uma marca mundial que eu admiro é a Rolex. Ela tem passado gradualmente de marca conhecida, admirada, para se tornar o que todas as marcas aspiram ser — uma instituição. A Rolex investiu de 30 a 40 anos de construção consistente de marca, a fim de institucionalizar-se.

Ela não mudou a plataforma essencial de sua marca nesse tempo todo.

Mesmo em períodos econômicos difíceis, seu programa de propaganda é incansável. Comunica a qualidade de seis estrelas e sempre teve um forte programa de endosso: grandes intelectuais, grandes exploradores, grandes cantores, sempre nomes do mais alto escalão. Algumas pessoas dizem que as propagandas são desinteressantes e não mudam, mas acho que a força delas tem sido sua visão imutável, focada, da maneira como a vida deve ser.

Manter a ligação básica é uma arte. Sempre que você coloca o nome ou a marca registrada de sua empresa em uma comunicação, está transmitindo uma mensagem de marca, está fazendo propaganda de marca. Logo, *todas* as propagandas são propagandas de marca, o que significa um compromisso para apoiar os valores da marca, através de tudo.

As proposições podem variar. A mídia pode variar. Mas a voz da marca deveria ser "familiar". No que diz respeito aos consumidores, toda comunicação que eles vêem é uma propaganda de marca. Não existe algo como ter propagandas nota A, nota B e nota C.

As mesmas pessoas, encarregadas de construir a marca, devem aprovar toda propaganda. Uma vez que você adota este pensamento, verá que sua presença no mercado se tornará muito mais nítida.

Um Ícone ou Propriedade Única

É improvável que o Homem Marlboro seja comparado a um ícone visual, embora algumas das campanhas mais bem-sucedidas do mundo não tenham tido um ícone gráfico em suas comunicações.

Acredito que uma entidade gráfica exclusiva, forte, seja um imenso ativo neste jogo, e que este fator deva estar firmemente incluído na agenda de novos programas de comunicação de marca.

À parte os caracteres gráficos, há inúmeras outras propriedades que podem ser empregadas exclusivamente para a vantagem da marca. Uma redação com um estilo original é uma delas. O slogan quintessencial é outra. Há também os clichês que potencialmente se tornam parte da linguagem diária, ou geram mais vida ao símbolo da marca registrada, como a Nike tem feito.

Criar e cultivar ícones ou propriedades exclusivos é pré-requisito essencial no exercício de construção de marca.

Os construtores de marca devem ser firmes e focados. *Não há meias medidas para se construir uma marca.* Isto, se uma propaganda não está certa, se a linguagem está errada, se não é a fala da marca, digamos. *Toda propaganda deve fazer um pequeno investimento no valor eterno da marca.*

O sucesso tem seus desafios. Você se torna líder mundial de marca, tanto nos lucros como na reputação. Há uma tendência a passar para uma estratégia defensiva, proteger seu tesouro, procurar salvaguardas, em vez de reter o espírito aventuroso que o fez ganhar fama e fortuna.

Não tenho problema com o argumento de que diferentes públicos-alvos e diferentes sentimentos do consumidor exigem diferentes soluções publicitárias. Mas vejo mesmo um problema quando a única coisa que liga todas as diferentes propagandas é o logo da empresa.

Lembre-se de que toda marca de valor tem uma alma, uma personalidade especial. É uma responsabilidade fundamental para os proprietários de marca elevar sua personalidade de uma forma ou de outra em *toda* sua propaganda. Tudo faz parte do exercício de construção de marca. Faz parte da ligação consistente, de certo modo, com seu cliente. É a arte de colocar a cabeça e os ombros acima do alarido da propaganda sem caráter.

A vida para as marcas mundiais melhorará cada vez mais e elas triunfarão, *contanto que a ligação com o consumidor seja vista por ele como relevante, genuína e de fácil compreensão.*

Todo proprietário de marca com aspirações regionais ou mundiais pode aprender com a Mercedes-Benz. Aqui está a prova viva de que as *excelentes marcas mundiais nunca devem ser mudadas para se adequar a um ou dois mercados.* A marca, seus valores e sua voz nunca devem ser comprometidos. A Mercedes-Benz é o mesmo carro, representando a mesma excelência, aonde quer que vá no mundo. É o que é.

Veja as marcas que têm consistentemente boa propaganda no decorrer de vários anos. Agora veja os clientes por trás dessa propaganda. Em todos os casos, será uma organização forte, próspera. Um proprietário de marca dinâmico, confiante, e sua agência, geralmente têm um íntimo relacionamento de trabalho, em que a agência é incentivada a explorar e a expandir os limites da criação, contanto que os valores essenciais da marca sejam nutridos, e não reinventados.

Clientes fortes conhecem as disciplinas de sua marca. E suas agências também. Eles funcionam como um só na construção da relação da marca com os consumidores. Hoje em dia, infelizmente, esta é a exceção e não a regra. É muito difícil manter-se focado. Mais proprietários de marca estão começando a saltar em todas as direções, a defender a necessidade de mudança. E o processo de mudança, para alguns, significa diferentes valores de marca, propaganda New Age diferente, e assim por diante.

Em alguns casos, eles podem estar corretos, mas na maioria das vezes não estão. Apenas se confundem.

Esta é uma frase boa.

Os valores essenciais da marca não precisam mudar, enquanto que a oferta criativa desses valores deve ser constantemente de ponta. De alguma forma, os proprietários de marca ficam confusos, confundem suas agências, e sua propaganda final reflete a trajetória perdida e confunde também o consumidor.

Se você deseja criar uma reputação para si mesmo, não importa o que você faça, branding é o nome, branding é o jogo. Branding tem sido sempre o principal tocador de corneta na batalha de marketing. Com a invasão da Internet, o cartão inteligente e outras tecnologias, o branding se transformou no Napoleão da batalha.

A marca não é mais apenas um conceito de marketing. A marca é agora um conceito financeiro. *É o ativo financeiro mais importante de uma empresa.*

4

CAPÍTULO

A LEI DA VENDA

"Anunciar pode ser descrito como a ciência de aprisionar a inteligência humana por tempo suficiente para ganhar mais dinheiro", disse o humorista canadense Stephen Leacock.

É por isso que as técnicas apresentadas neste livro — estas leis, dicas, idéias novas, revelações e saltos instintivos — não são intrinsecamente valiosas. Estão aqui com um objetivo.

Vender.

A propaganda é um meio para um fim.

Estamos aqui para realizar vendas e não para fazer alarde. O problema é que as propagandas, em um número excessivo, têm preferido chamar a atenção demais para si mesmas, em benefício próprio, sem serem capazes de percorrer pelo menos 95% da distância, fechando assim negócio para o produto que está por trás da idéia.

Críticos de muitas das propagandas atuais, por exemplo, acusam-nas de lutarem para serem inteligentes demais. Ser inteligente demais pode ser uma grande asneira. Ser inteligente só para demonstrar inteligência.

Os clientes argumentam que os profissionais de criação têm preocupações demais que não são comerciais, como prêmios de criação e troféus com formato engraçado, brilhantes. A reação que a maioria dos profissionais de criação deseja obter com seus anúncios é que seus colegas digam: "Nossa, eu queria ter pensado isso".

O fato pode levar ao Crime da Performance no Circo. O presidente da primeira agência onde trabalhei, Eric Maguire, fez uma analogia com artistas de circo que executam números perigosos, que desafiam a morte para impressionar os colegas. As pessoas que se arriscam tornam-se tão boas em seu negócio, que acabam não se animando mais com o aplauso do público pagante. Começam a se apresentar para os outros artistas circenses, as únicas pessoas capazes de entender a habilidade que aquele ato requer. No final, acabam fazendo manobras inacreditavelmente difíceis e perigosas, em benefício de poucos experts que poderiam entender e admirar sua realização. Acidentes, ou mesmo morte, são um resultado natural.

A criatividade na propaganda também é um ato arriscado. O público que os redatores e diretores de arte mais gostam de impressionar são os redatores e diretores de arte de outras agências. Talvez porque só aquele grupo seja capaz de reconhecer se a propaganda foi bem ou malfeita.

Não estou dizendo que qualquer um arremessaria deliberadamente um torpedo no plano de marketing de um cliente só para fazer algo notável, mas totalmente irrelevante; entretanto, a verdade simples é que, para muitos, as maiores conquistas não correspondem ao empilhamento de uma nota sobre a outra, mas ao reconhecimento de sua habilidade por outros artesãos.

Isto não é apenas um crime, é um pecado.

Um dos pregadores mais notáveis da propaganda do Reino Unido, Dave Trott, fundador da agência Walsh Trott Chick Smith, nunca perdeu de vista o verdadeiro objetivo da propaganda, apesar do expressivo número de prêmios de criação que recebeu ao longo dos anos.

Aqui, ele discute a Lei da Venda e descreve o método binário simples que usa para manter sua propaganda funcionando.

Compre-a.

A LEI DA VENDA, POR DAVE TROTT

Alguém é capaz de se lembrar do objetivo da propaganda? Por que recebemos para fazer o que fazemos?

Somos redatores de programas humorísticos de televisão, para fazer as pessoas rirem?

Somos redatores de gags para comediantes, usando a brincadeira para dizer verdades?

Fazemos prosa de estilo, oferecendo belas passagens de literatura?

Gostaria de sugerir uma visão terrivelmente ultrapassada do objetivo fundamental do nosso trabalho. E sei que ela fará rir os profissionais da mídia que freqüentam bares e restaurantes da moda, em Soho.

Esta é a palavra: "V _ _ _ _" (Adivinhe!). (O quê? Você quer dizer conversar com as pessoas, para que elas comprem coisas, como se fosse um vendedor de loja? Cara, onde você fez seu curso universitário?)

Sim, eu sei que não fazemos nada tão grosseiro assim. Hoje em dia, somos muito mais sofisticados: "construímos marcas".

Não olhamos as cifras de vendas, mas sim os resultados.

Não tem importância se alguém está comprando o produto, se não ganhamos um IPA Effectiveness Award, ou um D&AD pencil.

Não vendemos mais produtos para consumidores. Agora vendemos NOSSO produto: propaganda. E vendemos para nossos clientes e colegas: no Soho, em Cannes, ou Lurzer's Archive. Não foi só o rei que ficou nu, nós também.

Achei que atingiríamos o zênite (o seu zênite é meu ponto mais baixo) desse tipo de não-propaganda durante o rápido crescimento das pontocom.

Quando os endinheirados fanáticos por computador perambulavam pelas agências e diziam "faça alguma coisa que seja de nosso agrado, cara", fizemos — filmes excelentes que todos os novos tipos de mídia adoram. É claro que não nos dignamos a fazer algo tão rude quanto dizer aos consumidores o que era o produto, ou por que eles deveriam comprá-lo.

Então, adivinhe: Eles não compraram.

O rápido crescimento das pontocom foi a época em que as pessoas começaram a acreditar que você tinha de "construir marca", e não vender produto. Quando as pontocom desapareceram, a indústria não-publicitária construída sobre suas costas ficou por perto, ensinando a uma nova geração de *trainees* de marketing que a palavra "V _ _ _ _" é um pensamento dinossáurico.

O que pessoas realmente inteligentes fazem é "construir marcas": diamantes de marca, chaves de marca, doughnuts de marca, personalidade de marca, perfil de marca, assinatura de marca, arquitetura de marca, cebola de marca, halo de marca. Diga a palavra "marca" freqüentemente e tudo ficará bem.

Agora, não estou dizendo que construir a marca nunca é a resposta.

O que estou dizendo é, nem sempre é a resposta. Mas tornou-se uma solução impensada, simples, para evitar o desconforto de pensar na palavra "V _ _ _ _".

Tornou-se uma religião.

E o objetivo de todas as religiões é evitar a reflexão, mantê-lo em um estado de crença e superstição. Que é o que a "marca" se tornou, a superstição publicitária.

Como bater na madeira.

É claro que há excelentes marcas que podem cobrar um prêmio por qualquer produto, por ter seu nome ligado a ele. Mas (e, como qualquer coisa que questione religião, isto vai parecer heresia), antes de serem excelentes marcas, são excelentes produtos.

O modo como as marcas foram construídas leva a propaganda a vender o produto de maneira adequada. (A construção da marca é a parte sublinhada.)

E construiu-se uma marca.

Agora, uma vez que uma marca foi construída, você pode vendê-la, pois ela existe.

Mas, antes de o produto construir a marca, você não pode vendê-la, pois ela não existe. E é tolice vender algo que não existe, não é? Logo, por que tantos de nós ainda fazemos essa tolice?

Bem, vamos examinar como as religiões funcionam.

Os verdadeiros abençoados são aqueles que têm fé, aqueles que acreditam sem questionar. Mas e se você estiver um pouco confuso sobre o que seja uma "marca" e como ela funciona? Bem, como qualquer religião, temos padres para orientá-lo pelos misteriosos caminhos da "marca", especialistas que escrevem artigos sobre o que é "marca", como a "marca" funciona, crenças sobre "marca", e mesmo crenças equivocadas sobre marca. Temos seminários, conferências e livros sobre as diferentes manifestações de "marca".

Todos concordam com uma coisa, "marca" é algo totalmente misterioso para a mente do homem, e a "marca" é poderosa.

O problema é que se você substitui a crença por pensamento, acredita que sua resposta esteja sempre certa em toda situação, não importa qual.

E, evidentemente, não está.

É por isso que temos tanta propaganda cara fracassando o tempo todo. Um problema em se seguir cegamente este caminho é que, conduzidos com displicência, muitos valores de marca são os mesmos dentro de um determinado mercado. (Quantas vezes você viu a marca definida como "moderna, acessível e honesta", em um brief?)

Por isso, se todas as marcas do mercado estão vendendo valores similares de marca, quem vence? Trata-se de um enigma, porque se você não mudar a dinâmica do mercado, o líder deve ganhar mais, qualquer que seja o crescimento de mercado. Logo, como geralmente há apenas um líder de marca em todo mercado, a pura publicidade de marca será mais errada do que certa.

Mas se a propaganda da "marca" não é infalível, o que mais há nela?

Gostaria de sugerir que pensássemos nisso como uma alternativa à fé cega. O problema, como vimos com a "marca", é que temos todo um setor de pessoas dedicadas a tornar o mais complicado possível aquilo que fazemos. Elas estão empenhadas em tornar esse trabalho praticamente impenetrável a qualquer pessoa de fora.

Precisamos desmistificar o processo.

Precisamos dar acesso a todos.

Precisamos de um dispositivo tão simples que qualquer um possa usá-lo.

Que vença a melhor solução, e não a mais complicada.

É aí que entra o que chamo de brief binário.

"Binário" porque tudo o que você tem a fazer é escolher entre duas alternativas, como os zeros e os uns do código binário. E porque o código binário é rápido e não é ambíguo.

O valor real do processo é a disciplina rígida que você tem de aplicar ao resultado.

FIGURA 1

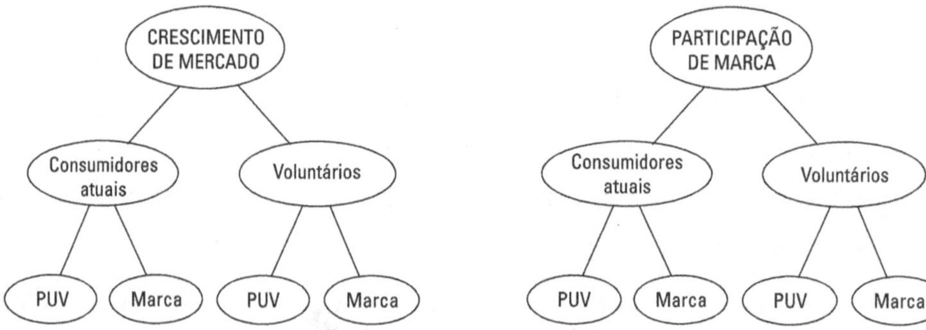

Você só precisa escolher UM de cada par de alternativas. As perguntas são classificadas em três níveis.

(1) O quê?

(2) Quem?

(3) Como?

É só.

(1) O que a propaganda precisa atingir?

Deveríamos fazer o mercado crescer e (se somos o número um) ter a maior participação nesse aumento?

Ou deveríamos ir para cima, contra aquele que for maior que nós, e tentar tirar a participação dele?

(2) Quem deveríamos ter como alvo?

Podemos fazer com que nossos atuais usuários comprem mais o nosso produto, ou comprem com mais freqüência?

Ou deveríamos esperar que as pessoas que nunca o experimentaram passem a usá-lo?

(3) Como fazemos isto?

Temos uma Proposta Única de Vendas (PUV)?

(Uma PUV "percebida" é bom, mas a letra "V" é realmente importante. É muito bom ser único, mas alguém quer aquilo que é nossa exclusividade?)

Ou deveríamos estar vendendo a marca?

Em caso afirmativo, como?

AGORA, um vasto exército de especialistas em construção de marca pode se envolver, pois agora sabemos o que estamos fazendo, para quem estamos fazendo, e por quê.

Faz sentido, certo?

Claro, é tão simples que dificilmente vale a pena incomodar-se com isso.

Então, como a Pepsi-Cola foi queimar os miolos, meio século atrás, para ter essa clareza de pensamento?

Só para ilustrar como funciona, vamos manter as duas Colas gigantes no brief binário.

FIGURA 2

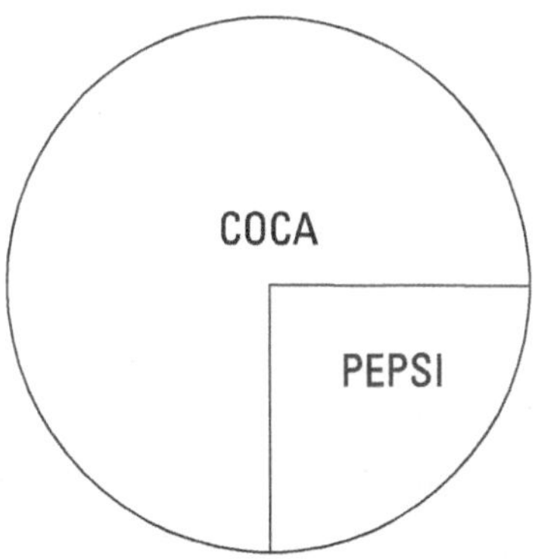

A Coca-Cola foi obviamente a número um no mercado de cola. Só precisou vender valores da cola para ter participação importante em qualquer crescimento do mercado.

A Pepsi olhou para a Coca-Cola, viu que ela teve sucesso e pensou: "Vamos fazer a mesma coisa".

Você observa isso em todos os mercados.

As números dois e três ficam tão hipnotizadas com a Número Um, que a deixam ditar as regras para aquele mercado, e desenvolvem verdadeiro pavor de se desviar delas.

"A propaganda de marca funcionou tão bem para a Número Um, que gostaríamos de fazer a mesma coisa, mas com nosso nome no final da jornada". E porque você participa do mesmo mercado, os valores de marca que você vende geralmente são os mesmos que a número um está vendendo.

Logo, o mercado cresce, e a Número Um fica com participação maior naquele crescimento. Muito obrigado.

FIGURA 3

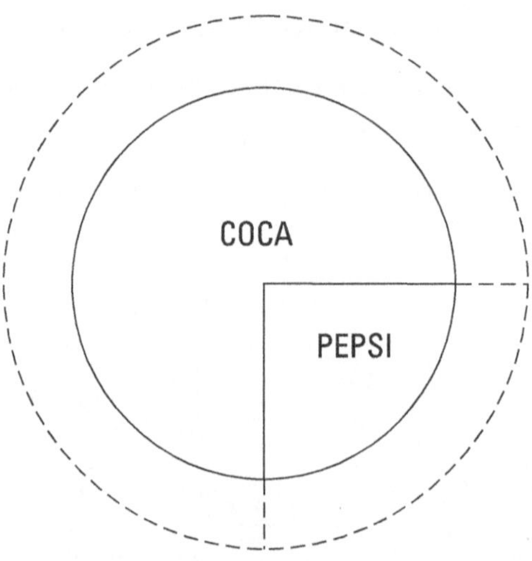

A Pepsi levou várias décadas para acordar e perceber que por estar vendendo valores da cola, fazia propaganda da Coca. Teve de começar a conversar com as pessoas, para que abandonassem a Coca em benefício da Pepsi. Precisou ir agressivamente atrás da participação da marca.

FIGURA 4

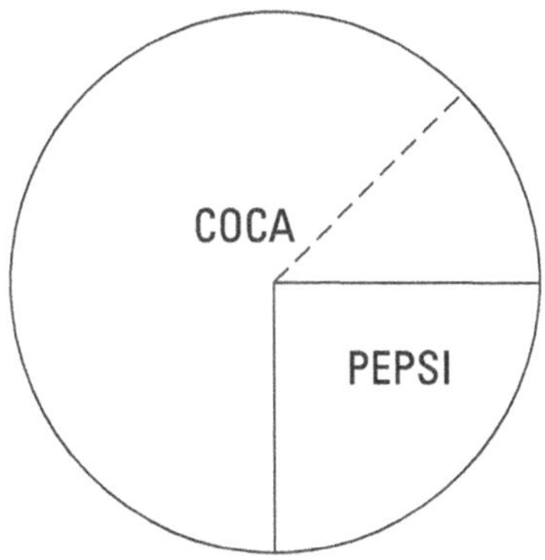

FIGURA 5

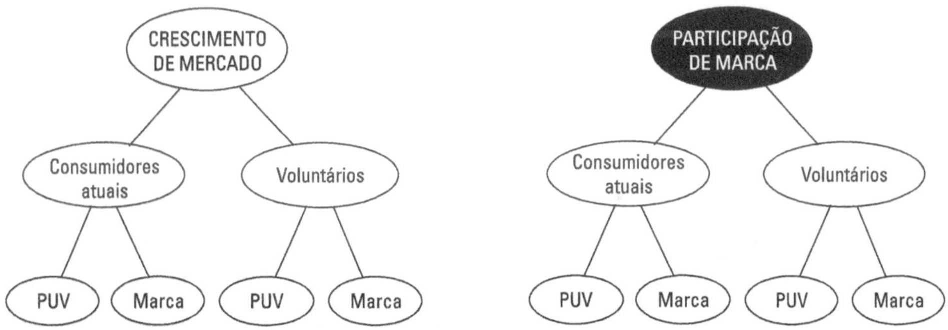

Como fazer isso?

Obviamente era preciso explicar às pessoas por que elas deveriam experimentar a Pepsi. Tinham de procurar os voluntários.

FIGURA 6

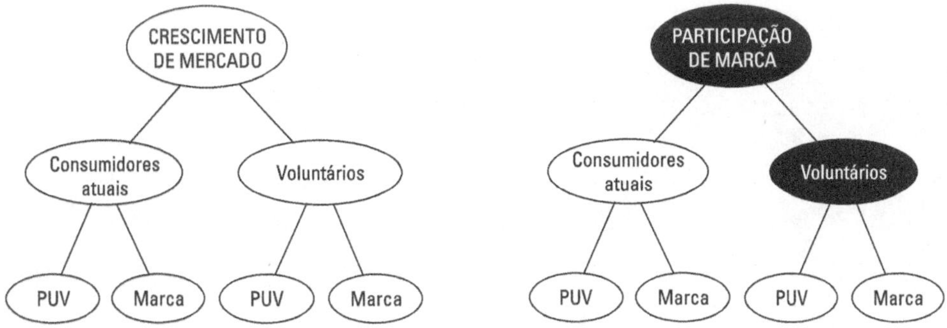

Isto é bastante razoável. Mas que mensagem poderia fazer com que os consumidores de Coca mudassem de marca?

Bem, vender Pepsi de acordo com valores da cola não havia funcionado. Por que alguém deixaria de beber Coca-Cola?

Havia a necessidade de algo diferenciador.

Era preciso encontrar uma razão.

"Pepsi Tem Mais Sabor" é um bom começo, se você puder sustentar a afirmação. Pesquisas apoiavam a declaração.

Logo, a Pepsi foi atrás da PUV: Veja o desafio.

A natureza agressiva da propaganda (vender o produto de maneira adequada) tornou-se a marca Pepsi. Agora ela tem a melhor propaganda, como nunca teve, e nenhuma é para a Coca-Cola. Logo, de acordo com o brief binário, a Pepsi foi atrás de: Participação de Marca, Voluntários, PUV.

FIGURA 7

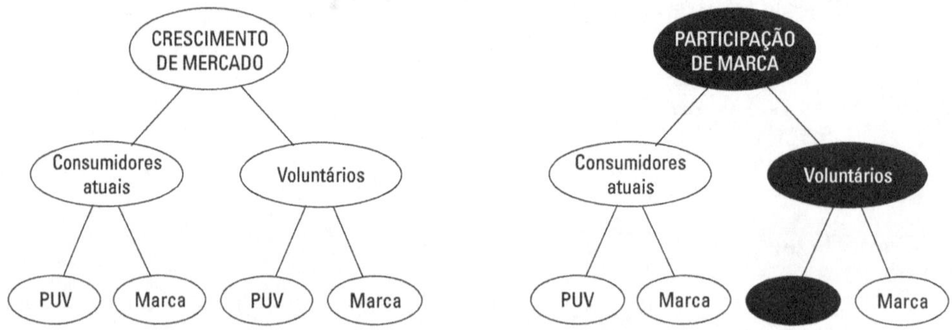

Enquanto isso, a Coca estava mais interessada em expandir o mercado. Imaginou que poderia crescer muito mais aumentando o mercado do que tomando a participação de seu concorrente menor.

FIGURA 8

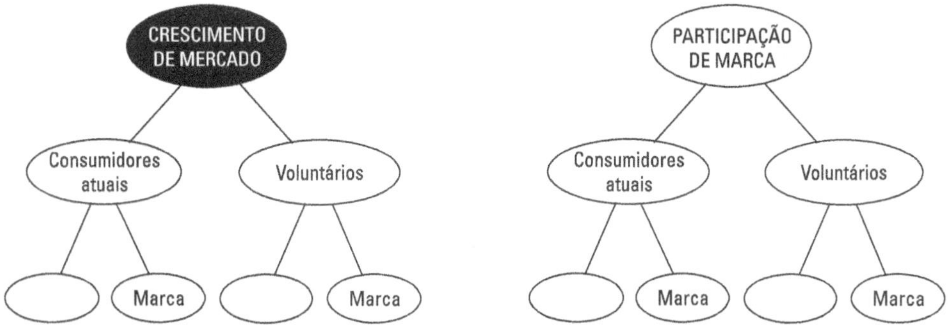

A estratégia foi continuar a vender valores da Cola.

O problema foi que todo mundo, em todo lugar, já havia experimentado a Coca. Sendo assim, como aumentar as vendas? A resposta era fazer com que os clientes existentes consumissem mais.

FIGURA 9

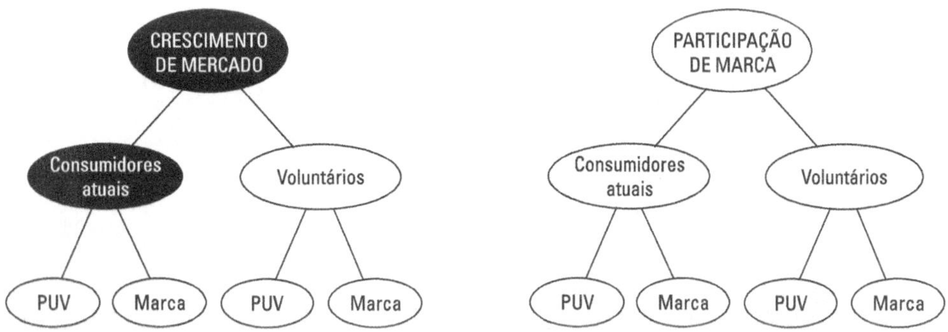

A mensagem passou a ser "Não tome Coca sozinho. Divida-a com um amigo. É muito mais legal dividir".

"Eu gostaria de comprar uma Coca-Cola para o mundo."

A Coca praticamente construiu o mercado de cola. Portanto, poderia adequar todos os valores de mercado para si.

Ela deve fazer propaganda de marca.

Contra o brief binário, a Coca-Cola foi atrás de: crescimento de mercado, consumidores atuais, marca.

FIGURA 10

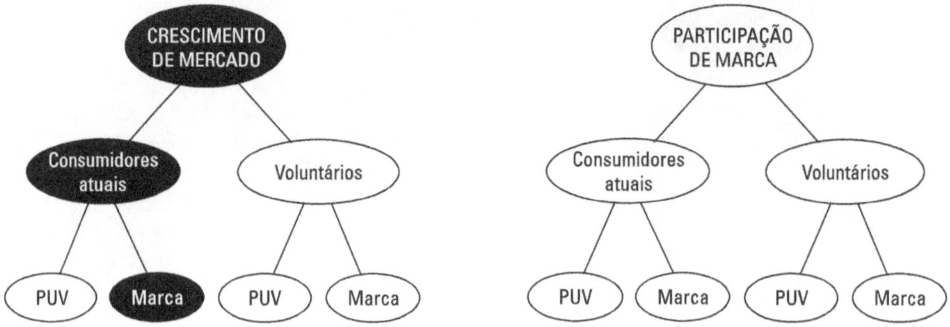

É assim que funciona. Você faz três escolhas simples e tem uma de oito estratégias possíveis de propaganda.

Toda a sua propaganda é preparada de acordo com essas escolhas.

Toda a sua propaganda é julgada de acordo com elas.

Você pode tornar o processo de tomada de decisão tão complexo e pleno quanto quiser, e pode levar dias argumentando cada decisão. Mas, no final, deve escolher apenas uma das alternativas.

Tudo parece bem simples, certo?

Bem, é simples. Mas não é fácil.

É muito difícil fazer essas escolhas. E é isso que importa.

A maioria dos profissionais de marketing, clientes e agências, vive negando. Eles querem que sua propaganda inclua todas essas alternativas.

Não querem deixar nada de fora. Recusam-se a fazer essas escolhas. Então, deixam que o consumidor as faça por eles.

Você se lembra da velha analogia de atirar seis bolas de tênis para o consumidor, e ele não pegar nenhuma?

Isto não é bem verdade.

Atire seis bolas de tênis para o consumidor e provavelmente ele pegará uma.

Mas há uma chance em cinco de que não será aquela que você queria que ele pegasse.

Portanto, tome a decisão acertada, não confie na sorte. Se você é criativo, dê uma olhada no brief com o qual está trabalhando. As escolhas estão definidas? Se você for cliente, dê uma olhada na propaganda que lhe mostraram. A partir delas, fica claro quais são essas escolhas? Se não estiver evidente para você, que chance o consumidor terá de entendê-las?

Isto, evidentemente, se acreditarmos que ainda estamos fazendo propaganda para os consumidores. E não apenas um "vago exercício de construção da marca, como extensão do componente de RP".

Entenda que não há nada errado com a construção da marca.

Mas só quando ela é adequada. O problema é que, por ser mantida tão vaga e efêmera, costumava envolver pensamentos superficiais. Por isso eu acho que precisamos desmistificar todo o processo.

Não queremos pensamento comum e palavras inteligentes.

Queremos pensamento inteligente e palavras comuns.

Por isso é hora de tirar a palavra "V _ _ _ _" de dentro do armário.

Acho que podemos parar de ter vergonha do que fazemos, fingindo que estamos criando outra coisa. Percebo que os consumidores entenderam para que servem aqueles pequenos filmes entre os programas. Acho que eles sabem que são anúncios. Eles só não sabem: quem, o quê, e por quê.

5

CAPÍTULO

A LEI DA EMOÇÃO

Na década de 90, AR Damasio, neurocientista de renome mundial, mostrou que nenhuma decisão tomada por nós, humanos, baseia-se totalmente no pensamento racional.

Nosso neocórtex altamente desenvolvido nos equipa para realizarmos feitos admiráveis de razão e análise, mas ele ainda é conectado ao nosso cérebro biológico, *dirigido emocionalmente.*

Isto significa que, não importa o quanto *pensemos* antes de uma decisão, não podemos *tomar* essa decisão até fazermos a interface com nossos sentidos, emoções, instinto e intuição. Logo, nunca deixe ninguém lhe dizer que a propaganda não é cirurgia cerebral.

Em outro estudo, de acordo com a Universidade de Washington: "O escaneamento da imagem do cérebro apóia a idéia de que toda vez que você tem de fazer uma opção pessoal, precisa *sentir* a projeção do resultado emocional de cada escolha — subconsciente ou intuitivamente". Então, você faz a escolha de acordo com esse sentimento projetado.

Em resumo, a mente consulta seus centros emocionais, mesmo quando toma decisões simples como usar cinto de segurança ou comer bolo, em vez de brócolis. John Kenneth Galbraith sabia disso anos atrás, quando disse: "Uma pessoa que esteja comprando produtos comuns, em um supermercado, está em contato com a mais profunda das emoções". Pesquisas feitas com clientes de supermercado e publicadas no *Journal of Marketing*, na década de 90, mostraram que apenas 51% conseguiam se lembrar da característica mais lógica de um produto que acabaram de colocar no carrinho: o preço.

Os seres humanos pensam com os sentimentos e as emoções. Nossos instintos buscam e, de algum modo, sentem o que parece bom ou ruim para nossa alma.

A tomada de decisão é emocional, espiritual, política e, talvez com menor intensidade, racional. A verdade é que não somos realmente seres racionais. Somos mais humanos.

Em seu *On Equilibrium*, o autor canadense John Ralston Saul explica que a ação e o pensamento humano tentam equilibrar naturalmente seis "qualidades": bom senso, ética, imaginação, intuição, memória e, finalmente, razão.

Em média, em um supermercado, este processo leva 12 segundos. E em 85% das compras o consumidor tem controle sobre a marca escolhida.

Você busca o que gosta. Eu uso essas referências amplas para contrastar com a dependência permanente que o marketing tem da racionalidade fria, o que me parece estar em desacordo com o modo como os consumidores vivem. Essa dependência na propaganda lógica e detalhadamente ponderada, repleta de características, tem criado uma desconexão entre marcas e pessoas reais. "As preocupações da direção de uma empresa são relativamente restritas — à vida, ao conhecimento e à possibilidade", escreveu Don Watson em *Death Sentence — The Decay of Public Language*.

Os executivos voltados para os clientes consideram, muitas vezes, que a emoção é inconstante e, pior, descartam a venda agressiva criativa. Isto não está certo.

Em meu livro, *Creative Leaps,* contei a história de uma vendedora de rua que vi negociando flores no Dia dos Namorados. Uma placa escrita com giz, na frente de sua banca, prometia econômica e sugestivamente: "Flores agora. Fogos de artifício à noite". Sua efetiva propaganda não descrevia os detalhes das características variáveis das flores, somente seu benefício substancial e emocional no fim do dia. Isto é muito mais convincente que dados objetivos e comparações.

Entretanto, vender emoção a clientes é um negócio difícil. O marketing, afinal, é uma ocupação dirigida para o processo. A BBH, potência de criação do Reino Unido, descobriu uma forma de embutir emoção no processo, afastando-se da Proposta Única de Venda (PUV), centrada na razão, focada em dados objetivos, para a Proposta Emocional de Venda (PEV), e produziu alguns trabalhos altamente significativos, durante toda a última década. A PEV permite que a propaganda venda mais persuasivamente a *idéia* da marca, em vez do mero produto em si.

O inglês John Shaw vive em Hong Kong e é Diretor de Planejamento, na região, da Ogilvy & Mather. Aqui, ele discute o poder de venda da emoção em todo o globo, do modo mais lógico e racional.

A Lei da Emoção, por John Shaw

Em 1983, Andrex não sabia o que dizer. Liderava o mercado britânico de papel higiênico e era uma das marcas mais valiosas do país. Mas nem tudo foi um mar de rosas. Um concorrente lançou um produto maravilhosamente macio, um produto que as pessoas, quando experimentavam, adoravam, que deleitava os dedos e acariciava o traseiro. O Andrex era vulnerável, e os donos da marca sabiam disso, mas preferiram perder um argumento racional, baixar a guarda.

Um olhar retrospectivo na propaganda de televisão do Andrex, em 1983 e 1984, mostra um filhote de labrador correndo alegremente em uma série de aventuras que mudavam de acordo com a estação, arrastando um rolo de papel higiênico. O filhote salta entre margaridas, brinca na praia e passa entre arbustos, em meio a pilhas de folhas de outono. Na tomada mais famosa, ele escorrega em uma lagoa congelada e brinca com um ganso. Essas tomadas estão fora de escala no fator "aah". Certamente, o produto parece mais macio e forte que nunca, mas a estrela do show é o filhote. Ele toca irresistivelmente nossos sentimentos mais profundos.

Ao tocar claramente as emoções da dona-de-casa inglesa, o Andrex despistou a concorrência, até que pôde lançar um produto aprimorado. Em vez de cortar preços ou empregar desesperadamente outras medidas, os profissionais da marca decidiram sensatamente explorar o apelo do porta-voz da marca por tudo o que esse pequeno camarada valia. Isto funcionou tão bem que as vendas foram extremamente fortes durante esse período de perigo. Além disso, todo Natal, durante anos seguidos, um pequeno filhote de labrador podia ser visto nas telas da televisão inglesa, escorregando em uma lagoa congelada e brincando com um ganso.

Pergunte a qualquer grupo de discussão sobre o Andrex e despencarão palavras cheias de emoção. É uma realização e tanto para um papel higiênico.

O mesmo acontece com muitas das melhores marcas do mundo. Mesmo em uma situação de pesquisa, às vezes é possível ver as pessoas com os olhos ligeiramente lacrimejantes, quando falam da promessa oferecida pela visão da Nike relativa ao poder que se conquista através do esporte, ou da celebração que a Apple faz do pensamento independente, ou mesmo do retrato de harmonia global proposto pela Coca-Cola no alto da montanha. A Singapore Airlines nos transporta para um longo sonho, altamente evocativo. A De Beers transformou seu produto em um potente símbolo de amor imortal. A Huggies induz os pais a "conversarem" com seus adorados bebês felizes.

É claro que nem todas as marcas de sucesso aproveitam "grandes" emoções como estas. Mas, em termos gerais, elas evocam um espaço emocional altamente definido, que é muito atraente e vai além da história racional da marca. Mesmo uma marca que parece bem racional, pode estar oferecendo algo mais profundo. O tremendo sucesso da BMW na Inglaterra foi construído sobre imagens que, apesar de parecerem frias, despertavam poderosas emoções de poder, sucesso e controle. Na década de 80, a idéia de Bartle Bogle Hegarty de "proposição emocional de venda" reconheceu a importância desse espaço emocional.

Mesmo a ciência apóia a importância da emoção em branding. Em 2002, o Departamento de Psicologia da Universidade da Califórnia, Los Angeles, publicou um estudo sobre o quanto as pessoas reconhecem certas palavras. Mostrou que o lado direito do cérebro, o lado emocional, desempenha um papel maior no processamento de nomes de marca do que no processamento de meros números, apoiando assim o que a maioria dos profissionais de marketing sabe intuitivamente, que a emoção é fundamental a todo conceito de branding.

A maneira hábil com que as modernas marcas usam a emoção é mais notável quando se considera a cultura corporativa tradicional. Sim, o valor das marcas é entendido em uma extensão nunca antes vista, e muitas empresas atualmente falam sobre sustentabilidade, em vez da obsessão de curto prazo com o resultado financeiro. Mas o mundo dos negócios geralmente lida ainda melhor com dados objetivos do que com emoções. Afinal, na última década, um conceito conhecido como "gerenciamento baseado em dados" tornou-se bastante popular. Parece nada inspirador, mas certamente é mais fácil um CEO defender o gerenciamento "com base em emoção". Não se espera que os líderes empresariais se comportem de maneira altamente emocional — não com tanta freqüência. Eles precisam passar muito tempo obcecados com aspectos racionais como qualidade, funcionalidade e aprimoramento do produto. É natural que queiram comunicar a seus clientes potenciais os resultados dessa dedicação. Trata-se da posição padrão, e ela é defensável na cultura inerentemente anti-emocional do gerenciamento sênior. Como Mark Twain disse: "É mais fácil fabricar sete dados objetivos que uma emoção".

Entretanto, contradizendo tudo isso existem algumas tendências poderosas que favorecem uma abordagem mais emocional. Primeiro, que a erosão das diferenças funcionais dos produtos tem sido amplamente documentada, e, mesmo quando existem, as lacunas podem ser fechadas em questão de meses ou até semanas. Isto leva naturalmente muitas marcas a tentarem construir uma conexão mais emocional, que seja menos vulnerável para um concorrente inovador.

Em segundo lugar, as emoções fornecem um atalho. Em seu livro *The Power of Simplicity*, Jack Trout destacou que, atualmente, o gerente comum lê um milhão de palavras por semana, e refere-se a teorias que dizem que a geração Baby Boomer está sofrendo de significativa perda de memória como resultado da pura sobrecarga de informação. (Poderia haver outras razões, mas este é outro assunto.) Alguns anos atrás, a BASES, empresa de pesquisa, reduziu suas previsões para a quantidade de consciência que poderia ser gerada por determinado gasto publicitário. Não é mais tão fácil assim ser notado. Em um mundo saturado de informações, há que se dizer muito para passar pelas vias mentais entupidas e ir direto ao coração. E há tantos dados em volta, que fica fácil para as pessoas pós-racionalizarem decisões de compra que sejam realmente fundamentadas, principalmente na emoção.

Finalmente, o sucesso sustentado de várias marcas, e este se deve a um forte componente emocional, simplesmente levou a um entendimento maior do poder que a emoção tem de oferecer saudáveis retornos financeiros. Uma passada pelas paredes de qualquer sala de reunião dos Estados Unidos nos levaria a ouvir o coração das pessoas dizendo que elas querem "ser uma Nike", "uma Starbucks" ou "uma Apple". Elas podem esconder que gostariam de imitar aquelas empresas em todos os aspectos, mas fariam de tudo para ter o valor emocional daquelas marcas. Mesmo uma marca com reputação abominável pela qualidade do produto pode reter tamanho valor emocional que é capaz de ser reinventada com sucesso: pergunte isto aos donos da Triumph Motorcycles.

É claro que muitas marcas desenvolvem valor emocional sem necessariamente fazer propaganda emocional. A Starbucks gasta comparativamente pouco em propaganda, mas a experiência desenvolvida dentro da loja é cuidadosamente planejada para desencadear as emoções certas. A maioria das marcas precisa contar mais intensamente com a propaganda, ou pelo menos com a ampla disciplina de comunicações de marketing, para construir vínculos emocionais. Na Inglaterra, os IPA Effectiveness Awards têm incentivado análises particularmente rigorosas dos efeitos das comunicações, e o valor financeiro real, prático, de campanhas dirigidas pela emoção tem sido comprovado repetidamente por marcas tão diversas como a Tesco, a Orange e o próprio Andrex.

Mas, espere um minuto. Não pode ser tão fácil assim, pode? (Produto um pouco mais fraco, senhor? Vendas ligeiramente em queda? Isto é fácil, senhor, um pequeno vínculo emocional resolveria bem.) Não, não é assim, infelizmente. Nossos concorrentes provavelmente tiveram a mesma idéia. Mas, o mais importante, é que as pessoas reais, que estamos tentando influenciar, nem sempre estão buscando desesperadamente aquelas pequenas emoções de nossa marca. Já se escreveu o suficiente sobre a exigência dos consumidores modernos e sua capacidade de decodificar e evitar todos os recursos de marketing, se desejarem. Este não é mais apenas um fenômeno da maioria dos mercados avançados. A Siemens lançou seu telefone Xelibri com uma campanha irônica, ridicularizando a moderna tecnologia de marketing de massa e levando o subtítulo "That's so tomorrow" (Assim será amanhã). Gerou interesse não apenas nos lugares esperados, mas também nas principais cidades da China, apesar da exposição relativamente recente do país aos modernos métodos de marketing. E, na maioria dos mercados desenvolvidos, mesmo a ironia já não basta. A adoção de marcas e de atitudes voltadas para a alta qualidade, pela classe média americana, é ao mesmo tempo irônica e respeitosa: entramos na Era Pós-irônica.

Este contexto dificultou a vida de marcas que apelam para a emoção. Elas estão buscando vínculos com um consumidor mais difícil de ser entendido, recorrendo a uma comunicação permeada de ironia, auto-referência e humor peculiar. Em um mundo onde grande parte da propaganda se mostrava bastante racional, era mais fácil se destacar usando "grandes" emoções como sexo, excitação ou o encanto de crianças e animais. Todas ainda podem funcionar, mas são recebidas em um ambiente mais cético.

DIESEL
THE GLOBAL DIESEL INDIVIDUALS MARKET RESEARCH
The 3 most common stains found on Diesel clothing:
22%
40%
28%

Levi's
501
THE ORIGINAL SHRINK-TO-FIT JEANS

Algumas marcas têm reagido com sucesso a essa situação, desenvolvendo campanhas e personalidade que não usam abertamente a emoção, de um modo facilmente descrito, e no entanto também não são claramente racionais. Uma campanha impressa bem-sucedida, da Diesel, baseia-se na premissa da bizarra pesquisa de mercado conduzida pela empresa. Usa a emoção que nos faz sorrir, mas o humor é modulado cuidadosamente. Se pensamos suficientemente nisso, podemos imaginar que ela tem por objetivo fazer os usuários da Diesel parecerem pessoas conhecedoras, inteligentes demais para serem enganadas pelos métodos ridículos do mundo do marketing. Há emoção nisso, mas está muito distante da sexualidade acentuada de Nick Kamen pousando de cueca para a Levi's, em meados de 1980.

Outra forma de desenvolvimento de campanhas tem sido adotada por algumas marcas, que utilizam com sucesso uma abordagem muito menos previsível, para despertar emoção. Sua tonalidade não é unidimensional, ou necessariamente consistente, mas de alguma forma ainda surge como se estivesse vindo do mesmo lugar. A voz da moderna marca definidora não é mono, estereofônica ou mesmo quadrifônica: é polifônica, como o tom de seu celular que soa como órgão de igreja. É uma coleção cuidadosamente arranjada de gatilhos emocionais que mantêm você engajado e lhe acrescenta uma personalidade complexa, que parece real e interessante. Para onde você olha, há evidências da busca de autenticidade, demonstrada maciçamente, nos últimos anos, pela demanda por modelos retrô e roupas clássicas. As marcas polifônicas parecem mais autênticas porque com elas as pessoas se sentem mais reais, com uma variedade de humores e modos de falar.

A mãe de todas as marcas polifônicas é a Nike, que tem englobado uma diversidade surpreendente de emoções em seus anúncios, enquanto ainda fala de um modo Nike inimitável. A pura excitação, a inspiração sentimentalista, o humor sofisticado e não sofisticado, a beleza tranqüila e a pura irreverência têm desempenhado um importante papel nas comunicações da Nike ao longo dos anos. Geralmente você sabe quando é a Nike que está falando para você, e não outra marca. Há uma clara atitude subjacente que tem sido imitada por muitos, mas nunca captada consistentemente por qualquer outra marca.

Isto levanta questões interessantes para os anunciantes. Como eles podem gerenciar o processo de desenvolver uma poderosa marca polifônica, que gere fortes relações, usando uma paleta rica de emoções? A melhor forma, obviamente, é se aqueles que trabalham com a marca têm um entendimento instintivo do que a marca realmente representa. A poderosa voz da Nike ainda não foi formada basicamente por qualquer manual de marca que dita o tom emocional do contato da marca com os consumidores. Há, por trás, uma cultura corporativa imensamente forte, construída em parte por uma surpreendente tradição oral, o que dá às pessoas que trabalham na Nike, ou para ela, uma chance bastante boa de entendê-la. A poderosa propaganda emocional de uma marca tende a emergir quando as pessoas *sentem* o que é a marca, em vez de trabalhar de forma mecânica. (Isto é engraçado.)

É muito mais fácil de acontecer quando a cultura corporativa, o coração emocional da empresa, contém claramente uma essência que as pessoas reais acham atraente. Caso contrário, podemos acabar, como diz Scott Bedbury: "passando batom em uma porca". Em anos recentes, menos profissionais de publicidade têm prometido que a propaganda pode resolver todos os problemas, e mais ênfase tem sido dada à necessidade de desenvolver a cultura interna certa, bem como as comunicações adequadas. Mas e se a empresa ainda é um pouco como um porquinho? Afinal, a maioria delas não é tão interessante para as pessoas comuns, e muitas ainda carregam o vestígio de um rabo enrolado. Nem toda corporação pode ser tão intuitiva quanto a Nike, a Virgin ou a Diesel, mas elas ainda precisam construir fortes vínculos emocionais com seus clientes.

Uma resposta a esta tarefa é quando um grupo daqueles que trabalham com a marca se reúne para tentar captar sua essência emocional. Em dias passados, isto poderia representar ir a um bom hotel no campo, aliviar a tensão, formar vínculos, e geralmente entrar em um estado mental agradável. Em um clima estritamente financeiro, o procedimento pode ser considerado indulgente. Por isso, muitas atividades que eram realizadas fora da empresa, agora acontecem dentro dela, em sóbrias salas de conferência decoradas com cartazes contendo símbolos inspiradores de trabalho de equipe ou de liderança. Parte do resultado dessas sessões pode ser um conjunto de diretrizes para os valores e a personalidade da marca, geralmente disposto em um círculo ou quadro. A lista de palavras é mais ou menos esta:

Honesta
Confiante
Contemporânea
Compreensiva
Afetuosa

Bem-humorada (sem ser pastelão)
Inovadora

A lista segue muito bem internamente, e pode ser aprovada pelos consumidores e comprovada pelas pesquisas. É difícil argumentar contra e este é exatamente o problema. É incrivelmente não-emocional. Considere por um momento uma marca que demonstrasse exatamente as qualidades opostas, uma marca que fosse:

Mentirosa
Tímida
Antiquada
Não-compreensiva
Fria
Sem humor (apesar de incursões ocasionais pela comédia pastelão)
Contra a tecnologia

Ninguém lançaria esta marca, nem lançará (mas eu a compraria pelo menos uma vez, por parecer muito mais interessante que a primeira). Isto revela que muitas das palavras mais usadas para definir a "personalidade" da marca simplesmente não a definem. Elas são óbvias. Essa verdade fica evidente quando a "personalidade" é ilustrada em um vídeo *essence tape*, usando seqüências encontradas, unidas a uma música emocionante que ninguém (exceto a Microsoft) teria condição de usar em uma propaganda real. Os resultados são, com uma freqüência enorme, espetacularmente inconstantes. A riqueza emocional e a personalidade têm sido eliminadas, e não promovidas.

Para que isso seja evitado, aqueles que estão trabalhando com marcas precisam lutar muito para excluir o previsível ou o genérico. Precisamos permitir que surjam mais interpretações individuais, criativas, da personalidade de uma marca, que não sejam impulsionadas pela necessidade de atingir o consenso fácil. Precisamos usar referências visuais e auditivas que parecem certas, em vez de apenas ilustrar uma lista de palavras. No geral, precisamos permitir que as emoções e a intuição desempenhem uma parte maior no processo, visto que tudo que estamos tentando criar é, em si, emocional. Fica difícil, no curso normal do trabalho, mas o prêmio, um espaço emocional bem-definido da marca, é imensamente valioso.

Mesmo que atingíssemos tal objetivo, ainda poderia haver problema pela frente. A rapidez da comunicação, a disponibilidade de vastas quantidades de dados sobre qualquer assunto e a evolução constante da sensibilidade das pessoas com quem estamos falando significam que certo nível de sustentação racional precisa estar disponível, mesmo não abertamente. Se há uma desconexão grande demais, ocorrem problemas. Em pelo menos um nível, as comunicações podem simplesmente deixar de funcionar: as pessoas talvez aplaudam e gostem da marca pelo que ela lhes diz, mas poderão simplesmente ignorá-la, pois não sentem o apoio das próprias experiências.

Mais seriamente, uma marca que forjou poderosos vínculos emocionais com seu público deve ser mantida nos padrões mais rigorosos. Se o inferno não tem tanta fúria quanto uma mulher desprezada, o mundo do marketing não tem tanta fúria quanto um consumidor fiel desprezado. O próprio poder dos vínculos emocionais da Nike com o público americano fez dele um alvo de ataque tentador em relação a suas práticas de trabalho. Os profissionais de marketing direto sabem que alguns dos melhores clientes são aqueles que reclamaram e ficaram satisfeitos: a decepção de clientes fiéis é igualmente potente. Entretanto, o poder de um relacionamento dirigido emocionalmente não se dissipa de um dia para o outro. Assim, quando os clientes viram que a Nike mudou de atitude, a marca recuperou o terreno perdido.

Quando dizemos que alguém "está um pouco emotivo agora", em parte queremos transmitir um aviso. Estamos enviando uma mensagem que diz: "No momento, você pode estar lidando com uma pessoa um pouco difícil". Nem sempre as pessoas lidam facilmente com as emoções. O mesmo acontece com as marcas. É fácil fazer propaganda emocional que seja protetora, ou genérica, ou inacreditável, ou apenas enjoativa. Para as marcas, a emoção traz responsabilidade e poder. Logo, é fácil voltar atrás e cair de novo em propagandas que parecem vender o produto realmente bem, e fazem sentido na sala da diretoria, ao serem apresentadas após um orçamento trimestral. Mas eu sei que você jamais usaria um filhote de cão em momentos difíceis, não é?

6

CAPÍTULO

A Lei do Amor

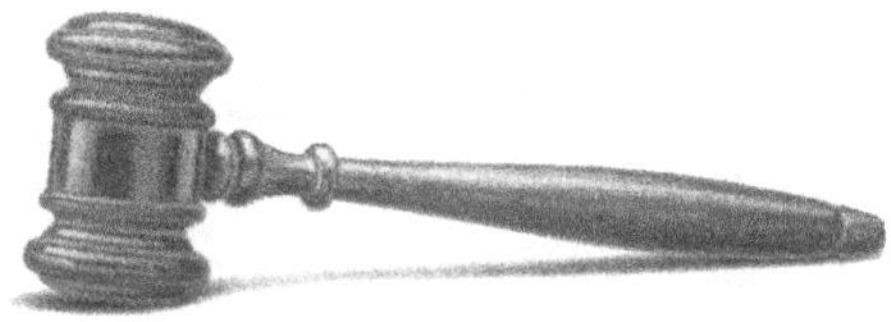

O amor conquista tudo.

Você se lembra do vírus de computador *Love Bug*, que varreu o mundo alguns anos atrás? Ele provou que mesmo os profissionais mais amargos abrirão instantaneamente um anexo de e-mail simplesmente porque chegou com o título *I love you*, uma declaração emocional que passa direto por todas as vigilâncias, processos cognitivos, treinamentos, protocolos de segurança e, sim, o velho bom senso.

"*Ah, alguém me ama! Quem? Quem?*"

Pense nisso como um sinal. O *Love Bug* não atacou sistemas de computadores tanto quanto acometeu a emoção humana, o otimismo humano, a vulnerabilidade humana, a esperança humana.

Eu te amo.

Pronto.

Estava disseminado em segundos. Mais de 80 milhões de computadores no mundo todo se derreteram.

Mesmo em pessoas muito experientes na arte de se comunicar por meio de computadores, há uma fome de empatia genuína e de contato pessoal direto. As pessoas vivem em um mundo frio, assustador e geralmente insensível. As empresas as despedem. Casais se divorciam. As instituições as exploram. O medo ronda os noticiários diários. Não há ninguém a quem recorrer. Logo, as pessoas querem se cercar de sensualidade.

Esta é a evolução real de profissionais da velha para a nova economia de marketing. A lógica está sendo substituída pelo agradável. A noção de compradores e vendedores está sendo substituída por uma relação que se descreve melhor como fãs e celebridades. Esta transformação requer um novo conjunto de equilíbrios — não só sobre marca, propaganda e marketing, mas também sobre liderança, autenticidade e espírito humano. A emoção já não é mais um negócio 'bom de ter'. É o coração vivo, batendo.

Há uma necessidade incrível e não explorada de amor. E isso lhe diz muito sobre o futuro da venda, argumenta Kevin Roberts, CEO da Saatchi & Saatchi. Como Lennon cantou: "O amor é tudo o que você precisa".

A Lei do Amor, por Kevin Roberts

"O amor é a lei, a lei é o amor."
Paul Kelly

Quando eu disse pela primeira vez a palavra 'amor' a indivíduos sérios, de negócios, eles coraram e saíram correndo. A palavra não tinha lugar em suas salas de diretoria e escritórios. Hoje, a resposta é muito diferente. As pessoas estão ansiosas para colocar mais emoção, mais espírito, mais inspiração e, sim, mais amor no modo como fazem negócio. Mas ainda acham difícil colocar o amor em ação.

É daí que vem a idéia de Lovemarks — nascida na Saatchi & Saatchi, que coloca o amor nos negócios e o mantém borbulhando em volta.

Comecei a falar de amor devido a uma pergunta importante, que não desaparece. O que vem depois das marcas? As marcas têm sonhado em correr pela economia global. Elas definiram e desenvolveram o marketing, estimulando sua complexidade e escala. Espalharam-se pelo globo e voltaram para casa.

A viagem de produtos para marcas registradas, e destas para marcas, é uma das grandes histórias do século XX. Agora, a viagem está chegando ao fim e é tarde demais para remediar. As marcas registradas têm servido de base há muito tempo. Agora, as marcas também desempenham esse papel.

Ambas têm utilidade na busca pela diferenciação, e ainda se mostram vitais à sobrevivência, mas não são as vencedoras do jogo.

É hora de admitir isso. As marcas estão mortas. Estão lutando para lidar com a demanda por inovação, flexibilidade e rapidez, juntamente com a necessidade de se construir relações íntimas com os consumidores. Uma dinâmica poderosa tem impulsionado os negócios há décadas, e as marcas estão presas nessa trajetória. É um processo incansável, transformando em lugar comum o que valorizamos realmente. A modificação em commodity corrói distinções, acaba rapidamente com as inovações e despreza padrões superiores de desempenho e qualidade, pois é o que todos estão fazendo.

Todas as empresas estão lutando com este problema de uma forma ou de outra. O resultado inevitável? Pressão nas margens de lucro e no preço, toda vez que os consumidores pressionam em outra direção. Hoje, os consumidores são mais exigentes, menos fiéis, profundamente cínicos e duros de serem convencidos.

A maioria das pessoas concorda que as transações comerciais tradicionais precisam ser transformadas em relações, mas não sabe o que fazer. Meu conselho é abandonar relatórios e dados estatísticos e procurar ligações emocionais. E, é claro, olhar mais atentamente para a mais forte de todas as ligações emocionais, o amor. O amor é a via para aprofundar ligações emocionais com empresas, consumidores, parceiros, aliados.

Aqui estão oito aspectos que mostram o papel do amor.

O Amor Cria Lovemarks

Algumas marcas se posicionam tão à frente das outras que se tornaram não apenas "Super Marcas" ou "Marcas Plus". De uma só vez, elas escaparam da cilada da commodity e evoluíram para algo diferente.

Charles Darwin as teria eliminado. Do peixe ao lagarto. Do macaco ao homem. Do produto à Marca Registrada. Da Marca Registrada à Marca. Da Marca à Lovemark.

As Lovemarks são uma oportunidade invencível de reinventar *branding*. Elas colocam as marcas onde deveriam estar, no coração emocional. Lovemarks inspiram a fidelidade que vai além da razão.

Na Saatchi & Saatchi desenvolvemos Lovemarks nos últimos quatro anos. Levamos toda a empresa a focar onde queremos ir com elas. É simples, como acontece em uma Ideas Company: "Criar e perpetuar Lovemarks pelo poder de nossas idéias". Lovemarks é atitude, crença e ação. O próprio nome é provocativo, não negociável. Dizer "amor" e acreditar em amor é uma decorrência. "Enjoymarks" ou "Admirationmarks" nunca cumpririam a missão.

Lovemarks são pessoais. Podem ser locais ou globais, ou ficar no meio-termo. Seja qual for a escala, elas se destacam na multidão. Lovemarks são as marcas carismáticas que as pessoas adoram e protegem com unhas e dentes. Se você fizesse uma lista de Lovemarks, seria diferente da minha, porque esta é a natureza do Amor. Não amamos todos a mesma pessoa! Se falar de Lovemarks, vou dizer: "Eu amo a Apple, a Cheerios, a Mont Blanc, as raquetes de tênis Blackburne, a música Putumayo, a Tide e a Prius.

Pare um momento e compartilhe o que você ama em www.lovemarks.com[1].

O Amor Inspira as Pessoas

Tudo o que tiramos dos negócios no último século precisa ser atraído de volta ao centro. Precisamos sentir o que é importante pessoalmente, não só analisar nos outros. Precisamos transformar a gerência, com inspiração, e engajar tanto a cabeça quanto o coração.

É exatamente o que o amor pode fazer.

Um estudo sobre a atividade neural, da Emory University, Atlanta, revelou que o pequeno ato de cooperar com outra pessoa, de preferir a verdade ao cinismo, a generosidade ao egoísmo, faz o cérebro iluminar-se de alegria. Adoramos amar. O autor do estudo, Dr. Gregory S. Berns, admitiu que "Os resultados foram realmente surpreendentes para nós". E este é o problema. Temos expectativa de que o lado sombrio e suspeito da natureza humana domine, e

1 Lovemarks foi publicado pela M. Books em 2004. (N. do Editor)

reduzimos a possibilidade de que as qualidades como o amor e a inspiração funcionem melhor.

Nosso entendimento tradicional do gerenciamento tem sido muito limitado. Não é de admirar que as mulheres tenham achado difícil se enquadrar nele. Hoje, o sucesso tem de ir além do gerenciamento e de fazer as coisas certas.

O que todos os líderes precisam para ter sucesso? De seguidores.

Quem quer admitir ter tatuado nas costas "nascido para seguir"?

Atualmente, o sucesso nos negócios não depende de gerenciamento ou de liderança, mas de inspiração — e, na melhor hipótese, inspiração é amor. Assim que excluem o amor, as pessoas, em sua maioria, pressionam a inspiração para fora de suas vidas. O que é uma perda terrível. A inspiração acorda as pessoas para seu potencial e lhes mostra o que elas podem ser e o que podem atingir. A inspiração é contagiante e desperta o compromisso das pessoas para se superarem, em termos pessoais — e não apenas bater as metas de vendas ou a concorrência.

O amor é a via para aprofundar ligações emocionais dentro dos negócios, com consumidores, com parceiros e aliados. Produtos excelentes, idéias excelentes, qualquer coisa excelente só pode vir de pessoas inspiradas com paixão e emoção. Elas precisam ter o que eu chamo de "Is" e Es".

- I de Idéias, Imaginação, Intuição e Insight.
- E de Encantamento, Emoção, Empatia e Excitação.

"Aumentar a temperatura" em seu negócio significa mais energia e inspiração, e nada aumenta a temperatura como o amor.

O Amor Traz de Volta a Emoção

Todos podemos sentir isso. A emoção está em voga de novo. Nos tempos das velhas marcas grandiosas, a emoção era um acessório. As marcas floresciam no mundo racional dos benefícios. A equipe de propaganda estava lá para acrescentar "glacê emocional" — e era só. Mas nas duas últimas décadas, a ciência aprofundou-se nos estudos da mente. Acontece que o cérebro humano é mais complexo, mais densamente ligado e mais misterioso que qualquer um de nós sonharia. Um estudo após outro provou que se os centros de emoção de nosso cérebro estão de alguma forma danificados, não perdemos simplesmente a capacidade de rir ou de chorar, perdemos a capacidade de tomar decisões.

O neurologista Donald Calne expõe a idéia de um modo brilhante: "A diferença essencial entre emoção e razão é que a emoção leva à ação, enquanto a razão leva a conclusões". Mais emoção é igual a mais ação. Esta é a parte "moção" da emoção.

Agora, há um sinal claro para todo negócio.

A emoção e a razão estão interligadas, mas toda vez que entram em conflito, a emoção vence. Sem o estímulo fugaz e intenso da emoção, o pensamento racional se esvaece e se desintegra.

A emoção é um recurso ilimitado. Controla nossa racionalidade e orienta nossa tomada de decisão. Não há limites para o seu poder. Está sempre lá, esperando para ser plugada. E certamente você não pode ignorá-la declarando que seus produtos estão em uma 'categoria de baixo envolvimento'. Que desculpa!

Precisamos parar de falar sobre emoção e colocá-la para trabalhar. Precisamos mergulhar na economia da emoção. Há muitas aberturas nesta economia, mas agora é óbvio que o entretenimento está ganhando terreno rapidamente. De acordo com um levantamento da US Consumer Expenditure, o gasto total com entretenimento, por família, aumentou 20,8% na última década. O entretenimento apela para nossa mente inconsciente, intuitiva e criadora, que opera além da racionalidade e das regras. A emoção, as histórias, o mistério e a metáfora fazem todos parte essencial das Lovemarks.

O Amor Dá Novo Significado ao Respeito

Falo mais de amor do que de respeito porque respeitamos os outros mais do que amamos. Fizemos imensos investimentos em desempenho, inovação, qualidade, confiança e todo o resto há décadas. E todos podemos concordar que fizemos um progresso fantástico. O problema é que foi tudo em uma única direção, que eu chamo de expressões 'mais' — mais novo, mais brilhante, mais forte, mais rápido. E o problema realmente grande é que estes atributos nos levam contra a expressão mais assustadora de todas: mais barato. É isto que acontece quando você escorrega na cadeia de valor. Você fica ansioso para oferecer mais por menos, só para continuar no jogo. Pior ainda é você empregar todo o seu esforço nessas apostas. Muita dedicação e pouco resultado.

No século XXI, um desempenho excelente é apenas o que os consumidores esperam e exigem. Os carros dão partida ao primeiro toque, as frituras ficam sempre crocantes e os pratos brilham. Hoje, todo o mundo precisa ganhar respeito só para permanecer no jogo.

Agora, o novo desafio é o amor, e ele exige o mesmo investimento e o mesmo rigor que empregamos para obter respeito. Nossa cliente, a Toyota, entende isso. Don Esmond, da Toyota USA, definiu claramente o novo desafio da empresa: "É hora de passar de empresa automobilística mais respeitada dos Estados Unidos para a mais adorada".

O amor precisa de respeito desde o início. Sem ele, não estamos falando de amor, mas de moda ou paixão — atraente e divertida, mas certamente incapaz de inspirar qualquer tipo de fidelidade.

O Amor Usa o Mistério, a Sensualidade e a Intimidade

Todos nós conhecemos o poder do mistério, da sensualidade e da intimidade em nossas vidas. A próxima pergunta óbvia é: "Por que as relações nos negócios deveriam ser diferentes?" Minha resposta é simples. Elas não são. Os negócios também precisam de mistério, sensualidade e intimidade. O mistério faz uso de histórias, metáforas e sonhos que dão textura ao relacionamento. Não é surpresa que depois de nossa mania de apelar para medidas objetivas no século XX, o mistério esteja novamente assumindo o centro do palco. O que *não* sabemos começa a ser tão importante quanto o que sabemos.

Os cinco sentidos nos impulsionam para a sensualidade — visão, audição, olfato, tato e paladar. É assim que os seres humanos vivenciam o mundo. A sensualidade é um portal para as emoções e para a intimidade, onde o pensamento e o sentimento aparecem juntos, muito ligados. Já a arte de saber fazer a coisa certa é chamada empatia.

Algumas empresas usaram mistério, sensualidade e intimidade de maneira brilhante. Pense na realização habilmente integrada que a Starbucks enviou para o mundo. Outras empresas criaram experiências péssimas para os seres humanos. Vamos dar um exemplo simples. Quem deseja ser borrifado com perfume, quando entra em uma loja? Eu não, nem minha mulher. Tais procedimentos, seguidos como fórmulas, são apenas sintomas de um problema muito maior — paixão reduzida a eficiência. A inspiração impulsionada para uma atitude positiva e o amor diluído na intensidade. Com foco no mistério, na sensualidade e na intimidade, a maneira usual de fazer negócios pode ser transformada com a utilização de novas emoções e novas idéias.

Paul Romer, economista de Stanford, gosta de dizer que as grandes vantagens competitivas do mercado sempre vêm das "melhores receitas, e não de se cozinhar mais". O Amor tem de ser a receita mais testada de todas.

O Amor Conecta os Consumidores

Finalmente as empresas estão começando a perceber que os consumidores são o coração de qualquer empreendimento. As pessoas querem ter o controle de suas vidas. São mais exigentes e, o melhor de tudo, continuam mudando. Este é o novo consumidor. Responder a essa nova realidade requer uma mudança profunda no sentido de desenvolver idéias e inovações que possam tocar realmente os consumidores. De onde vem o poder capaz de nos levar a isso? Das ligações emocionais criadas pelo amor.

Nossos novos consumidores evoluídos querem se ligar às marcas de outras maneiras. Estão procurando novas ligações emocionais. Mais pessoas estão vivendo sós, e a projeção é que muito mais ficarão sós na próxima década. Hoje, no Reino Unido, 7 milhões de adultos vivem sós — três vezes mais que 40 anos atrás — e estima-se que, por volta do ano 2020, famílias de uma pessoa formarão 40% do total de famílias.

Esqueça o famoso "jogar boliche sozinho" de Robert D. Putnam. As pessoas estão comendo, fazendo exercícios e andando sozinhas. Para tocar esses clientes diretamente, você precisa ouvi-los. É como sentir as mudanças, e não apenas ler sobre elas nos relatórios de pesquisa de mercado. A maioria dos negócios nunca chega tão perto. Estabelece um programa de contato com o consumidor, em vez de estar sempre com ele. Os profissionais da área tomam nota, em vez de tomar o pulso.

Invista em amor e você poderá se conectar com pessoas e cultivar relações duradouras. Em sua forma mais evoluída, essas relações dão aos consumidores um impacto direto em design, produção, distribuição e marketing, e lhe dão uma nova oportunidade extraordinária de criar valor a longo prazo.

O Amor Faz Reviver a Pesquisa de Mercado

Uma década atrás, os pesquisadores rejeitaram um impasse e, desde então, têm lutado para ler as placas sinalizadoras. "Encurralaram" o que *poderia* ser medido, e simplesmente ignoraram tudo o mais. O problema, evidentemente, era que não conseguiam medir tudo que tinha valor. E isso não pode ser relevante. Como o industrial inglês John Banham disse certa vez: "Corremos o risco de fazer uma avaliação mais alta daquilo que podemos medir com mais precisão. Como resultado, nos arriscamos a estar completamente errados, em vez de quase certos".

Outro problema é que a informação reunida pela maioria dos métodos de pesquisa convencionais se tornou uma mercadoria comum. Todos os grandes participantes têm muito mais acesso à mesma informação. E não só obtêm os mesmos dados, mas também os mesmos processos para lidar com eles. Não é aí que se ganha e, certamente, isto não ajuda em nada a criar ligações emocionais com os consumidores.

Precisamos de pesquisas para nos ajudar a descobrir o que não sabemos. E depois precisamos de pesquisas para nos inspirar a ir adiante e mais a fundo. Precisamos de pesquisas para absorver muitas perspectivas — e entendê-las. E, acima de tudo, precisamos de pesquisas que coloquem os consumidores no centro e não na base de uma pirâmide muito grande. Este é o único tipo de trabalho que chegará suficientemente perto do amor e de ligações emocionais que fazem a diferença.

Ter um entendimento significativo dos consumidores exige criatividade e *insight*, assim como precisão e profundidade. Lembro sempre que o amor não é uma via de mão única. Você não pode analisar o amor *deles* sem comprometer o seu amor. Se você fica de um lado, como observador objetivo, terá os resultados que merece. Estou procurando pesquisas que contem as batidas de seu coração e não os dedos de sua mão.

O Amor Adora o Que É Local

As pessoas vivem em determinado local. Vivem em lugares reais, distintos, e os adoram. Nunca conheci um consumidor global, e espero não conhecer nunca. Definimo-nos por nossas diferenças. As diferenças têm um imenso valor, porque são a energia de poderosas ligações emocionais. É este o jogo que as marcas locais podem executar de modo brilhante. Também é o desafio para as marcas com mercados internacionais.

AG. Lafley, CEO da Procter & Gamble, acredita que, em 10 anos, as maiores concorrentes da P&G estarão focalizadas em empresas locais. Diga isso às godzillas mundiais. Evidências cada vez maiores estão do lado delas. Veja o assalto à China. Quatro anos atrás, 10 dos 20 principais anunciantes eram empresas mundiais. No ano passado, era apenas um.

Os mercados emergentes continuaram críticos em relação ao crescimento. Há milhões e milhões de pessoas que querem fazer parte da facilidade, da oportunidade e do espírito do moderno. Mas querem isso a seu modo.

As corporações internacionais não têm de recuar. Marcas de bilhões de dólares continuam sendo uma meta inspiradora. É claro que queremos multiplicá-las para nossos clientes! Só temos de ficar mais espertos.

"Pense globalmente, aja localmente" não é muito melhor.

Começar com o local é absolutamente certo, mas "pensar" é totalmente errado. "Pensar" não é ação. "Pensar" não é rápido ou transformador, emocional ou inspirador. O que funciona melhor? "Aja localmente e seja global" — ação em ambos os níveis.

Somente o amor inspira a fidelidade além da razão. Lovemarks são uma idéia muito simples. Elas vêm do fundo do que todo ser humano mais quer e precisa — amor. Aquilo que nos distancia da fidelidade que buscamos, e que vai muito além da razão, é um único batimento cardíaco. Como isto é paradoxal!

7

CAPÍTULO

A Lei da Experiência

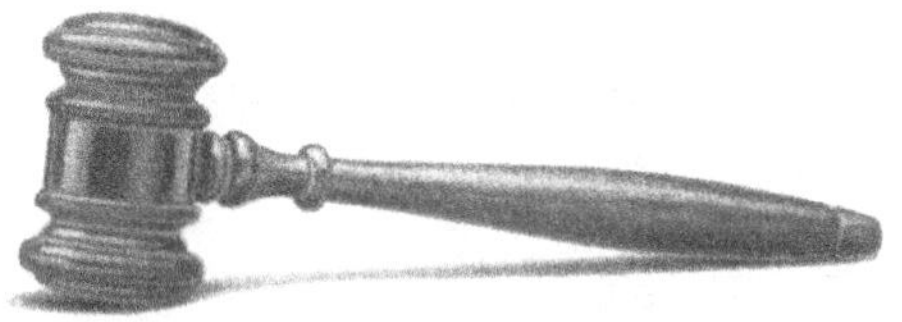

Os profissionais mais criativos das agências de todo o mundo têm um conhecimento enciclopédico de quem escreveu e dirigiu a arte de excelentes propagandas do passado, quase meio século atrás. Pergunte a eles sobre as propagandas da VW da década de 60, as propagandas da Hamlet da década de 70, as propagandas da Apple da década de 80, as propagandas da Nike de 1990 etc.

Pergunte quem criou a 'Face' da British Airways ou a 'Slap' da Tango, o trabalho da Levis ou da Diesel, da Perdue ou da Hathaway. Pergunte quem dirigiu o comercial de televisão '1984' ou 'Where's the beef?'.

Os profissionais de criação examinam anuários e revistas de criação que reproduzem propagandas em detalhes adoráveis. Ocasionalmente, folheiam livros de propaganda que enaltecem alguns trabalhos excelentes como se fazem com os heróis.

Isto é parte do problema.

Os publicitários vivem em um círculo de espelhos.

Pode-se aprender muito com os maiorais, sem dúvida. Cases de todos os tipos devem ser analisados. E é claro que você deve ter plena experiência em seu ofício. Mas, às vezes, fica difícil seguir em frente, se você olha constantemente no espelho retrovisor.

É difícil ser original quando você se apóia no que já foi original.

Dê uma volta pelo corredor de criação de qualquer agência, praticamente a qualquer hora do dia, e você verá muita gente com o nariz grudado em livros de publicidade. Grudado no passado.

Isto cria uma prisão com as grades da conformidade.

Uma das primeiras entrevistas que fiz com um guru da criação publicitária, quando eu era um jovem esperançoso que tentava entrar no setor, foi assim. Ele olhou para mim, do outro lado da imensa mesa e disse: "Por que você quer ser *copywriter*? Um garoto de classe média, bem-educado como você? Um australiano em boa situação? Você não sabe que os melhores *copywriters* vêm dos guetos de Nova York? Das ruas. São meninos do Convent Garden. Pessoas que viveram um pouco e aprenderam um pouco sobre a vida. Não, Michael, você não quer ser *copywriter*. Vá para a escola de cinema".

Como tantos bons conselhos que havia recebido durante anos, tive o cuidado de ignorar este também.

Mas ele tinha razão. Você precisa viver, antes de poder escrever.

Você tem de ter matéria-prima própria, antes de conseguir criar algo original. As respostas que aparecem nos anuários de premiação são para as perguntas das outras pessoas.

Espiar por sobre os ombros dos gigantes é bom e faz bem. Mas pode lhe dar uma perspectiva falsa, uma noção inflada de seu ponto de partida.

Pode também gerar propaganda auto-referencial, que deixa o consumidor frio. É mais ou menos como o constrangimento que você sente quando alguém lhe conta uma piada que só ele é capaz de entender.

Outro conhecido diretor de criação me deu o benefício de seus longos anos de experiência, certa vez, quando me disse: "É mais fácil escrever propaganda quando você fica mais velho; você sabe, muito mais rápido, quais trajetórias vão dar em nada e quais têm potencial".

Bem, sim. Se você escreve propagandas utilizando fórmulas conhecidas, que podem ser aprendidas, talvez.

Redigir idéias, entretanto, ser absolutamente original, é tão difícil na primeira vez quanto na última. O talento da originalidade é um dom. Mas, como descobri-lo?

Liderar é mais difícil que seguir.

É por isso que Kash Shree, agora na Leo Burnett, Chicago, defende que se deve levar uma vida interessante.

Ele sabe. Isso lhe deu o Grand Prix em Cannes, em 2002.

A Lei da Experiência, por Kash Shree

Antes de começar, gostaria de fazer algumas perguntas:

Você já foi preso?

Você trocou histórias com um estranho esta semana?

Você apanhou em uma briga de rua até ficar desacordado?

Você trabalhou em outros setores que não a propaganda?

Você foi despedido do emprego?

Você teve uma experiência próxima da morte?

Recusaram-se a atendê-lo em um restaurante por causa de sua cor?

Você lutou em uma guerra?

Você chorou tão incontrolavelmente que teve de vomitar?

Você era alvo de gozação na escola?

Você gozava dos outros na escola?

Você já teve uma experiência sexual a três?

Você já se viu perdido, sem dinheiro, em um país estrangeiro?

Você já bebeu um copo de vinagre?

Se você puder responder "sim" a pelo menos metade dessas perguntas, talvez entenda bem a minha lei: A lei da experiência.

Este é um conjunto que você pode acessar sempre que escrever. Um conjunto muito importante. Mesmo para a propaganda. Especialmente para a propaganda.

Uma pessoa que acaba de passar por uma desilusão vê o mundo de um modo diferente de alguém que nunca passou por isso, e também se expressará de modo diferente. Assim como um ex-viciado em drogas vê o mundo de modo diferente de alguém que nunca se drogou. Eles têm uma visão diferente. Eles mudaram por causa da experiência de vida. Tudo o que experimentamos nos alimenta. E uma vez que nossas experiências geralmente são algum tipo de verdade, fica difícil falsear essa realidade.

Uma das melhores coisas que já fiz foi freqüentar uma oficina para escritores conduzida por Chuck Palyhnuck (o autor de *Fight Club*, Clube da Luta). Alguém escreveu uma história sobre alguém que bebeu vinagre para esconder vestígios de maconha, antes de fazer um teste anti-drogas no exército. "Você bebeu vinagre quando escreveu isto?" – Chuck lhe perguntou. "Bem, não" – foi a resposta do escritor. "Dá para perceber" – ele disse.

"Você pode sentir quando alguém realmente viveu algo". Acredito que o melhor trabalho sempre parece se basear em algum tipo de verdade. É isto que ressoa. É o que faz os consumidores desconfiados baixarem a guarda.

Quando entrei na Wieden & Kennedy, era um ávido estudante de propaganda. Tinha orgulho de todas as propagandas e anuários que sabia de cor. Foi então que me confrontei com Jim Riswold, um filósofo experiente que passou para a área de propaganda e foi redator de algumas das mais famosas propagandas da Nike ("Spike and Mike", "Instant Karma", "Hello World"). Ele não estudou propaganda. Odiava propaganda. Ele nos disse para jogarmos fora os anuários, estudarmos cultura, e então pilharmos idéias. "Você não encontra originalidade olhando o que fizemos antes". Ele estava procurando vozes singulares, não derivadas.

Nossa cultura nos fornece experiências que afetam nossa maneira de ver as coisas. Por exemplo, quem viveu no Reino Unido saberá que o inglês e o francês não são muito afeitos um ao outro. Não é algo que consome o pensamento diário, mas está na psique nacional, esperando que alguém explore o assunto. E Howell Henry fez isso em sua propaganda para a Black Currant Tango. Soou tão bem porque eles recorreram à verdade cultural. Ouso dizer que esta maneira de pensar poderia funcionar em outros lugares. Japão? Coréia? Grécia? Turquia? Norte e Sul da Índia? É um sentimento muito humano, afinal.

Uma pessoa criada na Ásia vê o mundo de um modo ligeiramente diferente de alguém que cresceu na América ou na Inglaterra. Isto não quer dizer que somos todos diferentes e nunca entenderemos uns aos outros. Não assino a visão de que somente os asiáticos sabem fazer propaganda no mercado asiático. É uma falta de visão tão grande quanto pensar que só os europeus sabem como anunciar para o mercado europeu. As pessoas são mais parecidas que diferentes. Há muito mais traços que nos unem do que nos separam. Todos nós queremos amar. Ser amados. Todos nós comemos. Todos queremos segurança. E todos nós queremos comprar coisas. Os contextos podem mudar, mas as pessoas geralmente não mudam.

Nossas culturas ajudam a modelar nossa maneira de ver. E diferentes maneiras de ver são um recurso valioso na propaganda, onde todos nós sentimos que já vimos tudo antes. Cerca de 10 anos atrás, a Suécia começou a aparecer no mapa-múndi publicitário. Eles tinham um jeito estranho de olhar as coisas, para dizer o mínimo. E o trabalho deles mostrava isso. A propaganda da Diesel, saída da Paradiset, em Estocolmo, foi um enorme sucesso. A visão estranhamente kitsch e irônica da agência sueca se revelou realmente atraente a uma Geração X cínica. Os diretores da Traktor, que formavam um grupo de suecos responsáveis pela produção da maior parte do trabalho da Diesel, tornaram-se os mais procurados do mundo. Por sua vez, sua criação começou a influenciar a propaganda dos Estados Unidos e do Reino Unido.

Mas o que acontece quando você coloca alguns daqueles suecos em um novo ambiente? Eles continuam diferentes? As pessoas os entendem? Dois criadores da Diesel, Linus e Paul, se aventuraram nos Estados Unidos para trabalhar na Fallon. Aqui está um pouco do que fizeram.

Nada era parecido com o que se produzia nos Estados Unidos. E essa circunstância ajudou, mais uma vez, a mudar a propaganda por lá.

Outras agências e profissionais de criação começaram a se aventurar em novos trabalhos kitschs e irônicos. Você se lembra da campanha da C-Net, pela Leagus, em San Francisco? E a da Discovery.com, desenvolvida pela Hal Riney? Ambas foram dirigidas, incidentalmente, pela Traktor. Conseguiram transformar a propaganda nos Estados Unidos, dando-lhe uma nova voz.

Quando Neil French apareceu pela primeira vez em Cingapura, levou uma característica que mudou todo o mercado. Ao se misturar com australianos como Jim Aitchison, o estilo começou a evoluir ainda mais. A próxima geração ajudou a dar a Cingapura características próprias. Pessoas como Calvin Soh e Francis Wee assumiram aquelas influências européias e australianas e incluíram nelas suas sensibilidades e experiências. Graças a essa soma de fertilização cruzada, Cingapura agora tem uma publicidade com expressão peculiar.

A propaganda sempre fica melhor quando você tenta misturar as coisas. A Wieden & Kennedy agiu assim durante toda a década de 90. Recrutou profissionais de outras áreas e os colocou para trabalhar com profissionais de publicidade. Eram designers e arquitetos mesclados a filósofos e pessoas excêntricas. Você pode dizer o que quiser do trabalho deles, mas não pode acusá-lo de ser comum. Era original. Era honesto. Era elaborado, engraçado, irônico e provocativo. Não parecia propaganda.

A Wieden & Kennedy trouxe também atletas para a propaganda. Eles perceberam que o esporte era uma cultura com verdades próprias. E que se você não fosse autêntico, seu público o rejeitaria.

Ninguém quer parecer falso.

É claro que os suecos não foram o primeiro grupo de estrangeiros invasores a ajudar a diversificar as vozes da propaganda. Aproximadamente uma década antes, australianos desembarcaram no Reino Unido e nos Estados Unidos. Eugene Cheong e Tan Shen Guan tentaram a sorte no Reino Unido para acrescentar vozes a essa mistura. E já conversamos sobre Neil.

O que acontece quando você começa a pegar as vozes da Ásia e as utiliza para traduzir alguns de seus pensamentos e memórias no mercado ocidental? Um bom exemplo é o anúncio "Elephant", de Tarsem, para a Coca-Cola. Enquanto crescia, na Índia, ele via elefantes nadando, e acrescentou uma nova imagem à maioria de nossas psiques visuais. Porque você não vê muitos elefantes nadando em Atlanta.

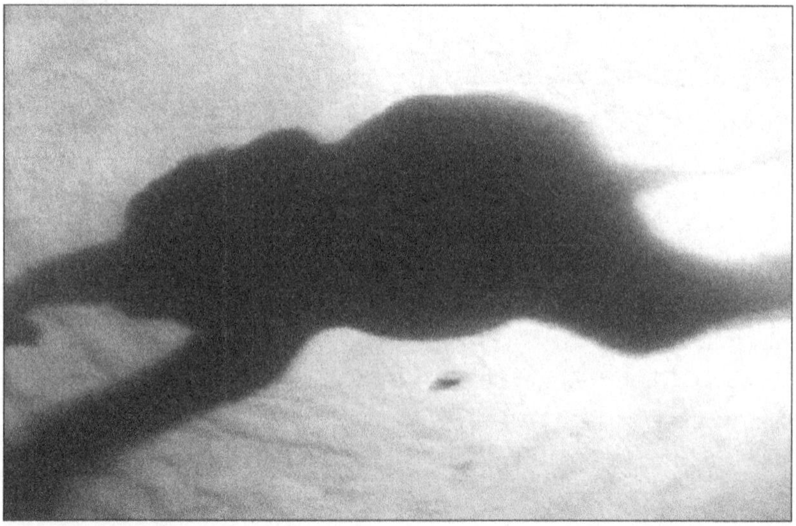

Vou diminuir o valor de uma citação de Tarsem, mas acho que é um esclarecimento importante. "Você não me paga pelo filme que fiz, ou pelos prêmios que recebi. Você me paga por todos os livros que li, por minha infância, por todo passeio que dei e por todo filme que vi." Com a emigração se acentuando, e a mídia mundial mais aberta, diversa, outras experiências estrangeiras e estranhas passam a fluir em várias culturas e a permeá-las. Você começa a ver imagens interessantes vindas de lugares inesperados. O comercial do Peugeot Sculptor foi feito por uma agência italiana, para um carro francês, com um tema indiano.

Fui a Cingapura em 1992 porque, enquanto estava na O&M London, me falaram de Eugene Cheong e Shen Guan. Bem, para ser honesto, ouvi dizer que eles comentaram que seria realmente fácil vender trabalho lá. É claro que eles estavam mentindo. Mesmo assim, aquilo me animou e me fez partir. Outro motivo foi ter sido despedido de meu emprego em Londres.

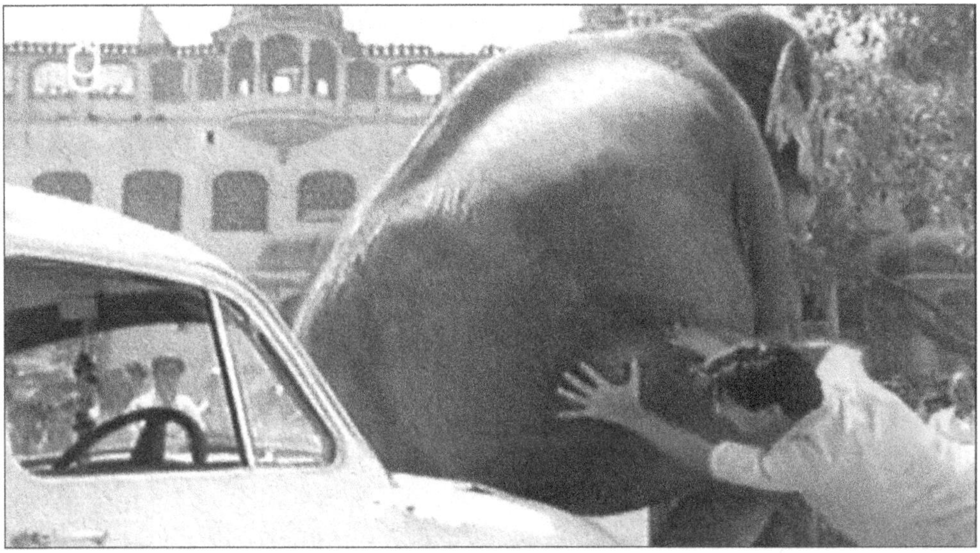

Levei minhas experiências e pontos de vista para Cingapura, e meu modo de ver mudou em contato com o local. Ao viver em lugares diferentes, adquiro maneiras diferentes de ver as coisas. Mesmo que as interprete mal, passo constantemente por mudanças e conquisto mais originalidade. E quanto mais original me torno, mais valioso eu fico.

Por exemplo, quando faz sol na Inglaterra, corremos para receber quantos raios forem possíveis, pois nunca sabemos quando vamos vê-lo novamente. Agora, imagine minha surpresa quando saio para passear com minha esposa, que é da Índia. Ela dá uma volta enorme para chegar aos lugares. O sol não é grande coisa para ela. Assim, ela tenta evitá-lo a todo custo. Eu digo: "Para onde você está indo? As lojas são por aqui". Andy, meu velho parceiro, percebeu a mesma coisa quando se mudou para Cingapura. Ele também ficou espantado.

Bem, você armazena a experiência. Até o dia em que você escreve um comercial sobre uma mulher que corre por um caminho cheio de voltas, para ficar na sombra. Duvido que teríamos chegado a esse resultado sem ter observado esses detalhes na Ásia. Pequenos detalhes.

Então, o que acontece quando você pega um garoto natural de Cingapura, envia para a Inglaterra aos sete meses, educa nos moldes do ocidente e o leva para viver e trabalhar em quatro continentes diferentes? É a fórmula ideal para adquirir um modo diferente de ver as coisas.

Onde quero chegar? Não seja fechado. Procure novas experiências. Reais, de preferência. Se puder, não vá direto do colégio para a faculdade de publicidade. Primeiro seja preso. Saia do país. Saia e leve suas experiências para outra parte. Volte mudado e aplique aquela voz modificada em casa. Ou em algum outro lugar.

Eu costumava treinar artes marciais. Fazia tudo com os pés. A experiência acabou gerando uma propaganda de futebol americano para a Nike.

Durante as comemorações de Natal, bêbado e aborrecido, decidi irritar o cachorro de meu amigo que estava me seguindo. Resolvi inverter a situação e fui no encalço dele, até que ele revidou e avançou sobre mim. O ataque levou cerca de 45 minutos. E eu fui mordido. Mas, 17 anos depois, o fato se transformou em uma inspiração para a Tailgating.

8

CAPÍTULO

A Lei da Relevância

Sei que alguns clientes acusam a criatividade de cometer ocasionalmente o crime da irrelevância. Entretanto, a verdade é que a mensagem de sua propaganda está competindo com a realidade. Sua propaganda não deve apenas ser mais interessante que as outras propagandas. Ela deve atrair imediatamente mais interesse que o editorial ou a programação que a cerca.

Bem, além disso, sua propaganda deve ainda ser mais interessante que os outros fatos da vida que exigem nossa atenção.

A relevância, como a beleza, está nos olhos do observador. Freqüentemente, o que os anunciantes e clientes pensam ser relevante é tão diferente quanto a água e o vinho. Para um cliente, os seus ingredientes são importantes. O luxo. A bela filmagem. Mas acontece que os seres humanos comuns têm uma paleta muito mais ampla de emoções que os anunciantes. Para um consumidor, a única coisa que importa é a solução de seu problema emocional.

A Lei da Relevância não consiste em falar eloqüentemente sobre as características corretas de um produto. Não importa o quanto a propaganda seja certa, honesta ou respeitável. Se for desinteressante, nem será notada.

As grandes propagandas têm impacto, mas também estão atentas aos sentimentos gerados pela idéia. O impacto é um começo — o único começo possível, realmente. A invisibilidade é a morte, mas também a falta de clareza, ou criar impacto sem criar apreciação, ou a falta de relevância emocional.

Se suas propagandas não 'pegam' as pessoas, então as pessoas não vão pegar seus produtos.

Já não basta apenas fazer e vender produtos. Phil Knight, da Nike, disse: "Não há mais valor em fazer coisas. O valor é adicionado pela inovação e pelo marketing".

Fica difícil definir as grandes propagandas, mas elas provavelmente têm um elemento de novidade (produzem o inesperado), geram sentimentos positivos (são agradáveis) e fazem sentido (são relevantes).

Lembra-se do REG (Respeito, Empatia, Genuinidade)? Se sua propaganda atingiu esses três objetivos, você está usando a força da Lei da Relevância. Leis da Simplicidade, do Humor e da Irreverência são maneiras de revelar uma verdade em sua idéia, enquanto que outras leis, como a do Posicionamento, do Respeito e da Relevância asseguram que o *insight* seja recebido com entusiasmo e simpatia.

O que é relevante para o produto, pode ser irrelevante para o mercado. As pessoas querem saber das lindas flores, e não dos níveis de fosfato de seu fertilizante.

As redes de televisão sabem disso. No final de 2003, a NBC americana encontrou uma nova maneira de levar as pessoas a assistir aos comerciais pagos inseridos nos intervalos da programação. Intercalou 'filmes' de um minuto entre as propagandas do horário nobre, mostrando histórias, mistério, emoção, e toda a nutrição instintiva que os comerciais não ofereciam.

A seguir, Anne Bologna, tutora de Harvard e presidente da rede Fallon americana, cita o trabalho do Citibank como exemplo de relevância ao divulgar sua intenção de ser um banco agradável, diferente. Como isto se tornou relevante? A campanha focalizou o que era relevante para as pessoas. Enquanto outros bancos mostravam dinheiro, o Citibank mostrou vida real.

Vida real. Isto sempre passa pelo teste da relevância.

A Lei da Relevância, por Anne Bologna

As pessoas não lêem propaganda.
Elas lêem o que lhes interessa. Às vezes é uma propaganda.
George Gossage

A propaganda excelente acontece quando a criatividade e a relevância se encontram. Uma boa propaganda pode ser criativa, mas não relevante, ou relevante, mas não criativa. Muito poucas têm os dois atributos. Infelizmente, a maioria não é uma coisa, nem outra. Você reconhece uma propaganda relevante quando ela faz alguém parar e prestar atenção ao que é, essencialmente, uma intrusão não solicitada. No passado, as propagandas não eram necessariamente intrusões não solicitadas. Em muitos casos, hoje, as propagandas são realmente diversões bem-vindas, fornecendo esclarecimentos educacionais para as pessoas que buscam informação sobre um produto ou serviço específico. Mas, como você faz para as pessoas encontrarem relevância em uma mensagem publicitária?

Primeiro, vamos colocar 'propaganda' e 'relevância' no contexto. Na década de 50, tudo era relevante. Nos anos após a Segunda Guerra Mundial, parecia que não havia nada que não fosse relevante para a vida — e estilos de vida — dos soldados que retornavam para casa e de suas novas famílias: pastas de dente, cookies, alimentos enlatados, automóveis, cortadores de grama, máquinas de lavar. Havia algo que não fosse relevante para essas novas famílias e seus filhos *baby boomers*? Todos queriam não apenas tudo, mas precisavam de tudo. Ainda melhor era o fato de todas as criações serem, na maior parte, novidades. E as novas tecnologias: televisão, ar condicionado, Colgate com Gardol, ofereciam relevância de todas as maneiras, formatos ou modelos.

Quando a Crest Toothpaste veiculou a propaganda feita por Norman Rockwell mostrando uma criança americana, com os dentes bem evidentes, levando para casa um relatório de sua consulta ao dentista, e exclamando: "Look, Mom, no cavities" (Veja, mãe, não tenho cáries), o comercial chegou ao auge da relevância. Afinal, milhões de pais americanos, com milhões de filhos da geração pós-guerra, certamente não queriam gastar dinheiro extra com dentistas. Assim, ao alegar prevenir mais cáries do que qualquer outra marca de pasta dental, a Crest chamou a atenção das mães.

Na década de 50, tudo parecia mostrar uma diferença real de produto, e tudo era relevante naquela época. Criativo? Bem, não em termos de como vemos a criatividade hoje. Mas era bastante emocional, pois tratava de um assunto que tocava o coração dos pais.

Quando os Estados Unidos começaram a construir uma economia potente na década de 60, ela foi acompanhada pela renda disponível de muitas pessoas. Embora a pobreza ainda fosse evidente no país, os anos de privação de guerra em breve seriam substituídos por uma nova economia, onde as pessoas poderiam comprar novos produtos para novas utilidades. Haveria alguma sobra de dinheiro após o pagamento das necessidades básicas. Mas a vida americana, na década de 60, não era apenas isso. Os direitos civis tornaram-se uma questão importante para a nação, e à medida que a guerra no Sudeste Asiático aumentava, tudo nos Estados Unidos e no mundo começou a mudar, inclusive na área de comunicação.

A criatividade se tornou a palavra de ordem em filmes, televisão, música e arte (lembre-se da enorme energia e das inovações notáveis ocorridas na alta cultura e na cultura pop). A propaganda também começou a produzir mensagens que não só vendiam produtos e estabeleciam nomes de marca, mas que se tornaram ícones culturais. "You don't have to be Jewish to love Levy's" (Você não precisa ser judeu para amar a Levy's) pode ter sido o primeiro exemplo de diversidade cultural — ou do que é politicamente incorreto. No entanto, vendeu muito e, ao mesmo tempo, estabeleceu uma marca e criou um burburinho.

A Alka Seltzer e a Volkswagen forçaram consistentemente os limites da criatividade, oferecendo ao público mini 'longas-metragens' de 60 segundos, com enredo e revelações no final. Para aqueles que sofriam de azia, não havia nada mais relevante. 'Whatever Shape Your Stomach's in' produziu uma música de sucesso: 'Speecy Spicy Meatball', que era uma gozação da propaganda "Marshmallowed Meatballs" e parodiava a noiva que não sabia cozinhar. Cada uma delas era totalmente relevante.

Ao criar comerciais para a Volkswagen, Doyle Dane Bernbach não só fez filmes extraordinariamente curtos, como 'The Funeral', como também criou um estilo para a propaganda impressa. Era limpo, simples, elegante, com um tipo de letra atraente, e realmente comunicava. Esse formato continua sendo o padrão. Não era o único interessante na década de 60, mas é mantido até hoje, o que prova sua perenidade. Conserva-se novo mesmo após 40 anos. Quando o novo fusca foi lançado, há alguns anos, sua propaganda impressa adotou o formato original, ligeiramente atualizado, mas parecendo tão renovador e tão novo como quando a campanha nasceu.

Do Início, até Meados da Década de 60, Tivemos a Primeira Lei da Relevância: a Criatividade

À medida que fomos adquirindo mais consciência da Guerra do Vietnã, que chegava em nossos lares todas as noites pela televisão, a geração *Baby Boomer* se dispôs a mudar o mundo. Exigindo paz, justiça social, sexo, drogas, rock and roll, cabelos longos e uma noção de diversão mesclada com irreverência, os *boomers* chamavam a atenção por sua aparência, muita aparição na imprensa e, até o mais importante, uma nova forma de fazer marketing.

Embora os estudos voltados para as populações e suas comunidades fizessem parte da propaganda há anos, o conflito entre gerações forneceu novos mercados, novas atitudes e análises psicológicas. A idade e a renda não eram mais os principais filtros para determinar um público-alvo e alcançá-lo. Agora havia atitudes envolvidas — estilos de vida. Vender passou a ser algo que se baseava nos interesses das pessoas e não em quanto elas ganhavam. Essa mudança levou os profissionais de marketing a uma nova era e abriu a porta para a criação de produtos com base no desejo e não mais na simples necessidade. Ao recordar aqueles tempos, fica claro que a relevância estava relacionada a uma geração. O que era relevante para a 'juventude da América' não era necessariamente relevante para seus pais ou para o governo. Mas era relevante para as indústrias fonográficas, para as confecções, para os fabricantes de papel destinado a enrolar tabaco manualmente, e para tantos outros que estudaram o mercado e aprenderam a abordá-lo melhor.

A Lei: Eu Conheço o Seu Mercado... Muito Bem

Por volta da década de 70, a relevância não era apenas política, nem relacionada à nova geração. Baseava-se no gênero, na sexualidade, no que era multicultural e pessoal... muito pessoal. O político tornou-se pessoal. E quando os *boomers* perceberam que não poderiam mudar o sistema, resolveram mudar a si mesmos. Nasceu a "Década do Eu" (*Me Decade*), assim chamada porque surgiu, do caos da década de 60, um período de intenso exame interno e externo. Adotamos as causas que tinham significado pessoal e, na ânsia de 'melhorar', passamos a fazer todos os workshops, seminários e cursos possíveis. Não importava se o que estava sendo oferecido era educação, inspiração, motivação ou produtos e serviços. Se não fosse relevante para o público em questão, simplesmente não era. A não ser que a mídia fizesse a confirmação. E a mídia nos disse para fixar nossas mentes e corpos, o que seria a melhor maneira de consertar a sociedade.

É claro que os *boomers* queriam ainda produtos que refletissem suas 'diferenças' em relação a seus pais. Logo, os profissionais de marketing inteligentes começaram a oferecer produtos para a "Geração do Eu" (*Me Generation*), que eram funcionalmente similares, mas pareciam diferentes... ou destinavam-se a refletir as crescentes preocupações com o que em breve se tornaria conhecido como "politicamente correto".

Os eventos mundiais passaram também a modelar o que era realmente relevante, já dando indicações para o século XXI. Quando a crise do petróleo atingiu os Estados Unidos, no final da década de 70, os fabricantes de carros eram os mais preparados. Seus veículos faziam 10, 14 e, sim, até 17 quilômetros por litro. Os Estados Unidos não viviam mais extremas necessidades, quando causa e efeito os afetaram. O que ocorreu no exterior, e em lugares que não podiam ser ainda bem entendidos, teve efeito direto na vida cotidiana. E o que era realmente relevante no mundo tinha a mesma relevância na seleção de seus produtos.

A Lei: Entenda o Mundo, Entenda as Tendências. Eles Afetam Realmente o Mercado

À medida que a "Década do Eu" deu lugar à década de 80, os *boomers* foram forçados a crescer e a agir de acordo com sua idade. Já havia uma crítica à geração *Baby Boomer*, que ficava olhando para os próprios umbigos, e só reclamava da mídia. Mas o que a mídia não notou, a *Rolling Stone* e sua agência de propaganda, em Mineápolis, certamente captaram. A percepção/realidade retratava claramente os estereótipos que os leitores da *Rolling Stone* tinham da mídia — e ela fez de tudo para mostrar a realidade. Foi a comunicação que percebeu melhor este público, e ajudou verdadeiramente a preparar terreno para as mudanças que se seguiriam.

E que mudanças. A contemplação que os *boomers* faziam das próprias cabeças levou aos *yuppies*, que pareciam não ligar para nada além de dinheiro, status e, evidentemente, poder. "A ganância é uma coisa boa", proclamava Gordon Gecko no filme *Wall Street*, e parecia que todos concordavam, deixando de lado qualquer noção de disciplina, quando se tratava de gastar dinheiro, até, é claro, outubro de 1987, quando o mercado se estabilizou, dando-lhes tempo para antecipar a próxima onda de crescimento. Quem teria sonhado que ela seria alimentada pela tecnologia e movida por um grupo de milionários que reescreveram as regras, por serem jovens demais para aprendê-las?

O que surgiu com o aparecimento das pontocom? Ainda estamos procurando respostas. Mas está claro que as pessoas mais jovens — a "Geração Ys" — inundadas pela mídia e pelo marketing durante toda a sua vida, estavam um pouco cansadas e descrentes dos produtos e das corporações por trás desses produtos. Elas viram praticamente tudo se transformar em mercadoria comum, e então o que se tornou mais importante foi a maneira como as corporações se portaram. "Esta seria uma corporação para a qual eu gostaria de trabalhar? Ela partilha meus valores? Tem uma visão de mundo que eu admiro?" Este passou a ser o mantra que levou os profissionais de marketing a estudar o branding emocional e levar os consumidores a terem um sentimento afetivo em relação a suas marcas!

A Lei: As Commodities Podem Ter um Lugar Especial na Vida das Pessoas

Com esse propósito em mente, as corporações precisam comunicar ao público seus valores corporativos e seu lugar no mundo. As ligações emocionais são importantes para o consumidor de hoje, mesmo quando se trata de commodities.

A boa notícia para o pessoal da publicidade é que, como vimos nesta breve história, os seres humanos são muito autocentrados. Por isso, não fica difícil fazer com que uma mensagem se torne relevante. A verdade é que as pessoas gastam muito de seu tempo procurando satisfazer uma série de necessidades pessoais. Todos os exemplos já citados demonstram este ponto, mesmo com o filtro de várias tendências e épocas. Algumas necessidades são relativamente triviais, embora as consideremos importantes, como a necessidade de obter um encontro, um aumento, ou ser conhecido. Em um plano mais fundamental, as pessoas precisam ser amadas, pertencer a algo e sentir-se seguras. Uma vez que temos um entendimento das necessidades e desejos, podemos atingir nossos públicos com mais clareza e relevância.

Com o passar do tempo, e frente a muitas mudanças, nos tornamos mais exigentes em relação à maneira de criar e de produzir mensagens sob encomenda, para atingir nossos mercados. Mas uma coisa continua igual: a essência da propaganda é a capacidade de comunicar uma mensagem de produto ou serviço de uma forma que seja relevante. Deve ser assim para todo tipo de comunicação. No caso da propaganda, devemos acrescentar, evidentemente, a arte da persuasão.

Aqui está um exemplo da boa comunicação, da excelente persuasão e da verdadeira relevância: o Citibank — "O defensor de uma abordagem saudável do dinheiro". Como o Citibank e sua agência chegaram a esta estratégia provocativa? Usando todas as leis da relevância citadas.

Top line: Finalmente, um banco que realmente entende que na vida há mais coisas do que o dinheiro.

Citibank: Uma Marca a Quilômetros de Distância e a Metros de Profundidade.

Empresa bem-sucedida, praticamente em todos os aspectos, o Citibank compete na maioria das categorias não diferenciadas: cartões de crédito e serviços bancários.

Os consumidores costumam pensar que os bancos são como utilidades — a conveniência dirige a escolha. E embora adorem o poder de compra que os cartões de crédito conferem, odeiam as motivações das empresas que os gerenciam. Assim, há pouca razão para se preocupar com os bancos que os emitem. Depois da aceitação, o cartão se reduz a taxas e tarifas.

Agir diferente é uma forma brilhante de convencer as pessoas de que você é diferente. Desde o início, a proposta foi assustadoramente clara: ajudar o Citibank a se diferenciar. As comunicações devem dar aos consumidores uma razão para que se importem com determinada marca que normalmente não seria considerada e passem a preferi-la.

Objetivos:

(1) Distinguir o Citibank de outras marcas de cartão, serviços bancários e serviços financeiros.

(2) Demonstrar que a vida do consumidor tem relevância.

(3) Predispor as pessoas a usar ou adquirir as ofertas do Citibank.

Primeiro, a agência teve de encontrar alguém disposto a ouvir.

Em uma cultura que endeusa o dinheiro, os melhores clientes potenciais do Citibank não dariam importância a isso. Olhando para a sociedade, você pensaria que o dinheiro dirigiu os Estados Unidos. As discussões iniciais sobre dinheiro levaram diretamente a conceitos esperados como 'liberdade' e 'controle'. Por isso, foi perguntado aos consumidores sobre a vida. O que torna uma vida boa? Qual é o segredo para a felicidade diária? Quanto de dinheiro é suficiente? De repente, surgiu uma visão diferente de dinheiro. Apareceram pessoas com objetivos realistas, fazendo sacrifício para permanecerem equilibradas. Para elas, a prosperidade pessoal não significava dinheiro. O dinheiro era um meio para um fim. O sucesso financeiro morava alegremente dentro de seus meios. Essas pessoas foram classificadas em um grupo chamado "Aqueles Que Buscam o Equilíbrio". Melhor de tudo, as pesquisas as mostraram representando quase a metade dos adultos, e as indicavam como excelentes clientes financeiros potenciais.

Há mais coisas na vida do que dinheiro.

Não foi surpresa o fato de que Aqueles Que Buscam o Equilíbrio ficassem frustrados com o interesse próprio e gritante do banco. "Vão perguntar sobre meu dinheiro ou sobre minha vida? Se quiserem saber só sobre meu dinheiro, não estou interessado". Eles desejavam um banco que os ajudasse a levar uma vida boa, e não a enriquecer. Um banco que entendesse que a vida vem antes do dinheiro. Sua visão ganhou um nome: Abordagem Saudável do Dinheiro.

A fada do dentinho? Duendes? Um cartão de crédito que o ajuda a equilibrar suas finanças? Os cartões de crédito continuam sendo desafiadores. O crédito é inerentemente "não saudável", pois implica gastos além das possibilidades. Uma vez que as empresas promovem o cartão como dinheiro disponível sem preocupação, Aqueles Que Buscam o Equilíbrio se sentem como vítimas. "Eles só querem que você gaste, gaste, gaste. É assim que ganham dinheiro." As pesquisas mostraram que Aqueles Que Buscam o Equilíbrio comparavam os cartões a um gênio dentro da garrafa. Poderoso, mas trapaceiro. Não confiavam que resistiriam à tentação do gênio que lhes diria para gastar. Assim, deixavam a garrafa tampada.

"Em minha carteira, só carrego um cartão de crédito." Os outros existem, mas raramente vêem a luz do dia.

Isso também não parecia saudável, para não dizer ruim, para o negócio do Citibank. Foi perguntado se havia um meio-termo entre essa negação e o gasto excessivo, uma maneira 'saudável' de usar os cartões. Aqueles Que Buscam o Equilíbrio nos disseram que a chave era saber usá-los.

"Ser recompensado pelo uso de cartões é inteligente."

"Usar o cartão para ter proteção de compra ou seguro viagem é um bom uso."

"Preciso ser informado sobre como os cartões funcionam."

"Se um cartão pudesse me ajudar a controlar os gastos, seria saudável."

Atrelar as comunicações do cartão a essas idéias não só ligou o crédito a uma 'abordagem saudável', mas também criou uma ligação com aspectos tangíveis.

Um Fato Simples: Ninguém se Chateou ao Fazer Qualquer Compra.

O Citibank pediu uma propaganda 'que não fosse de banco'. Assim, abriu a porta para que fosse oferecido algo que contrastasse com a categoria de cartão de crédito. Como resultado, se a maioria das propagandas de banco era séria, o Citibank encontrou o humor. Enquanto os outros bancos falavam de si mesmos, o Citibank focalizava pessoas. E quando os outros bancos mostravam dinheiro, o Citibank mostrava a vida real.

Não ser 'como um banco' também significava evitar mídias que materializassem o dinheiro. Em depoimentos, Aqueles Que Buscam o Equilíbrio descreveram seus hábitos de mídia e paixões: casa, família, saúde, comunidade e crescimento pessoal. A mensagem do Citibank liga-se perfeitamente à mídia que reflete essas prioridades: revistas de estilo de vida versus publicações de negócio e finanças.

Quando Tudo Parece sob Controle, a Vida Acontece. E Enquanto a Vida Acontece, o Que Nós, Profissionais de Marketing, Aprendemos com a Campanha do Citibank?

A campanha do Citibank foi lançada em 2001, em plena era da exuberância irracional, quando a bolha das pontocom estava prestes a estourar. Parecia que, para muita gente, havia apenas uma coisa na vida: dinheiro. Sim, algumas empresas ofereciam massagens no local de trabalho, organizavam torneios de futebol, as pessoas bebiam até o amanhecer, dormiam horas por noite. E isso acontecia porque o estresse produzido, a pressão dos investidores, a histeria quase maníaca que cercava o resultado financeiro (ou a falta dele) exigiam liberação e alívio. O Citibank concordou em veicular uma campanha dizendo que havia (que há) algo mais na vida além do dinheiro, uma mensagem que parecia ir contra o humor prevalente.

Isso foi em 2001. Em 2002, todos nós já sabíamos que havia e sempre haverá algo mais na vida além do dinheiro. E agora, anos depois, as verdades humanas da campanha do Citibank são as mais relevantes para nós, consumidores de serviços bancários e profissionais de marketing. Em que consiste a relevância, se não em revelar essas verdades humanas de uma forma que nos atinge, nos convence e nos toca? Assim chegamos ao que uma propaganda realmente boa faz.

9

CAPÍTULO

A Lei do Humor

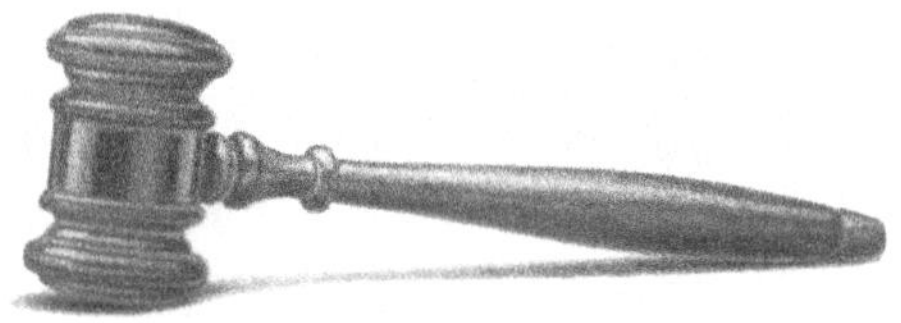

Um dos produtos de exportação mais bem-sucedidos dos Estados Unidos tem sido a risada enlatada. É a dieta básica dos programas humorísticos do mundo, dos programas de home video, das comédias, e agora é usada até mesmo em programas infantis. Fico espantado de não vê-la nos comerciais de televisão (é diferente do irônico).

Afinal, dizer ao espectador que algo é divertido seria muito interessante. Certos scripts parecem pensar que são engraçados, quando na verdade não fazem rir.

Há uma coisa que eu chamo de *ad-funny* (engraçado para o publicitário). É quando algo só é engraçado para o pessoal da agência que o criou. Não é 'engraçado de verdade', pois realmente não tem graça. Talvez as pessoas tenham um limiar de humor mais alto que os publicitários. Se não fosse assim, por que tantos scripts sem graça passam a ser classificados como comédia?

Por que há tantas caricaturas, autênticos clichês, querendo se passar por inteligentes? Vozes bobas e expressões tolas não têm graça, são forçadas e falsas. A maioria dos comerciais de rádio entra nesta categoria. E também muitos filmes de televisão, que seguem fórmulas prontas. Por isso o humor ganhou uma reputação nociva e é rejeitado por alguns anunciantes.

Certa vez um cliente me acusou de usar o humor como primeiro recurso. Eu expliquei, sem ser convincente, que as equipes de criação nem sempre se dispõem a escrever uma idéia com humor, mas quando se busca maneira mais rápida e clara de expressar um pensamento, a resposta pode ser a síntese de algumas noções contraditórias. Esta síntese muitas vezes é surpreendente e gera o humor da surpresa.

Clive James, que fez a famosa caricatura do governador californiano Arnold Schwarzenegger recheando uma camisinha com nozes, disse que não estava tentando ser engraçado. Ele simplesmente tentava 'descrevê-lo adequadamente', para transmitir uma idéia com o menor número de palavras.

Essa forma de síntese leva naturalmente ao humor. E, felizmente, o humor gera naturalmente o sorriso. Um exemplo da importância de sorrir vem de um hospital chinês, que conquistou uma queda significativa no número de reclamações depois de orientar os funcionários a mostrarem pelo menos oito dentes ao sorrir para os pacientes.

O humor é tão poderoso quanto a propaganda (se for *realmente* engraçado), pois é uma ponte que liga a marca ao consumidor. Dizem que a risada é a menor distância entre duas pessoas.

Um sorriso é o encontro de mentes.

Trata-se verdadeiramente de uma propaganda interativa.

Um sorriso significa que seu público está, literal e fisicamente, respondendo à mensagem (por associação, ao anunciante), e engajando-se a ela de maneira positiva.

A engenhosidade convida à participação. O humor torna uma propaganda mais provável de ser repetida de uma pessoa para outra. Ainda melhor, faz as pessoas se sentirem mais à vontade para conversar a respeito e recomendar a marca porque, de uma forma muito real, elas participaram um pouco da experiência da marca.

O humor também acrescenta fama e topicidade à marca, quando as pessoas dizem: "Você viu aquela propaganda que..."

O humor é o ponto onde a personalidade de sua marca fica mais humana e toca uma faceta da personalidade de seu público, aguçando a imaginação de cada um. Mais que qualquer outra ferramenta de vendas, o humor invoca um tipo especial de intimidade coletiva. Em resumo, é um atalho para que sua marca seja querida.

O problema é que a publicidade nem sempre se revela muito boa nisso. Muitos clientes gostariam de produzir anúncios engraçados, mas as empresas de hoje são sérias. Fica difícil justificar piadas em reuniões conduzidas de modo racional. Se você pretende fazer uma campanha engraçada, tenha certeza de que ela provocará uma verdadeira gargalhada, mesmo estando ainda apenas escrita na página fria e pálida, quando o executivo da conta a ler em voz alta.

Países diferentes, assim como as pessoas, acham graça no que é diferente. Por isso as campanhas nacionais, ou mesmo locais, geralmente têm humor de melhor qualidade do que as campanhas mundiais. Um aparte interessante aqui é o exemplo da propaganda de cerveja australiana. Os australianos são famosos por gostarem de rir, e adoram cerveja. No entanto, há décadas, muitas propagandas de cerveja australiana se mostravam forçadas e teimosamente sérias. Foi preciso um inglês para mostrar o caminho.

As campanhas inglesas do sócio-fundador da M&C Saatchi, James Lowther, para marcas australianas como a Foster's e a XXXX, usaram a ironia clássica da personalidade australiana e alcançaram um enorme sucesso e um efeito cômico.

Aqui, ele discute a Lei do Humor, depois de conversar com aquele que criou algumas das coisas mais engraçadas do mundo: Deus.

A Lei do Humor, por James Lowther

Claud Hopkins disse certa vez: "As pessoas não compram de palhaços".

Naquele momento, as nuvens se abriram e uma voz profunda e vibrante ecoou: "Errado, querido Claud". Então caíram do céu, em cima de sua distinta cachola, toneladas de Volkswagens, milhares de caixotes contendo John Smiths, Foster's, Stela Artois, Budweiser, Tango, um jumbo da British Airways e dezenas de patrocinadores bêbados do Club 18–30, para mencionar apenas alguns itens. Se tivesse sobrevivido, Claud sem dúvida teria reconsiderado sua opinião.

O humor não só vence a maioria dos prêmios de quase todos os festivais, como também ganha, para os clientes, mais negócios do que qualquer outra ferramenta do arsenal do anunciante.

Por quê?

Porque a lógica pode fazer você pensar que um produto é uma escolha sensata. Mas somente o humor pode fazer você gostar dele.

Porque só o humor requer a *participação* real do espectador, que então tem mais probabilidade de se lembrar do produto anunciado.

Porque o peixe nada, as cobras mordem, os pandas comem bambu, e todos fazem sexo... mas só os humanos riem.

A risada é a moeda comum que os humanos usam para a vida parecer melhor. A propaganda está tentando persuadir as pessoas de que seus produtos tornam a vida melhor. Logo, a aliança das duas é uma associação feita no paraíso.

Por falar em paraíso, aquela mesma voz me disse algo, do topo da montanha. Bem, na verdade foi na Golden Square. E Deus escreveu alguns mandamentos sobre humor em cima de meu Quark Express, com letras de fogo. Depois que os bombeiros apagaram o incêndio, eu os anotei, para esta estimada publicação.

1 Amareis ao Próximo — Ele É Terrivelmente Engraçado

As melhores piadas e as melhores propagandas não se baseiam na imaginação. Baseiam-se na observação daquelas criaturas engraçadas que existem à nossa volta... as pessoas. (Se queremos fazer com que nossos produtos entrem na vida das pessoas, é melhor conhecê-las). Logo, a primeira coisa a fazer, antes de pegar um pedaço de papel, é olhar para o mundo e para as pessoas que o rodeiam. Não, esqueça os personagens de Groucho... olhe para as pessoas reais. Veja como elas falam, como gesticulam, como contam mentiras, como beijam e peidam, e como nunca olham umas para as outras dentro do elevador. (É por isso que elas jamais encontraram Lord Lucan[1]. Ele está escondido em um elevador.) Veja como elas usam seu produto, como conversam sobre ele ou se comportam na presença dele. E não estou falando de pesquisa. Estou falando de você, uma pessoa criativa e observadora.

A campanha de que mais me orgulho é a da Castlemaine XXXX. Baseia-se em uma época em que eu tinha 17 anos, quando trabalhei durante sete meses em uma fazenda de criação de carneiros, no interior da Austrália.

Além de perder a virgindade, aprender a conduzir um rebanho e a blefar no pôquer, também aprendi que os australianos do interior nunca usam uma palavra educada, quando cabe uma palavra obscena. E que em temperaturas de aproximadamente 40 graus, uma cerveja gelada é mais importante que seus colegas, mulheres e, muitas vezes, que a vida.

Cerca de 15 anos depois, chegamos à frase: "Os australianos não trocariam uma XXXX por nada". Os scripts que foram gerados depois, precisaram de um pouco de imaginação. Mas os personagens já estavam lá.

Dica prática: Ao ver alguém fazendo algo estranho ou engraçado, anote. Pode ser útil mais tarde.

2 Não Matareis... Mas o Ferimento Provoca uma Boa Risada

Neil Simon disse certa vez: "Todo humor se baseia na hostilidade. Por isso a Segunda Guerra Mundial é tão engraçada".

Apesar da conclusão questionável, a observação é inabalável. Para falar honestamente, não há uma fonte maior de prazer do que as fraquezas ou a má sorte dos outros. Na propaganda, o tema pode ser usado

1 Lord Lucan, aristocrata inglês procurado pela polícia por suspeita do assassinato da babá de seus filhos, em 1974. A respeito do misterioso desaparecimento de Lord Lucan, entre em www.lordlucan.com. (N. da T.)

com o máximo efeito, para que as pessoas se lembrem do nome de sua marca. (Quem consegue se esquecer do logo da Outpost.com, depois de ver aqueles pequenos animais sendo queimados vivos?)

Esse recurso pode ser utilizado para dramatizar o benefício de um produto. (Recentemente, em uma propaganda tática da Foster, usamos um crocodilo arrancando a cabeça de um *bungee jumper*, para demonstrar o funcionamento de nossa nova bomba de chope.

Da mesma forma, pode-se atacar a fraqueza de rivais reais ou imaginários. (Observe a grandiosidade perversa com que os jogos estrangeiros são satirizados pela TV Fox.)

Algum tempo atrás, recorri a esse artifício para promover a Schweppes, com John Cleese fazendo paródia de outras propagandas. Na época, a Calvin Klein liderava uma onda de comerciais pretensiosos, em branco e preto, com um diálogo igualmente pretensioso e sem sentido. A Schweppes tinha uma cultura de propagandas secas e irônicas, e queríamos passar uma imagem mais moderna. Que jeito melhor de se equiparar e, ao mesmo tempo ficar acima dos modernos ícones, se não extraindo impiedosa e dolorosamente o mijo deles? Assim, nos apossamos do que era ligeiramente sem sentido... e o transformamos em um escracho total, mas lindamente fotografado.

Dica prática: Ao fazer paródia, você tem de executá-la tão bem quanto a original. E fazê-la com seriedade. Leve isso a extremos absurdos.

3 Não Suportareis Falso Testemunho

Você leu certo? O cara está lhe cobrando a VERDADE! Sim, você leu. E sim, também faço a mesma cobrança.

No começo dessas inscrições sagradas, o homem lá de cima disse que há uma razão para o humor e a propaganda serem adversários invencíveis, que sempre empatam. É que seus melhores exemplos se baseiam na observação. Em outras palavras, baseiam-se na verdade.

Muitas pessoas que não pertencem ao nosso negócio (e tenho motivos para suspeitar de alguns publicitários também) acham que fazer propaganda é "mentir criativamente". Mas as melhores propagandas são realmente baseadas na verdade. Elas precisam ser assim, caso contrário as pessoas não acreditarão nelas e não comprarão os produtos. É por isso que o bom humor e a boa propaganda andam tão freqüentemente de mãos dadas.

Aqui, devo mostrar a distinção entre "o fato" e "a verdade".

O grande humorista americano PJ O'Rourke disse que "o humor é por sua natureza mais verdadeiro que o fato que o gerou". Propagandas bem-humoradas podem exagerar os fatos, abusar deles ou ignorá-los, para chegar à verdade, mas a essência da idéia é uma verdade para a qual as pessoas podem dizer sim.

E é engraçado que o melhor exemplo que nossa agência tem a esse respeito é uma propaganda que fizemos para a British Airways com o próprio PJ. Nela, ele retrata a Inglaterra como um país obcecado por cachorros, atolado na chuva, onde comemos um curry repulsivo e inventamos jogos que ninguém entende e nos quais somos vencidos pelo resto do mundo. Em outras palavras, a verdade... embora um pouco seletiva & embelezada.

Quando ele coloca essa situação contra o fato de que também temos a linha aérea preferida do mundo, você acredita.

A única coisa que me deixa ressentido é sua afirmação de que preferimos chá a sexo. Mas, quanto a isso, tomo café e tenho quatro filhos.

Dica Prática: Depois de escrever seu script, pergunte a si mesmo se ele parece engraçado. Depois, pergunte se, no fundo, ele é verdadeiro. Bem, pelo menos um pouco verdadeiro.

4 Cometereis Adulteração

De acordo com o dicionário, adulterar é tornar algo impuro, com o acréscimo de substâncias estranhas e incongruentes.

E é exatamente isso o que a comédia faz.

PG Wodehouse disse: "A comédia é a contemplação generosa do incongruente". E Max Sennet a define de um modo ainda mais revelador: "O humor acontece quando uma idéia vai na direção oposta". Então, se você quer fazer uma propaganda engraçada e reveladora, tente colocar duas coisas diferentes juntas. E a chave aqui é uma pergunta. "E se?"

Em nossa campanha da Foster, nos perguntamos: E se pessoas de nacionalidades diferentes bebessem Foster e começassem a se comportar como australianos?

A partir daí, escrevemos a chamada: "He who drinks Australian, thinks Australian" (Quem bebe como australiano, pensa como australiano), e mostramos um francês tratando uma bonita mulher como se ela fosse uma carregadora de bagagem, um alemão perguntando a sua esposa seqüestrada onde ela havia colocado o equipamento de golfe, e um robô japonês interagindo com uma lata de cerveja, um aspirador de pó e um forno de microondas.

Na Austrália, nosso pessoal perguntou: E se você tentasse encontrar uma forma de economizar tanto dinheiro quanto economiza sendo cliente do banco ANZ? Colocamos uma mulher preenchendo os buracos de sua meia-calça com um marcador de texto preto.

Em minhas imaginações, tarde da noite, fico pensando: E se Romeu e Julieta só pudessem conduzir seu caso amoroso com mensagens de texto? Por isso, quero produzir uma série chamada "Os clássicos em texto". ("E se" você tentasse copiar esta idéia? Eu o processaria.)

Dica prática: Pegue seu produto e não o olhe do ponto de vista do cliente, ou mesmo da agência. Olhe-o do ponto de vista do consumidor... ou de um veterinário, trapezista, ou de um neurocirurgião... ou... bem, você captou a idéia.

5 Usareis Muitas Imagens Conhecidas... A Regra das Gags Visuais

De volta às cavernas, antes de sátira, paródia, ironia ou qualquer outra palavra referente ao humor ter sido inventada, nada faria o homem de Neanderthal rir tanto quanto ver a pele de animal que cobria o corpo do companheiro cair, enquanto ele caçava um mamute peludo ou algo parecido. Para completar a cena hilariante, o colega escorregaria na pele do animal (não havia casca de banana na época), cairia e ficaria todo machucado.

Nasceu o humor visual ou *sight gag.*

Milhares de anos mais tarde, depois de inventada a linguagem, a filosofia e, o motor a combustão, o vôo tripulado, a televisão, a física quântica e aquelas máquinas que servem bolas de tênis, os seres humanos ainda adoram o efeito cômico visual.

Aqui estão algumas histórias para demonstrar que você nunca pode subestimar o quanto é hilário ver uma boa pele da marca Pratt, fora de moda, cair.

Fiz uma palestra chamada "Rindo o Caminho Todo Até o Banco; Como o Humor Vende" em três lugares completamente diferentes: Califórnia, Shangai e África do Sul. Falei de estilos diferentes de humor, mostrando filmes que ilustram cada estilo, e avaliei a resposta do público com um "risômetro"... na verdade, apenas uma forma de medir o som, mas batizado assim porque todos nós sabemos como é importante o nome da marca.

Na seção de humor visual, mostrei a famosa propaganda da cabine telefônica de Hamlet, o comercial "If only Golf was Hockey" (Se pelo menos golfe fosse hóquei), da Fox Sport, e uma propaganda holandesa para campos de futebol, que mostra um homem fingindo abrir uma porta de vidro para alguém, e morrendo de rir quando o cara quase cai nocauteado ao dar com o nariz na porta. Em Monterey, Shangai e Johannesburg, essas foram as que arrancaram mais risadas.

E aqui está um exemplo de minha experiência. Na divertida sátira da Calvin Klein, que fizemos para a Schweppes, muito do humor nasce do diálogo inexpressivo, sem sentido, como só John Cleese seria capaz de fazer.

Cleese: "Por que andamos como um dançarino em um sonho?"

Mulher: "Porque, quando piso em sua sombra, sou eu que sinto a dor". E assim ia, até cansar.

O script pedia à garota para bater em John, *à la* Calvin Klein. Paul Weiland então sugeriu um murro no estômago, para obter um efeito cômico visual extra.

Quando passamos o filme, houve muito debate acerca do soco no estômago: se ele seria óbvio demais, vulgar, ou a melhor parte. Por isso, testamos duas versões do filme, uma com o soco e a outra sem ele.

Não só a versão "com o soco" venceu, como a cena foi o momento preciso do filme em que o público, que se divertia calado, explodiu em sonoras gargalhadas.

A propaganda foi a vencedora do ano na premiação da British Television.

Dica prática: Procure fazer sempre algo engenhoso, desafiador e inteligente. Mas, às vezes, um soco primitivo, insensível, no saco, é uma boa pedida.

6 Pessoas Cobiçando o Traseiro de Seu Vizinho Causa Sempre uma Boa Risada

Alguém escreveu certa vez: "os órgãos genitais são uma excelente distração para a vida acadêmica". (Isso pode explicar minhas notas fracas na universidade.) Mas ninguém descreveria o sexo como uma excelente distração para vender. Como todos sabem, o sexo é, na expressão infeliz usada por mim certa vez, "uma ferramenta potente para o publicitário".

Mas não estou falando aqui do sexo que estimula os hormônios. Refiro-me ao sexo que faz cócegas no órgão da risada, pois o sexo é, de fato, um grande estimulante da gargalhada.

No século XVIII, Lord Chesterton disse sobre o sexo: "O prazer é momentâneo, a posição é ridícula, a despesa é abominável". O velho camarada tinha razão, e mesmo hoje você pode vender algo às pessoas, tirando vantagem daquele reconhecimento partilhado de que o sexo não apenas pode ser uma diversão esplendorosa, mas esplendorosamente engraçado.

Quem consegue se esquecer da grandiosa propaganda da Braathens Airline, anunciando suas passagens pela metade do preço para parentes por afinidade, onde o marido excitado se livra das calças, largando-as no chão, põe uma rosa entre os dentes e entra na sala para mostrar aquela "bela visão" a sua esposa, quando dá de cara com o sogro e a sogra tomando Earl Grey, seu chá preferido?

Eu mesmo abordei o delicado assunto da potencial felação homossexual em minha propaganda "Kiss" (Beijo), para a Mafia Foster.

E os caras riram. Exceto os que usavam bigodes.

Dica prática: Observe o absurdo e o humor do sexo. Mas, a não ser que você esteja preparado para arriscar um dano físico embaraçoso, não diga a seu sócio o que você está fazendo.

7 Mantereis Vossa Gag Convosco até o Final

A definição que Charlie Chaplin dá da melhor gag é:

Casca de banana no chão

Homem prestes a pisar na casca de banana

Homem vê casca de banana no último momento

Homem evita pisar na casca de banana com um sorriso de satisfação

Homem cai no bueiro.

Você acha que está vendo uma coisa. Pensa que acabou. Bumba! Algo acontece. O inesperado. E o mesmo se dá com as propagandas. Monte uma situação passo a passo, dirigida para o fim previsto. Então, no último instante, você puxa o tapete, vira tudo de cabeça para baixo e pega todo mundo de surpresa.

O recurso é extremamente útil quando você precisa dramatizar o benefício de um produto, comparando-o ao seu oposto.

Nossa agência australiana criou um dos melhores exemplos de como se puxa o tapete, em um trabalho para o suco de laranja Berri, que nos diz: "The goodness is in the glass" (O que é bom está no copo).

Em um dos comerciais, uma vovó encantadora tenta dar um laço no cordão do sapato. Seu adorável neto, com uma expressão de derreter o coração de Martin Boorman, ajoelha-se para ajudá-la. Ele lhe dá um grande abraço e fechamos a imagem no rosto da avó, quase chorando de emoção. Em seguida, deslocamos a câmera para baixo, até seus pés, para ver que o sem-vergonha havia amarrado os sapatos um no outro.

Em um outro, um pai orgulhoso vê seu anjinho cortando a grama. Depois de beber um gole do suco de laranja Berri enriquecido com vitaminas, o garoto trabalha determinado, até completar sua tarefa de recortar no gramado a palavra 'bosta'.

Essa ousadia poderia ter feito o gráfico do aumento de vendas da Berri virar grama... mas teria de ser um gramado maior.

Dica prática 1: A melhor maneira de omitir suas intenções é dar ao comercial uma aparência muito charmosa ou emocional, e executá-lo seriamente, como se fosse a história toda. Quanto maior o contraste com o final, maior a queda, mais engraçada a propaganda.

Dica prática 2: A surpresa pode machucar. Quando certa vez falamos de humor em Monterey, decidi dar uma demonstração pessoal da teoria de Charlie Chaplin. Antes de montar o cenário, coloquei uma casca de banana bem visível no palco. Na ausência de algo para representar um buraco, decidi que cairia sobre minha cadeira, para conseguir o efeito. Subi compenetrado no palco, passei pela casca de banana com um sorriso insolente de satisfação, caí na cadeira e distendi três tendões do joelho.

8 Honrareis Vosso Produto

Ao nos passar o briefing, um de nossos clientes voou para cima de nós e nos advertiu, em tons apocalípticos, que não queria que seus scripts fossem "uma daquelas piadas patrocinadas". Na época, achei deprimente. Mas agora sei exatamente o que ele quis dizer.

Contar uma piada em 30 segundos e depois 'grudar' um produto no final é fazer uma propaganda inútil.

Mesmo que seja uma piada brilhante, a ponto de levar a propaganda a ser mais vista, ainda assim será uma propaganda inútil.

As melhores propagandas de humor, as mais engraçadas, acontecem quando a piada nasce do produto e realmente não poderia existir sem ele.

As propagandas XXXX não seriam engraçadas, se não demonstrassem nossa chamada que diz: "Os australianos não dariam uma XXXX por nada".

A comicidade do grande pescador de salmão que enfrenta ursos, de Danny Kleinman, não é apenas relevante, mas fica ainda mais engraçada pelo fato de que eles estão demonstrando até que ponto John West chegaria para conseguir o melhor salmão.

Evidentemente, o humor mais direto pode ser extraído do produto. Em nossa propaganda da Rentlo, uma esposa tenta desesperadamente chamar a atenção do marido, prostrado diante da televisão, atirando eletrodomésticos pela janela... só porque está frustrada por não ter um aparelho de televisão com tela ampla, da Rentlo.

Dica prática: Tente ler seu script superengraçado, sem mencionar o produto. Se funcionar, não é uma boa propaganda.

9 A Execução É Deus

Quantas vezes você viu a primeira transmissão de sua obra-prima cômica ser recebida não com uma boa risada, mas com uma contração abdominal?

Ah, Deus, não é engraçado!

Ou, ainda pior, ela merece aquela famosa desculpa pelo fracasso da comédia: "Não é tanto para uma gargalhada. É mais para um sorriso irônico".

Há apenas duas conclusões possíveis que podem ser tiradas. Ou o script não era tão engraçado quando você pensou que fosse.

Ou foi malfeito.

Aqui estão algumas dicas que devem ser obedecidas para se evitar a última conclusão.

A primeira é ter o diretor certo. Tão óbvio que nem parece valer a pena dizer... Entretanto, é surpreendente a freqüência com que isso não é feito.

E você precisa entender uma coisa. Humor é um talento muito particular, e poucas pessoas o têm. É possível que um excelente diretor, com uma rara capacidade de proporcionar belos efeitos visuais, seja incapaz de arrancar até mesmo uma ligeira risada nervosa de um sujeito entupido de gás hilariante.

E o mesmo acontece com atores e atrizes. Se nos perguntassem o que é mais importante na hora de filmar uma comédia, eu diria que é o elenco. O cenário pode ser bom, a iluminação impecável, os efeitos especiais altamente complexos, mas se a atuação não for boa, o comercial também não ficará bom.

Por isso, não se preocupe com quantas sessões de seleção de elenco você enfrentará. Continue até TER ABSOLUTA CERTEZA de que conseguiu o elenco certo.

Tente, por todos os meios, encontrar alguém adequado para o papel. Mas nunca escolha um ator ou atriz só porque tem a cara bonita. (Eu fiz isso uma vez e o infeliz ator escolhido passou a ser chamado de 'Sir Lawrence Olivier' pela equipe de filmagem. Ele pegou o script que nós considerávamos engraçado e o transformou em algo tão agradável quanto peidar em um macacão de astronauta.)

Lembre-se: o guarda-roupa e a maquiagem podem transformar a aparência de alguém, mas não o seu talento.

E aqui estão algumas outras dicas.

As falas mais engraçadas são ditas seriamente... porque as melhores piadas geralmente estão nos olhos do observador, e não do protagonista... e não há nada mais incômodo do que alguém que ri das próprias piadas. (Apenas em um script XXXX deixamos o herói sorrir ao dizer a última fala... e tudo ficou tão sem graça que não o colocamos no ar.)

É também por isso que a fala que arranca mais risada no palco não é necessariamente a mais engraçada, quando você a edita.

Por essa razão aprendi algo com um de nossos gênios atuais na direção de comédias, Danny Kleinman. Sempre faço o final de algumas formas diferentes. Você pensa que sabe como deveria ser feito, mas a comédia, como eles dizem, é um negócio engraçado e você nunca sabe 100%.

Ah, e na filmagem de uma comédia, tente não tropeçar nos cabos. Você deve escrever as gags, e não desempenhá-las.

Dica prática: Quando você entregar seu bebê a seu diretor preferido, dê-lhe espaço para fazer o trabalho dele. Mas nunca se esqueça de que, quando a merda chega ao ventilador, ele continua sendo seu bebê.

10 Mantereis a Simplicidade Mortal

Na M&C Saatchi, nosso principal princípio é o que chamamos de "Brutal Simplicidade do Pensamento". Porque, embora seja mais fácil complicar que simplificar, os pensamentos simples entram na mente mais rapidamente e ficam lá mais tempo. É por isso que as melhores e mais efetivas propostas de propaganda são simples.

As melhores propagandas são essencialmente simples.

E as melhores piadas também.

Aqui está um exemplo do início de minha carreira como redator.

Na propaganda 'Bridge', para a XXXX, mostramos uma Ute, dirigida por dois caipirões, atravessando uma ponte. Atrás estava a mulher de um deles e cerca de quatro toneladas de XXXX. A ponte ruiu e a esposa e a XXXX ficaram penduradas sobre o leito do rio seco.

A esposa diz: "Vai dar tudo certo, se tirarmos um pouco de peso da traseira". E um dos caras comenta com o colega: "Ela não é uma esposa tão boa, mas êta mulher espirituosa".

Enquanto filmávamos o final, a luz começou a desaparecer rapidamente, e o ator não conseguia dizer sua fala. Agora, a produção estava realmente com problemas. Tínhamos de fazer alguma coisa, depressa. Desesperados, mudamos os atores e simplificamos a fala para: "Êta mulher espirituosa!"

Uma fala sem expressão, dita no último minuto, e conseguimos um comercial simplesmente 100% mais engraçado.

Dica prática1: Continue reduzindo a piada à sua expressão mais simples... até um estágio antes de se tornar incompreensível. O humor depende do trabalho das pessoas. Mas esse trabalho precisa ser recompensado.

Logo, chegamos lá. Os 10 mandamentos imutáveis do humor.

Mas vejo a fumaça sagrada! Um raio me atingiu na região lombar. Uma voz profunda emanou da mais rápida das nuvens e sentenciou: "Não acabou tão rápido assim, vagabundo. Acho que outra inscrição sagrada vem chegando". E um dedo de fogo queimou novamente a pedra a meus pés.

11 Desobedecereis a Todos os Mandamentos Anteriores, Se Ficar Mais Divertido

"Verme" – disse a voz. "Se fizerdes uma propaganda que não seja simples ou surpreendente, ou que não seja baseada em observação verdadeira, sexo, incongruência, humor visual ou qualquer um dos louvores acima, e que seja engraçada e relevante, seguis com ela."

"Mas, Senhor" – repliquei. "Estarei quebrando as regras. E, de qualquer forma, não se pode ter 11 mandamentos."

E Ele falou e me disse: "Eu sou o Deus do humor. Posso fazer o que quiser por uma gargalhada ".

E me transformou em planejador.

10

CAPÍTULO

A Lei da Ruptura

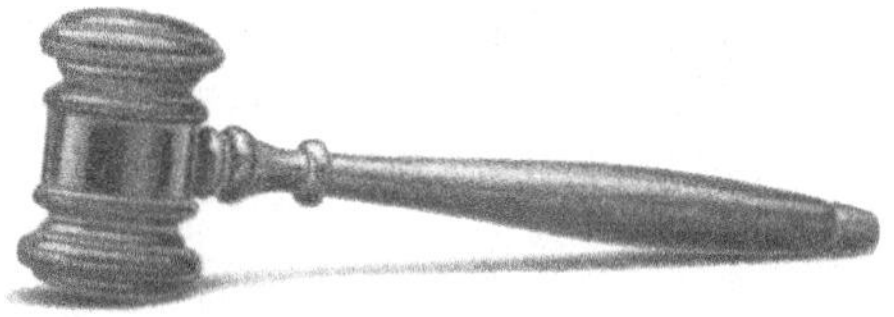

Se a Lei do Posicionamento de Al Ries foi, provavelmente, a mais influente da propaganda na década de 70 (como a da Simplicidade e a do Humor talvez tenham sido na década de 60), da mesma forma a noção de Ruptura, de Jean Marie-Dru, merece uma enorme aura de sucesso por romper os padrões.

Sua filosofia retomou as grandes campanhas da VW, Nike, Apple, Heineken, entre outras, para analisar o que elas tinham em comum. Ele percebeu que havia sempre, literalmente, um antes e um depois — uma forma de mudança caracterizada por uma transformação repentina nas condições.

Uma inovação, uma descontinuidade, um salto criativo, uma revolução, uma "ruptura".

Dru extraiu dessa análise não apenas um credo, mas um refazer, uma nova maneira de cultivar idéias geniais, um modo de pensar, uma metodologia. Como gerar grandes idéias sistematicamente? Ele chamou a isso de Ruptura, e agora sua rede TBWA adotou-a no mundo todo. Ativa, gestando oportunidades, com um toque de irreverência e criatividade, ela colhe cuidadosamente idéias do mundo emocional da anarquia e do mistério.

As convenções nos treinam para sermos convencionais.

O senso comum, quando todos pensam igual, geralmente significa que ninguém está realmente pensando, e essa familiaridade gera inércia.

A palavra "ruptura" às vezes é usada em inglês (*disruption*), e em francês, para descrever o desligamento repentino de um circuito elétrico. Essa imagem é adequada. É estratégia e ação ao mesmo tempo.

O objetivo da Lei da Ruptura é dar nova estrutura à marca, de modo que o mercado a veja de modo diferente. Perde-se a familiaridade com a marca. Ou ela ganha nova complexidade. Em outras palavras, os consumidores, de repente, são levados a ver, na marca, características que antes ignoravam. O resultado é que o interesse das pessoas passa a ser renovado. Por isso, afirma Dru, o McDonald's agora vende fast-food ao francês requintado, a PlayStation vende jogos de computador para os adultos, e os Estados Unidos compram vodca que não é russa.

A Lei da Ruptura reconhece que, mesmo ao se atingir um excelente posicionamento, a batalha não acaba. Novos ataques de concorrentes surgem o tempo todo, com novas perspectivas, enquanto se abrem novas oportunidades em espaços recém-criados.

A ruptura da Apple, por exemplo, eliminou a noção convencional de que, para produtos de alta tecnologia, a comunicação deve girar em torno das características do produto. Steve Jobs, presidente da Apple, mostrou que uma marca "não são bytes e caixas, mas valores".

As marcas deveriam ser verbos, em vez de meros substantivos.

As marcas devem representar algo (e não tudo).

Atualmente, há um número muito grande de propagandas que se dão por satisfeitas em manter a estabilidade, limitando-se à imagem comum da marca e de valores copiados. Este é um pensamento condenado ao fracasso.

A propaganda é mais efetiva quando usada como arma precisa. Portanto, faça propagandas para transformar o seu negócio. Faça propagandas que pulem na jugular. "Seja um cânone ao caçar um coelho", como recomendou Schopenhauer.

Não há razão para se manter o *statu quo* na propaganda. Anuncie para ter o melhor efeito. Seja corajoso. Agressivo. Procure fazer propagandas que criem uma ótima dinâmica.

A Lei da Ruptura não fala de destruição, mas de criação. Os livros mais vendidos de Jean Marie Dru, *Disruption* e *Beyond Disruption*, detalham o processo em três etapas.

No texto a seguir, criado especialmente para este livro, ele introduz algumas das ferramentas que tornam a Ruptura um desarmamento.

A Lei da Ruptura, por Jean-Marie Dru

"Insanidade é fazer a mesma coisa repetidamente e esperar um resultado diferente."

Eu não iria tão longe, a ponto de alegar que a maior parte do setor de publicidade está louca, mas você tem de admitir que as propagandas, em excessiva maioria, parecem iguais, dizem a mesma coisa, e por isso são ignoradas.

Na TBWA, todos concordamos que se você vai se dar ao trabalho de fazer propaganda, então cuide para que ela não seja facilmente ignorada. Veja se ela recompensa seu público com elementos de surpresa e deleite, e com o choque do reconhecimento. Respeite a inteligência das pessoas, sua noção de aventura e sagacidade. E enquanto você permanecer nesse nível, passe sua mensagem com veemência, reconhecendo seus clientes de uma forma totalmente nova. Tome posse do território não reclamado e mostre por que o que seus clientes fazem é singular, extraordinário, e até capaz de mudar o mundo. No processo, confira se eles gozam da estatura que merecem: proeminentes na cultura, famosos pelo ideal particular que corporificam e, como resultado, muito mais prósperos.

Concordamos que, para chegar a isso, você não pode simplesmente contar com a centelha criadora do gênio. A criatividade deve acontecer no plano estratégico, antes que o trabalho de criação se inicie. E o que você precisa é de GRANDES idéias. Mas como você gera grandes idéias sistematicamente?

Procuramos inspiração no mundo afora — na história, na ciência, nos negócios... Percebemos que as idéias que se distinguiram e chamaram a atenção têm mudado fundamentalmente a percepção. Houve um antes e um depois delas, uma forma de mudança caracterizada por uma transformação repentina nas condições: uma renovação, uma descontinuidade, um salto quântico, uma revolução — uma "ruptura".

E o que todas essas idéias tinham em comum era que elas desafiaram as idéias prevalentes no seu tempo. Antes de Copérnico, o universo girava em torno da Terra. Antes de Pasteur, não havia germes nem imunização. Antes da Ford, a locomoção por automóvel era um luxo de poucos. Cada ruptura mudou completamente o mundo, e nossa percepção dele.

Também notamos que todas essas idéias foram dirigidas por uma visão. Copérnico e Pasteur já tinham um sentimento intuitivo sobre as teorias que comprovariam depois. A Ford teve a visão de democratizar o transporte de automóvel. Todos tinham uma noção de para onde estavam caminhando.

E então nasceu a Ruptura, filosofia e metodologia da TBWA. Admitimos que a ruptura parece difícil, incômoda e fundamentalmente assustadora. Por que alguém provocaria uma ruptura propositalmente? A primeira coisa a entender é que Ruptura não é destruição. É criação — criar algo dinâmico, para substituir o que se tornou estático.

Ruptura não é apenas uma forma de se chegar a idéias publicitárias. É uma forma de pensar. Ruptura não é romper sistematicamente as barreiras que definem e limitam as abordagens padronizadas de negócios. É desafiar a sabedoria convencional e imaginar novas possibilidades. É remover as suposições e os vieses que atrapalham idéias visionárias e novas.

Ruptura é a arte de fazer perguntas melhores, a fim de entender o mercado em um nível muito mais profundo de realidade, e usar a resposta como ferramenta estratégica.

A Metodologia da Ruptura — Um Processo de 3 Etapas

Começamos identificando as convenções, as suposições não questionadas que modelam todos os aspectos de uma empresa e ajudam a manter o statu quo: convenções corporativas, de marketing, do consumidor e de comunicação.

Uma vez que avaliamos o contexto, podemos ver como as atividades das diferentes facetas de uma marca, empresa ou categoria se encaixam, e entender por que as coisas são como são.

Então, passamos para a fase de ruptura, na qual desafiamos as convenções, para encontrar a falha no pensamento convencional. As suposições convencionais criam oportunidades gigantescas, se você está disposto a examiná-las e questioná-las realmente. É um estágio imaginativo. Nele, procuramos idéias inovadoras, revigorantes e ousadas, para abandonar a convenção em benefício da empresa, e chegamos a conclusões que desafiam as regras de mercado ou da categoria — uma ruptura.

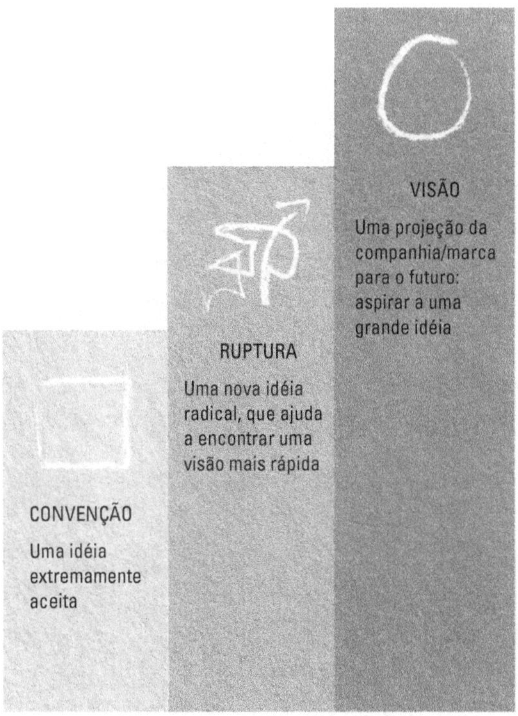

Finalmente, identificamos uma visão, uma projeção da empresa ou da marca no futuro. Uma visão é mais que uma proposição publicitária ou um posicionamento de marca. É toda uma cultura. A visão se transforma em destino, e, de acordo com ele, são tomadas todas as decisões estratégicas e de marketing. As idéias que conseguimos obter, e que provocam ruptura, são um meio de atingirmos a visão o mais rápido possível.

O que estamos propondo é pegar algo que às vezes acontece espontaneamente e transformar em um método consciente de gerar idéias. Ao pensarmos dessa forma, somos capazes de aposentar idéias que rendem pouco e lançar novas, altamente lucrativas. A Ruptura ajudou a tornar a PlayStation a marca número 1 em jogos no mundo todo, apelando para um público antes intocado. Demonstrou que a vodca premium não tem de ser russa, e a evidência está no sucesso da marca ícone Absolut, uma vodca sueca desconhecida, antes de ser lançada nos Estados Unidos. E provou que é possível amar o McDonald's, a empresa por trás da marca, tornando a França um dos mercados mais lucrativos da cadeia de fast-food.

Ruptura: Um Sistema para Pessoas Que Odeiam Sistemas

No momento em que você fala de metodologias, os profissionais de criação ficam céticos. Sou o primeiro a suspeitar de processos, pois eles podem ser paralisantes. Estamos procurando o pensamento imaginativo, novo, mesmo nas etapas de análise. A esse respeito, o proprietário e CEO da Lego disse: "As pessoas que são curiosas, criativas e imaginativas — que têm uma necessidade infantil de aprender — são as mais preparadas para prosperar em um mundo desafiador e serem as construtoras de nosso futuro comum". A ruptura só pode ser bem-sucedida como disciplina, se for divertida. Logo, fizemos do jogo uma disciplina, e tornamos nossa disciplina divertida. O pensamento infantil e a ingenuidade são estimulados. Einstein declarou que um de seus pontos fortes era a capacidade de fazer perguntas infantis. Para estimular o jogo, temos de deixar on-line uma grande caixa de ferramentas para nossos 9.000 funcionários. A caixa contém mais de 20 ferramentas, entre as quais realizadores de grandes idéias e técnicas investigativas e de análise por observação. Essas ferramentas e técnicas possibilitam o poder da diversão, da teatralidade.

Oficinas de Ruptura

As rupturas mais valiosas ocorrem quando somos capazes de trabalhar de mãos dadas com o cliente, pois ele sabe os dados detalhados da empresa melhor que ninguém. É por isso que desenvolvemos Oficinas de Ruptura e encorajamos todos os nossos clientes a participar. Não há nada mais produtivo que encontrarmos juntos uma idéia de ruptura. O cliente e a agência, de pleno acordo, evitam a tarefa, às vezes ardilosa, de termos de vender a um cliente uma idéia gerada sem a sua participação. É um exercício divertido e compensador, tanto para o cliente quanto para a agência. O Standard Bank, da África do Sul, revisou toda a empresa, reformulando visão e credos, depois de participar de uma Oficina de Ruptura. A Masterfoods lançou uma campanha de ruptura para a marca Whiskas, nos Estados Unidos. Nela, os gatos são celebrados por serem gatos, e não animais de estimação: "Seu gato tem uma fera interior, alimente-a".

Ruptura e Necessidade de Reinvenção Constante

A Apple é o exemplo perfeito de uma empresa que sabe como se reinventar constantemente, rompendo com o que está estabelecido. Veja a introdução do Macintosh. A convenção era que as pessoas deveriam se tornar "letradas em computador", o que significa aprender a trabalhar como os computadores. A ruptura de Steve Job foi: "Os computadores deveriam ser letrados em pessoas, projetados para trabalhar como as pessoas". A visão de que os computadores precisavam estar a serviço da humanidade, e não o inverso, era motivadora e gerou uma propaganda provocativa. Por 60 segundos, durante o Super Bowl de 1984, o famoso comercial intitulado "1984" prometia um admirável mundo novo livre dos efeitos desumanizadores da tecnologia de computador. "Em 24 de janeiro de 1984, a Apple lançou o Macintosh. E você verá por que 1984 não foi como 1984." No dia seguinte, 200.000 pessoas apareceram para conhecer o Macintosh. Apenas seis horas após o lançamento, as vendas atingiram 3,5 milhões de dólares. A alusão ao romance de George Orwell criou um comercial inesquecível. A abordagem publicitária foi tão revolucionária quanto o produto. Com a campanha do Macintosh, a Apple adicionou uma descontinuidade publicitária a uma descontinuidade comercial.

É claro que as rupturas acabam se tornando convenções. O Macintosh da Apple estimulou a revolução do PC sobre o mainframe monolítico. Por volta de 1990, os fabricantes de PC tinham alcançado a Apple, desenvolvendo máquinas mais simples e mais baratas, o que tornou a principal característica da Apple, fácil de usar, um fator menos discriminante. Quase 15 anos depois, a Apple precisou recorrer à ruptura outra vez. A campanha "Pense Diferente", retratando grandes criadores do século XX que "não gostam de regras e não têm respeito pelo statu quo", lançou a nova visão da Apple: uma empresa que fabrica "ferramentas para mentes criativas". Essa visão se originava da convicção irreverente de Steve Job de que a marca "não são bytes e caixas, mas valores". A ruptura desbancou a convenção de que, para produtos de alta tecnologia, a comunicação deve girar em torno de características. A campanha "Pense Diferente" não só voltou a inspirar os usuários de computadores, mas estimulou os funcionários da Apple e anunciou a introdução do iMac, a melhor expressão de produto da visão recém-encontrada: um poderoso computador com design estético (e, ao contrário de todos os outros computadores — colorido, e não bege). O iMac também divulgou a visão da Apple sobre o futuro da computação — a morte do disquete. O lançamento do iMac é considerado a introdução mais bem-sucedida de um computador na história da Apple, que vendeu dois milhões de exemplares em um ano.

"Pense Diferente" teria sido um lema excelente para o conceito de Ruptura.

Hoje, a Apple está rompendo novamente ao introduzir o iPod e a iTunes Music Store, que permitem que o Mac e o PC façam legalmente download de música digital. É um passo importante para a mais nova visão da Apple: estar no centro do estilo de vida digital. A Apple nunca descansa sobre os louros, e busca criar sempre novos espaços no mercado. Ela entende que você tem de ser o agente da ruptura, ou será afetado por ela.

Marcas Excelentes Assumem Posição

O nirvana que buscamos é uma visão poderosa. Trabalhamos com nossos clientes para encontrar as idéias estratégicas que mudam as regras a seu favor. Uma vez que você consegue isso, pode encontrar a nova trajetória. Todas as marcas altamente bem-sucedidas adotam uma visão. Elas defendem a idéia que representam. Quando você tem um cliente que representa algo próprio, é fácil — pelo menos, muito mais fácil — inventar campanhas perturbadoras que ajudem aquela empresa a dar grandes saltos. Nosso objetivo é tornar nossos clientes famosos pelas idéias que defendem, uma fama que está muito além de uma boa campanha publicitária. Estamos à procura daquela idéia original que pode impulsionar uma empresa por vários anos.

Ruptura não é anarquia. É uma sacudida estratégica. Mais que um processo, é um modo de pensar. É um modo de olhar para o negócio de nossos clientes e encontrar a oportunidade. Ruptura significa ver o mundo com a mente aberta, curiosa. Significa não achar nada natural. Significa ser corajoso e valente. Se você quer que seu negócio sobreviva e prevaleça em um mundo de rápidas mudanças, tem de romper com o mundo, antes de ser afetado pela ruptura. A razão para a ruptura é simples. Invente o futuro, para que você possa ter o futuro, em vez de ser expulso de lá.

Provoque a ruptura, ou ela fará de você um alvo.

11
CAPÍTULO

A Lei do Salto

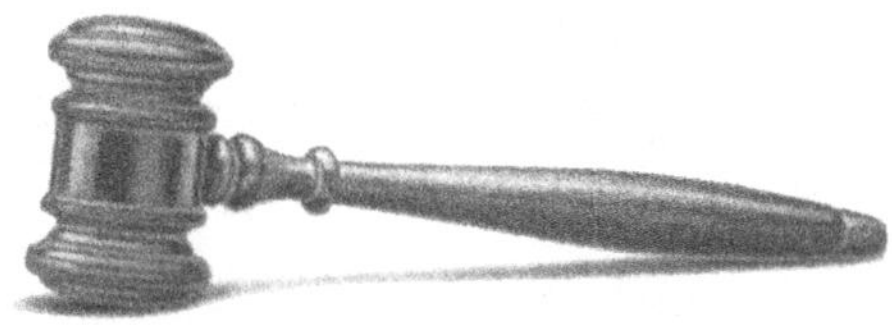

A originalidade é uma bênção para o setor de publicidade — não quero dizer intrinsecamente, para si própria, mas como algo que permite a expressão artística de jovens criativos da área. O fato é que os seres humanos reagem com mais rapidez a algo original. O que é novo e rápido tem efeito imediato. O que é imediato atrai.

Somos equipados para procurar o 'novo'.

O que é novo chama a atenção justamente por seu caráter inovador. E como a primeira tarefa de uma propaganda é ser notada (porque só então será ouvida), as campanhas publicitárias com idéias realmente originais têm provado ser as ferramentas mais atraentes de vendas.

A originalidade é o fator que surpreende.

Sem uma dose saudável de originalidade, a estratégia mais pensada e as intenções mais válidas não fazem seu anúncio saltar da página. "Torne isto novo para mim", pediu o poeta Ezra Pound.

Nestes dias totalmente abarrotados de meios de comunicação, a originalidade é o preço a pagar pelo tempo de atenção das pessoas. O que já foi visto será descartado imediatamente.

O habitual é ignorado, e o extraordinário é visto por um instante.

"O que um dia foi efetivo, por essa mesma razão não será efetivo no dia seguinte, pois perdeu o impacto máximo da originalidade", disse Bill Bernbach, já nos anos 60.

Agora, alguns comentaristas afirmam que a sociedade moderna está passando da 'era da informação' para a 'era da criação'. Brilhante. Embora eu possa dizer que não notei um surto recente de originalidade em muitos mercados de propaganda. Por quê?

Talvez seja também como outro grande cientista americano, Howard Allen, observou: "Não se preocupe com as pessoas que roubam suas idéias. Se elas forem boas, você terá de fazê-las passar pela goela das pessoas".

Nesse caso, os líderes empresariais devem mudar a maneira como pensam as idéias e refletir sobre o modo como a cultura de suas empresas refletem esse pensamento. As empresas devem cultivar um forte desejo por idéias.

É fácil dizer, mas todos nós sabemos, pelos corredores reservados do mundo corporativo, que a originalidade, por sua própria natureza, pode ser difícil de ser apreciada cruamente.

No entanto, muitos clientes solicitam à sua agência: "Por favor, quero uma coisa como aquela..."

A razão é que quando 'aquela coisa' foi feita pela primeira vez, não havia nada igual. Provavelmente por isso funcionou. Foi a primeira.

Uma idéia verdadeiramente original não tem ponto de referência.

Se um pensamento é original, não há nada que possa ser tomado como base para se emitir facilmente um julgamento. E as pesquisas não ajudam na fase de conceito. (O filósofo Edmund Burke disse isso sucintamente: "Não se pode planejar o futuro pelo passado".)

Essa conclusão, por sua vez, causa outro problema para nós, criadores de propaganda, porque significa que freqüentemente estamos pedindo aos clientes para darem um passo para o desconhecido. Podemos ter gerado um salto criativo, mas o cliente também precisa acreditar nisso.

A criatividade não é um processo linear, por definição, por isso toda a análise lógica e cognitiva levada para o brief de criação geralmente tem uso limitado. É por isso que, de alguma forma, fica ainda mais difícil comprar uma excelente idéia do que ter uma.

No entanto, em minha experiência, um cliente que prova o sangue de uma idéia excelente, na maioria das vezes se torna uma fera totalmente diferente. "A mente do homem, uma vez distendida por uma nova idéia, nunca recobra suas dimensões originais", escreveu o autor Oliver Wendell Holmes.

O problema é a meia gestação, muito comum na propaganda. Um número grande de publicitários tenta se safar usando originalidade simbólica, digamos, apenas na filmagem, na fotografia ou em alguma outra área de produção. Pode não bastar. Para um resultado efetivo, procure a originalidade no pensamento básico, na idéia central.

Se nunca foi realizado antes, esta pode ser a razão para ser feito agora.

Sebastian Turner deu alguns saltos criativos bem-sucedidos no território da originalidade. Para começar, foi o primeiro a abrir uma agência na Alemanha Oriental, logo após a queda do Muro. Agora, a Scholz and Friends é uma das redes de propaganda mais premiadas e respeitadas.

Ele também é autor de inúmeros best-sellers sobre propaganda. Um deles (Spring! em seu título original em alemão), forneceu inspiração para este capítulo sobre originalidade intitulado "A Lei do Salto!"

A Lei do Salto, por Sebastian Turner

Existe um padrão para o progresso?

Quando Colombo navegou para o Oeste, para chegar às Índias, quando Gutenberg mudou as regras da comunicação, quando Lutero desafiou o Vaticano, quando Henry Ford revolucionou a produção, quando Ghandi derrubou pacificamente o poder colonial, quando Konrad Zuse construiu o primeiro computador, eles não deram um passo.

Sempre que grandes mentes mudam o mundo, elas saltam.

O mesmo acontece com as experiências. Todas as grandes experiências estão intimamente relacionadas a um salto.

Saltar é o princípio simples e universal para mover as pessoas.

O psicólogo húngaro Mihaly Csikszentmihalyi, cunhou um termo para o sentimento causado por um salto. Ele o chamou de "fluxo". É o estado mental que se experimenta entre estar chateado e estar apavorado. O fluxo é literalmente o humor que os seres humanos buscam.

Pode-se chamá-lo de motivação, excitação, empolgação — o que for. A comunicação excelente leva as pessoas a esse ponto especial. Ela as faz cruzar um limite. Pode ser emocionalmente, racionalmente ou, na melhor hipótese, de ambas as formas.

As pessoas também são levadas a esse ponto por publicitários que ultrapassaram essa fronteira. Todas as excelentes campanhas da história da propaganda se baseiam em um salto. Quando Bill Bernbach fez a Avis dizer "We try harder" (Damos o máximo de nós), ele quebrou a regra não escrita de que você nunca deve se permitir ser percebido como segundo. Quando a Volkswagen sugeriu ao mundo "Think small" (Pense pequeno), deixou para trás a declaração anteriormente unânime de que maior é melhor.

A passagem do andar para o salto não é apenas um privilégio dos titãs da história (da propaganda).

Nem é privilégio de uma elite.

É o comportamento de todo bebê que descobre o mundo. Tudo o que você tem a fazer é olhar para trás e se lembrar de quando era bebê, quando você fez coisas impressionantes como aprender a andar, a falar, a cantar e a dar outros tantos saltos.

Embora durante toda a minha vida profissional eu tenha ficado com a mesma agência (nenhum salto, para ser honesto), o começo, pelo menos, foi um salto.

Às seis da tarde de 9 de novembro de 1989, eu estava assistindo à CNN em meu dormitório, em North Carolina, e de repente, longe, o Muro de Berlim caiu. Liguei para um amigo, Thomas Heilmann, estudante de Direito, e decidimos dar um salto. Fomos à Alemanha Oriental para estabelecer, no mundo comunista em desaparecimento, uma das primeiras empresas independentes de comunicação.

Sem dinheiro, sem experiência profissional, sem telefone, sem escritório, sem clientes — aquilo não era problema, contanto que houvesse a oportunidade de dar um salto.

A violência xenofóbica é combatida por vizinhos corajosos — como o cidadão saxão Sam Meffire.

Nossa primeira propaganda premiada foi publicada depois da ocorrência de um protesto contra minorias. Ela trazia um título não surpreendente para as pessoas da Alemanha Oriental: 'Um Saxão'. A fotografia, entretanto, não retratava um rosto familiar. Mostrava um jovem com cabelo raspado, mas não um *skinhead*. Mostrava Sam Meffire, um civil nascido na Saxônia, cujo pai, africano, participou de um programa de intercâmbio de estudos.

A idéia da propaganda representava um cruzamento de fronteiras para todos os envolvidos. Para o cliente, *Sächsische Zeitung*, o jornal diário da região, significava provocar pelo menos uma pequena parcela de seus leitores, coisa que as marcas geralmente evitam. Para a agência, significava atravessar a fronteira da propaganda política.

O maior salto, evidentemente, foi dado por Sam Meffire. Sua imagem serena exibia pura coragem. Ele sabia que receberia cartas cheias de ódio. A propaganda virou conversa na cidade e no país. Sam foi convidado a falar em programas de entrevistas e pôde comunicar seu ponto de vista a um público muito mais amplo que o da propaganda original, veiculada apenas uma vez.

Veterano da Royal Air Force: Vamos reconstruir a igreja.

Outra propaganda notável envolvia também um homem corajoso, Jeffrey Chapman, veterano da Royal Air force e testemunha dos ataques aéreos dos aliados contra a cidade alemã de Dresden, na Segunda Guerra Mundial.

Procurávamos uma pessoa que pudesse falar exclusivamente em defesa do entendimento anglo-germânico. Nosso cliente, a Society to Rebuild the Church of Our Lady, estava enfrentando uma discussão na cidade de Dresden. A tentativa de reconstruir uma igreja destruída no final da guerra poderia ser vista como símbolo de chauvinismo alemão?

Descobrimos Chapman depois de infindáveis telefonemas para alguns jornais britânicos, perguntando sobre o autor de uma carta ao editor. Fizemos uma visita a ele e à esposa, na Inglaterra, e acabamos produzindo uma propaganda com o título "Por favor, ajude-me a reconstruir a igreja que eu odiei destruir".

É claro que, novamente, foi um salto e tanto para um veterano da RAF, sobrevivente de inúmeros ataques a cidades alemãs. A mensagem de Chapman foi passada aos jornais locais, que a colocaram como reportagem de primeira página.

die tageszeitung

taz berlin

Sem assinaturas, sem as famosas manchetes. Chantageando seus leitores, o jornal popular "taz" sobreviveu.

Uma propaganda excelente sempre conta a história do salto de um indivíduo ou de um grupo que faz algo pela primeira vez e surpreende seus leitores e espectadores.

Pergunte a você mesmo: Sua idéia poderia ser considerada notícia? Em caso afirmativo, você está no caminho certo para tocar o coração e a mente das pessoas.

Sem notícia! Este foi o mote para outra campanha. Sem notícia é um salto apenas para uma indústria: a mídia.

O jornal popular *die tageszeitung* procurava desesperadamente assinantes. Aclamado por seus títulos irreverentes, estava tão falido que nem podia pagar uma campanha publicitária. Entretanto, seu editor, Bascha Mika, gostava de dar saltos. Decidiu mostrar aos consumidores o que eles perderiam se o jornal fechasse. E o assunto transformou-se em evento semanal. Toda semana, chantageava seus leitores: 300 novos assinantes eram exigidos, ou a edição de domingo seria publicada sem as principais matérias que os leitores gostavam.

Na maioria das semanas, mais de 300 novos assinantes eram convencidos. Entretanto, certa vez, houve apenas 221. Por isso, o jornal saiu sem títulos. E a edição acabou nas mãos de colecionadores, o que proporcionou uma venda razoável.

Durante aquele verão, mais de 5.000 novas assinaturas foram vendidas, uma conquista bem acima das expectativas, e sem um único anúncio.

Saiba não ser atraente. Use repelente de insetos e relaxe como um sapo.

Use a cabeça e conquiste um lugar. Seja um painel para o fabricante de chapéus.

Idéias de comunicação bem-sucedidas surpreendem pessoas e as fazem pensar, ou sentir-se renovadas. Quanto mais visual, melhor.

Do que você se lembra, quando pensa em um repelente de insetos? Não seria genial virar um sapo? Retratar consumidores como um sapo? A Pellit deu um salto e criou um anúncio notável. Um sapo humano, simpático, de gravata. "Saiba não ser atraente", ele sugere.

Um olhar ingênuo no dia-a-dia das ruas deu origem a uma campanha que usa um clichê de beleza para vender chapéus de designer. Rostos de belas mulheres, sem nenhum outro acessório, ganharam destaque em tradicionais painéis de propaganda. No alto, foram colocados complementos artisticamente executados, que passaram a ser vistos como chapéus.

Cientistas da comunicação identificaram um modelo que explica academicamente a lei do salto. Volker Trommsdorff, ex-presidente da German Society of Advertising Science (não é raro encontrar uma instituição como esta na Alemanha) e notável acadêmico de marketing, definiu dois efeitos contraditórios na comunicação criativa.

O efeito de motivação é justaposto ao efeito de dificuldade. Nenhuma dificuldade significa motivação, apenas indiferença.

Dificuldade demais, entretanto, causa confusão.

A arte da comunicação consiste em saltar suficientemente longe para que as pessoas se envolvam e cheguem ao ponto considerado ótimo (veja o gráfico).

Belo lugar. Mas você já esteve no Estado de Baden-Württemberg? Tome o trem!

Os anunciantes podem saltar suficientemente longe? Sim, mas raramente acontece. Comparados ao grosso da publicidade, que é tanto maçante quanto inesquecível, os casos de confusão parecem desprezíveis. Imagine estar em uma plataforma de trem — digamos, em Berlim, e uma locomotiva passa lentamente. Pouco motivador. Imagine, entretanto, que no trem haja uma propaganda dizendo: "Nada mal. Mas você já esteve no Estado de Baden-Württemberg?"

Foi assim que o estado federal localizado no sul da Alemanha fez um apelo aos viajantes. A prefeita de Frankfurt entendeu a mensagem. Ela determinou que os ônibus de Frankfurt não veiculassem mais a propaganda. Obrigado por fazer com que os ônibus de Baden-Württemberg transportem ainda mais pessoas.

Um símbolo é o que você faz dele.

Ao alterar ligeiramente um símbolo conhecido, a Mercedes-Benz captou o olhar de um grupo-alvo muito pequeno. O sinal oficial para deficientes coloca uma roda sob um indivíduo que está sentado. A propaganda a transforma em direção e anuncia: 'Você não é deficiente', desde que dirija um Mercedes especialmente equipado.

A Mercedes atravessou a fronteira ao usar um símbolo no qual muitas das principais marcas não ousariam tocar. E foi aplaudida pelos deficientes, por levar a questão a um público mais amplo.

Outro grupo que recebe qualquer coisa, menos reconhecimento, é formado pelos motoristas de caminhão. Eles tornam o tráfico lento e causam congestionamentos. Então, os outdoors ao longo das estradas não seriam o melhor espaço para anunciar? Quase. O melhor espaço mesmo é o caminhão. Ele permite que o motorista fale um pouco sobre seu trabalho e sua contribuição para a sociedade.

Percebendo isso, a Mercedes-Benz ofereceu aos caminhoneiros adesivos gigantes para serem colocados na traseira dos caminhões. As mensagens dão explicações amigáveis, que todos entendem. "Como a salsicha que transportamos não pode ser enviada por e-mail, temos de dividir a estrada com você." Ou: "É claro que sou mais lento que você. Estou levando seu vinho tinto para sua casa".

Como alguma coisa nova foi feita, recebeu ampla atenção. Mais de 1.000 caminhões continuam participando da iniciativa.

Preso no congestionamento? Bloqueado por um caminhão? Ouça e ame o cara que está transportando seu vinho tinto, seu molho e jornais. Painéis colocados em veículos comerciais Mercedes-Benz.

Para a marca irmã da Mercedes, os minúsculos carros inteligentes, a sabedoria convencional dos folhetos foi deixada de lado. Os carros inteligentes são tão pequenos que dois deles podem estacionar facilmente no espaço exigido por um carro normal. Isto inspirou o design exclusivo para um folheto. O formato regular pode ser separado em dois folhetos menores, idênticos. Um para guardar, e um para dar a um amigo.

Dois carros inteligentes preenchem o lugar de um. Assim, dois folhetos inteligentes ocupam o tamanho de um folheto comum. Um é para seu amigo.

A campanha para a *Frankfurter Allgemeine Zeitung* viola tudo o que foi aprendido, na escola de artes gráficas, sobre campanhas de celebridades. Se ela salta direto para o local ideal de percepção, quebra a regra da propaganda testemunhal e pode envolver chefes de governo, escritores de renome mundial, artistas e celebridades.

As celebridades não são vistas. Um pequeno título impresso diz: "Há sempre uma mente inteligente por trás dele". A supermodelo Nadja Auermann, o diretor de cinema Billy Wilder, o estadista Helmut Kohl, e outros, foram convidados a posar para uma foto que cobre seus rostos com um jornal! Os observadores da propaganda são convidados a adivinhar quem está escondido ali. Somente um pequeno detalhe revela o segredo. Entre girafas, a bela Nadja, de pescoço longo, está lendo. No meio da placa de Hollywood, Billy Wilder lê um jornal. O cardeal Karl Lehmann o lê em meio a um rebanho de ovelhas. E a bordo de um navio gigante chamado *Europe*, o defensor da União Européia, Helmut Kohl, faz um intervalo e lê o jornal.

A campanha conquistou mais mídia grátis do que o espaço publicitário comprado. Foi manchete dos noticiários várias vezes. Os museus a estão colecionando. E a circulação do jornal ultrapassou 400.000 exemplares, pela primeira vez.

Há sempre uma mente inteligente por trás deste jornal. A supermodelo Nadja Auermann e as longas pernas das girafas.

Placa de Hollywood? Leia novamente. É a placa de Billy Wilder.

O cardeal Karl Lehmann lê o jornal no meio de um rebanho de ovelhas.

O homem que fez a Europa se mover. O estadista alemão Helmut Kohl a bordo do 'Europe'.

Uma das propagandas mais comentadas da Alemanha retrata o CEO do Deutsche Bank, Hilmar Kopper. Em um encontro com a imprensa, ele fez um comentário que desde então o persegue. A respeito de uma operação imobiliária gigantesca, ele disse que as dívidas não pagas de alguns pequenos correntistas eram 'amendoins'. A reação da mídia foi grande. Sua declaração não é a evidência da fria arrogância de gordos gatos corporativos?

O primeiro banqueiro da Alemanha sentado em uma montanha de amendoins. Seus críticos seriam desarmados pelo senso de humor demonstrado.

Ao ouvir sua fala sobre questões de serviços bancários, uma idéia me veio à mente. Por que não lhe pedir para participar de uma campanha? O quadro: Ele está sentado sobre uma montanha de amendoins. O senhor Kopper mostrou bom humor. Quando abordado, riu e disse: "Por que não?"

Assim que seu programa de atividades ficou menos intenso e coincidiu com a colheita de amendoim, foi tirada uma foto na Georgia (por sinal, perto de Plaines). Um símbolo do poder corporativo ridiculariza a si próprio, levando sua gafe para uma foto publicitária. Kopper deu um salto que dificilmente alguém julgaria possível para um alto executivo de um dos maiores bancos do mundo.

Com essa inesperada propaganda, ele deu uma guinada em sua imagem. Mesmo seus críticos mais duros, representados pela mídia, receberam com entusiasmo seu senso de humor e lançaram um olhar amigável para o banqueiro.

A lei do salto envolve a todos: os criativos, os estrategistas, os clientes, as celebridades, a mídia e, evidentemente, o público. É fácil de aplicar.

Você saberá quando ultrapassou a linha que separa um passo de um salto. Seu público também saberá.

Salte e aproveite!

12

CAPÍTULO

A Lei da Fascinação

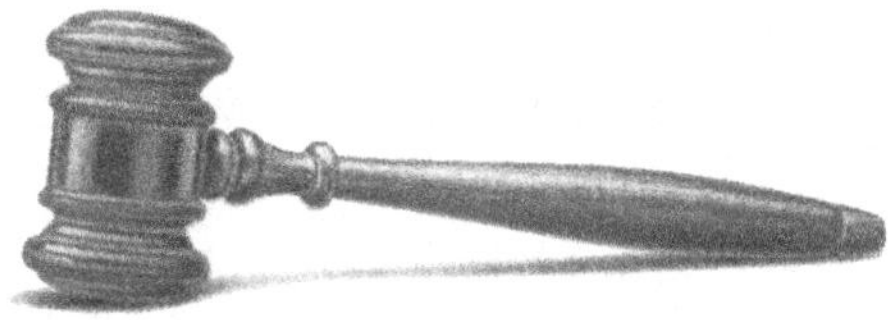

Há uma velha superstição de caravaneiros árabes que diz: "Nunca conte seus camelos, porque um deles morre".

Não, eu também não entendi.

Mas entendo menos ainda as superstições que levam os profissionais de marketing a se congregar em torno dos mesmos posicionamentos. Sem dúvida, estranho instinto este, de ir com o rebanho.

"Eu quero uma coisa igual a esta", gritam, acreditando que fazer algo que outro já realizou confere o poder mágico de funcionar novamente. Infelizmente, uma vez que a idéia original provavelmente não era "como" nenhuma outra coisa, mas "o oposto de qualquer outra coisa", essa teoria cai por terra. O que fez a idéia original funcionar, em primeiro lugar, foi o fato de ter sido "a primeira".

Que estranho efeito de afunilamento é este, que arrasta os profissionais de marketing para a imitação? Um buraco negro convidando à paridade, mania de imitar, pensamento clonado. Haverá um empuxo como o do Triângulo das Bermudas, para o que foi feito no passado?

Quando é que os profissionais de marketing aprenderão que produzir imagens do estilo da categoria beneficia apenas o líder da categoria? Isto me lembra aquela cena famosa do filme de Monty Python, 'A Vida de Brian', na qual a multidão fervorosa canta em uníssono: "Somos todos indivíduos!"

A mesmice embotadora das seleções por categoria dos trabalhos inscritos no Festival de Cannes é espantosa: cuidado, é exatamente assim que muitos consumidores se sentem. O problema é que você não pode convencer alguém que esteja cochilando.

Vivemos em um mundo cheio de coisas extraordinárias. Para se destacar com uma mera idéia publicitária, você deve ser simplesmente excelente.

A Lei da Fascinação exige uma atitude mais positiva e pró-ativa em relação à publicidade. As pessoas agora assinam repertórios. Não é onde os profissionais inteligentes de marketing querem que suas marcas estejam.

Esta tendência para a mesmice, na publicidade, em oposição à diferenciação básica, inspirou a discussão a seguir, sobre dois tipos de propaganda: a teoria da convergência da propaganda versus a teoria da conquista. Ou, a teoria fraca versus a forte.

Nosso próximo jurista é Reg Bryson, que durante 20 anos foi CEO da The Campaign Palace, na Austrália, e estudou em Harvard. Ele propõe a Lei da Fascinação. Bryson apela para resistirmos à corrida para a convergência naquela posição ideal. Mesmo as empresas com melhor desempenho regridem a um mau resultado em três a sete anos, ressalta ele.

A evolução mostra que a corrida para o melhor posicionamento, na verdade, não está relacionada à sobrevivência daqueles em melhor condição física. Mas daqueles que têm mais condições para se adaptar.

Pergunte a qualquer camelo.

A Lei da Fascinação, por Reg Bryson

Por Que a Propaganda Não Está Funcionando

Seria mais do que justo sugerir que a publicidade apresentou, na década passada, muitos sinais vitais fracos. Como indústria, falta-lhe o vínculo de confiança, e seus estoques de convicção estão baixos. Uma razão para esse estado debilitante é que a publicidade pode ter sido equivocadamente convencida de algo que a propaganda não é capaz de fazer exatamente.

Colocando em termos simples, há duas escolas de pensamento sobre como a propaganda funciona: a **teoria "forte"** — de que a propaganda é, de fato, persuasiva — e a **teoria "fraca"** — de que o papel-chave da propaganda é de reforçar e lembrar. É óbvio que a teoria que costuma ser mais seguida, hoje, é a visão da "força fraca", defendida pelo racionalista, de que o papel básico da propaganda é aquele de manter ou reforçar a saliência de uma marca entre os consumidores.[1]

Dizem que a propaganda é, na melhor hipótese, uma sustentação de outras atividades mais diretas de marketing, e um reforçador de atitudes, valores e predisposições existentes. O problema com essa abordagem passiva, de 'pregar aos convertidos', é que poucos consumidores são, de fato, convertidos. Na maioria dos mercados, fidelidade à marca é uma expressão inadequada. Em uma categoria atrás da outra, os consumidores estão comprando um repertório de marcas que eles percebem serem mais similares do que dissimilares. O zelo missionário da atividade de marketing e de branding das décadas anteriores simplesmente não está compensando. Para muitos, a propaganda não está compensando.

As marcas, e o conceito fundamental da prática moderna de marketing, atingiram o ponto crítico reservado às commodities — nenhuma diferenciação, nenhuma fidelidade e nenhum impacto. Parece estranho que o vasto número de profissionais de marketing que aceitam e praticam essa teoria do reforço não perceba que se a propaganda é, realmente, uma força fraca, então ficará mais fraca ainda à medida que a marca amadurecer e os consumido-

1 Andrew Ehrenberg, *Justifying Advertising Budgets*, Admap, South Bank University, UK, 1997.

res se tornarem mais familiarizados com ela.[2] Atualmente, uma quantidade grande demais de publicitários parece contentar-se simplesmente em seguir a multidão. Muitas são as empresas que estão apenas indo de A a B, seguindo a trajetória bem traçada dos negócios convencionais.

Em qualquer negócio, em qualquer setor, em qualquer área, existe a armadilha da gravidade — um forte campo de força que empurra de volta para o mediano, para a mesmice do setor. Um número imensamente grande de empresas tem sido atraído para a armadilha da convenção de marketing. Com isto vêm as práticas convencionais, as abordagens convencionais, o pensamento convencional, as estratégias convencionais, a pesquisa convencional, o que leva à propaganda convencional.

Propaganda de Convergência

Esta tendência para a 'mesmice' está produzindo um efeito profundamente deprimente no mundo da propaganda. Ninguém está desafiando noções preconcebidas. A propaganda criativa está se tornando um oxímoro! O fato é que seguir o senso comum, em qualquer setor, tem o efeito de homogeneizar a concorrência.

Fato: Estratégias de imitação (me-too) raramente funcionam.

Fato: A vantagem não vem da imitação.

Não é amplamente conhecido o efeito extenso e sério que essa força convergente, comercialmente debilitante, exerce, na realidade, sobre uma corporação. Um estudo da McKinsey[3] com 400 empresas, no período de 30 anos, descobriu que mesmo empresas com alto desempenho regridem a um mau resultado em três a sete anos.

A recente propaganda de carros da Prestige mostra sete marcas e oito modelos diferentes, em anúncios similares desenvolvidos para pequenos fabricantes. O direcionamento do trabalho aponta para a convergência tanto de conceito quanto de meio, e tenta atingir um público que quer encontrar várias informações agrupadas. Estas foram as cinco primeiras propagandas. Elas apareceram na edição de julho de 1998 de *She Magazine.*

---

2 Conclusão de Vakratsas e Ambler LBS Study.

3 David Yoffie, Harvard Business School, 1998.

Vinte anos atrás, havia muita diferença entre as marcas, os produtos e as propagandas.

Um fator-chave da abordagem de branding era a ação gerencial deliberada, com o fim de combater a tendência natural para a transformação em commodities.

O Que Aconteceu com a Diferenciação?

As pesquisas indicam[4] que os consumidores vêem a maioria das marcas de uma categoria como mais ou menos iguais. Os fabricantes, ou donos de marca, obviamente vêem as coisas de um modo diferente. Eles acham que suas marcas são confiáveis, resistentes ao teste do tempo, que representam qualidade, valor, familiaridade, confiança, garantia e integridade.

A propaganda é usada para colocar a marca deles em um pedestal, para dar a seu produto *pelo menos* uma noção de presença (se não um sentido de grandeza). Uma presença que informa e influencia quem está receptivo à idéia de que uma decisão de compra em favor dessa marca seria, de fato, uma decisão inteligente e fácil.

4 Ehrenberg, op. cit.

Inerente a esta filosofia é o fato de que a consistência e as credenciais são mais importantes que a criatividade. Há também uma necessidade maior de reconhecimento e consciência. Muito mais do que de interesse e envolvimento do consumidor. Esse tipo de propaganda é defendido, principalmente por importantes corporações e suas agências, como sendo 'propaganda boa, sólida'.

Por que o dono de uma marca desafiaria essa abordagem?

A propaganda celebra apropriadamente o produto e, além disso, deve estar certa, pois todos estão fazendo assim! Estamos diante de uma propaganda que deixa o cliente satisfeito! Michael Porter, o guru de marketing de Harvard, certa vez afirmou que "a estratégia é a corrida para uma dada posição ideal". Se todos chegarem lá, aproximadamente ao mesmo tempo, haverá um problema.

A diferenciação, entretanto, continua sendo um aspecto crítico de marketing. Mas, como os exemplos acima bem ilustram, a convergência, e não a diferenciação, é, atualmente, a força definidora.

Apesar de suas crenças, como proprietário de marca, você não se admira ao ver que, para os consumidores, as marcas parecem iguais e agem de modo igual, ou seja, não representam nada em particular. Isto leva, obviamente, a uma tomada de decisão inconseqüente que, por sua vez, leva, obviamente, à compra de um repertório de marcas. É exatamente o que os consumidores estão fazendo em relação a todas as categorias.

A Similaridade entre as Marcas Se Tornou, por Causa da Propaganda Insípida, uma Similaridade Insípida

Falamos sobre marcas que se transformam em commodities, sem diferenciação e sem fidelidade. As marcas estão se tornando genéricas. Vimos que a propaganda se transforma em commoditie, sem nada de novo, de recompensador, sem originalidade. Infelizmente, para o setor, também temos percebido que, aos olhos de muitos clientes, as agências estão se transformando em commodities. Os clientes entendem, adequadamente, que 'qualquer um pode fazer propaganda'.

A criatividade na propaganda, agora, diz respeito mais ao processamento e a 'pacotes' que à exclusividade ou à criação de uma diferenciação. A propaganda, agora, significa mais deferência e desconto do que coragem e convicção.

O Perigo da Segurança

A idéia de uma marca ou propaganda segura é, na verdade, perigosa. Pode levar a empresa compradora a pensar que vai funcionar para ela. Em um ambiente lotado, entretanto, dirigido pela hiperconcorrência, os nomes de marca ou idéias de propaganda que são meramente adequados estão perdidos. As grandes idéias de marketing deveriam assustar você já no primeiro momento. Se isso não acontecer, é porque elas não têm o poder de competir.

Apesar de tudo que o senso comum possa lhe dizer, há um risco muito maior na abordagem convencional, confortável, conservadora, do que na abordagem nova, exclusiva, diferenciada e — ousamos dizer? — "criativa". As agências estão perseguindo soluções publicitárias que sejam, em primeiro lugar, seguras, para satisfazer o cliente e não para recompensar o consumidor.

Muitos clientes se sentem seguros somente com reinvenções permanentes de propagandas que funcionaram no passado. Além disso, os clientes avessos a riscos não estão sendo desafiados por agências defensivas, que olham para dentro. Vale citar Gary Moss, nos seus tempos de Campbells: "O problema é que atualmente as agências estão tão vulneráveis à reação do cliente, que pensam e agem como o cliente e, uma vez que a agência se torna o cliente, não é mais necessária".

Fica estabelecida uma situação na qual nem a agência nem o departamento de marketing acredita ter condições de assumir riscos. O que se produz é uma propaganda que cai cada vez mais em valor, como investimento, porque o foco no consumidor está oscilando.

Poucos profissionais de marketing têm realmente considerado o alto custo da convergência. Um estudo realizado nos Estados Unidos[5] constatou, ao analisar propagandas que refletiam o estilo da categoria, que para cada 9 dólares gastos, 5 vão para a marca e 4 vão para o líder da categoria. A soma de tudo é que a convencionalidade carrega uma extensa lista de riscos e uma escassez de recompensas. O risco de não ser notado. O risco de não ser lembrado. O risco de manter-se indiferenciado. O risco de ser confundido com os concorrentes, por dizer a mesma coisa e ter a mesma aparência. O risco de não obter, para a marca, uma posição e uma personalidade distintivas. O risco de chatear os consumidores, em vez de estimulá-los. O risco de usar os dólares de sua empresa, ganhos a muito custo, para subsidiar a concorrência.

---

5 Millward Brown, EUA.

As tentativas de anunciar a "segurança" na propaganda parecem gerar mais prejuízo que benefício. Há indicações de que os profissionais de marketing inseguros terão menos facilidade de defender, no futuro, a "segurança" representada pelo que é convencional no setor.

O equivalente a "ninguém foi despedido por comprar IBM" pode, em breve, ser questionado em um teste. Uma pesquisa recente[6] constatou que apenas 20% dos CEOs estão satisfeitos com o atual processo de marketing, ou acreditam que estejam dando uma significativa contribuição financeira ao acionista. Dos dirigentes entrevistados, 65% afirmaram que pretendem reavaliar o papel do marketing.

Em pouco mais de uma década, o marketing deixou de ser um departamento formado por profissionais de gabarito, cujas realizações eram medidas em milhas, para se tornar um departamento onde o progresso e o impacto passou a ser medido em milímetros. O marketing simplesmente não move mais as pessoas, como costumava fazer. E a propaganda, aplicada desta forma, não compensa mais.

Por Que a Propaganda É Sua Arma Mais Potente

Já foi comentado que a propaganda que perturba significativamente o statu quo, em um mercado, é notavelmente rara. A propaganda desempenha seu papel com mais sucesso sendo criativa.[7] Entretanto, dificilmente a criatividade parece ser discutida hoje em dia, muito menos avaliada, entendida, procurada ou aplicada. Parece que as empresas não têm mais grandes expectativas com relação à publicidade. Parece que elas preferem "se enquadrar" a "serem famosas". A velha idéia de que "ser bom é o inimigo de ser grande" perdeu espaço para "estar bem perto é bom", e "mais rápido é melhor". Parece que, hoje em dia, a visão de que a propaganda é uma força poderosa, persuasiva, capaz de transformar o negócio de uma empresa, tem uma sustentação limitada.

Entretanto, várias personalidades mundiais afirmariam que manter a abordagem fraca, nos tempos atuais, não passa de uma estupidez comercial. Há pessoas que acreditam verdadeiramente que é imperdoável fazer algo que pode ser esquecido. Os que crêem realmente em uma atitude oposta, acham que a

---

6 Pesquisa com 25% dos diretores-presidentes das 1.000 melhores empresas da Austrália, Centre of Applied Marketing, UNSW, e Stratos Consulting, 1998.

7 "Are We All Barking Up the Wrong Trees", Brand Values, Admap, U. K. maio de 1998.

propaganda é persuasiva, que pode mudar atitudes, mudar comportamentos, e não apenas influenciar as vendas, e que ela pode, de fato, gerar vendas.

A propaganda não deveria ser considerada nem usada simplesmente como ferramenta passiva. Deve ser uma arma ativa. Deve fazer algo. Deve ter um efeito.

Bem usada, a boa propaganda pode ser o último meio legal de ganhar uma vantagem injusta sobre seu concorrente. É muito difícil, no ambiente competitivo de hoje, ter uma significativa vantagem de produto. É muito difícil, no ambiente competitivo de hoje, ter um orçamento de marketing significativamente maior que o de seu concorrente. É muito difícil, no ambiente competitivo de hoje, ter um sistema de distribuição demonstravelmente melhor que o de seu concorrente. É muito difícil, no ambiente competitivo de hoje, ter uma vantagem de preço sobre seu concorrente. Entretanto, utilizando sua propaganda como abordagem, você pode ter uma vantagem injusta sobre seu concorrente. Albert Einstein postula que: "A lógica o levará de A para B... a imaginação o levará para todo lugar".

Uma empresa deveria ter uma ambição enorme quanto ao efeito de sua propaganda. Uma agência também deveria manter uma enorme ambição com relação aos clientes para quem trabalha — ambição que vá além de soluções padronizadas, supostamente seguras. Está claro, o que é novo é necessário: uma nova forma de olhar as coisas, uma nova abordagem.

Propaganda de Conquista

Estratégica e criativamente, a propaganda tem mais a oferecer, pois faz mais e oferece mais. Não podemos competir sendo convencionalmente competitivos. A concorrência é essencial para a sobrevivência, mas já não é mais suficiente para o sucesso. O que se exige agora é a *separação da marca.*

A abordagem da conquista reconhece que a saúde futura de uma marca não está relacionada a sua competitividade, mas ao *seu distanciamento.* Consiste em criar espaço em torno de uma marca — muito espaço. O que mais a abordagem da conquista privilegia? A propaganda da conquista reconhece que é uma convidada em casa e uma convidada na mente. A propaganda da conquista é comentada, torna-se parte da linguagem e atinge a moeda corrente social.

A abordagem da conquista entende que as pessoas apreciam a inteligência. Uma propaganda inteligente é igual a um produto inteligente feito por uma empresa inteligente. A propaganda da conquista reconhece que a similaridade e a familiaridade geram apatia — a segurança não funciona mais. Somente o maravilhoso funciona.

A propaganda da conquista custa muito menos que a propaganda de convergência, desinteressante e não imaginativa. A abordagem da conquista não precisa romper a barragem da mídia. Requer fineza, e não força. Um soco capaz de nocautear, e não 15 assaltos de bombardeamento. Cérebro, e não músculo.

O Diferenciador Crítico

Existem inúmeras provas de que os consumidores não consideram marcas com propagandas excelentes como sendo mais ou menos iguais a outras marcas da categoria. O que eles pensam e sentem sobre marcas com excelente propaganda? Gostam sinceramente de marcas com boas propagandas. Vêem essas marcas como únicas e diferenciadas de seus concorrentes.

Como foi descrito antes, a maioria das empresas acha que suas marcas são confiáveis, resistentes ao teste do tempo, e que representam qualidade, valor, familiaridade, e que exsudam confiança, garantia e integridade.

Por mais que esses atributos tenham sido conquistados com sacrifício, o problema é que eles simplesmente não são mais suficientes. Por exemplo, há pelo menos cinco marcas de molho de tomate disponíveis na prateleira do supermercado que refletem os mesmos atributos — Heinz, Rosella, Watties, IXL, Fountain. Além disso, apesar do seu tempo de existência e da longa, longa história de marketing de cada uma dessas marcas, como você as distingue umas das outras? Onde estão as áreas de futura diferenciação?

A familiaridade sempre leva à preferência, mas todas as cinco são familiares! Gary Hamel disse: "Uma vez que uma marca começa a ser referida como 'a velha e boa XYZ', cuidado. Um único passo separa a marca querida da marca ultrapassada!" Quais dessas cinco são vistas como ultrapassadas? Qual delas tem um grau de vínculo emocional contemporâneo?

A diferenciação é fundamental. É importante, desde o nascimento da marca, e precisa manter sua importância e ser renovada durante toda sua vida. O conhecimento da marca se acumula como lembranças[8] e precisa ser renovado com novas notícias.

---

8 D. Vakratsas e T. Ambler, *Advertising Effects, a Taxonomy And Review Of Concepts, Methods & Results From Academic Literature*, Marketing Science Institute, Cambridge, Ma: 1992.

THE BEST 4x4xFAR.

THE BEST 4x4xFAR.

THE BEST 4x4xFAR.

Summer. Stornaway, Scotland.

NOBODY PUSHES THESE GUYS AROUND.
ENERGYAUSTRALIA GOLD CUP. WORLD WHEELCHAIR BASKETBALL. OCT. 23 TO 31.
energyAustralia

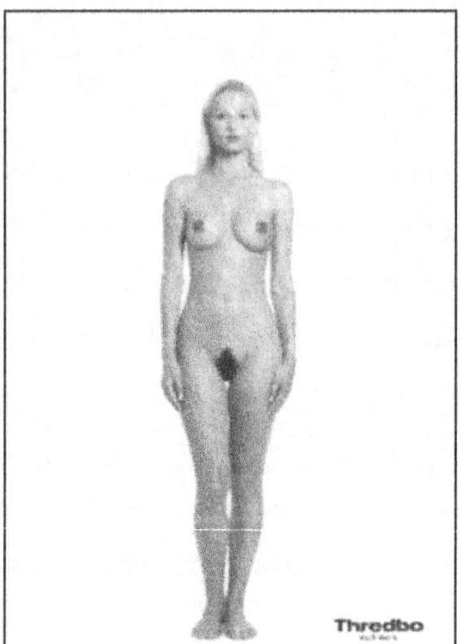
Thredbo

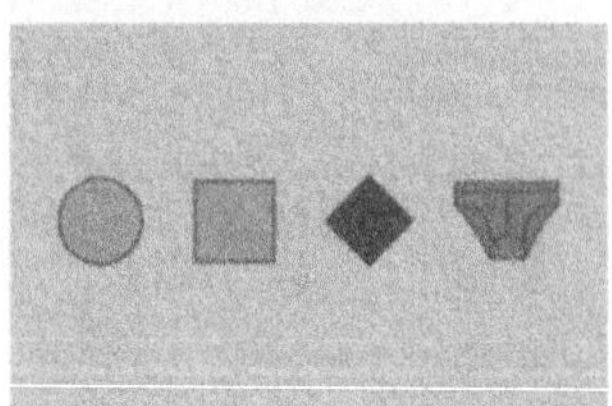

STICK WITH DUNLOP

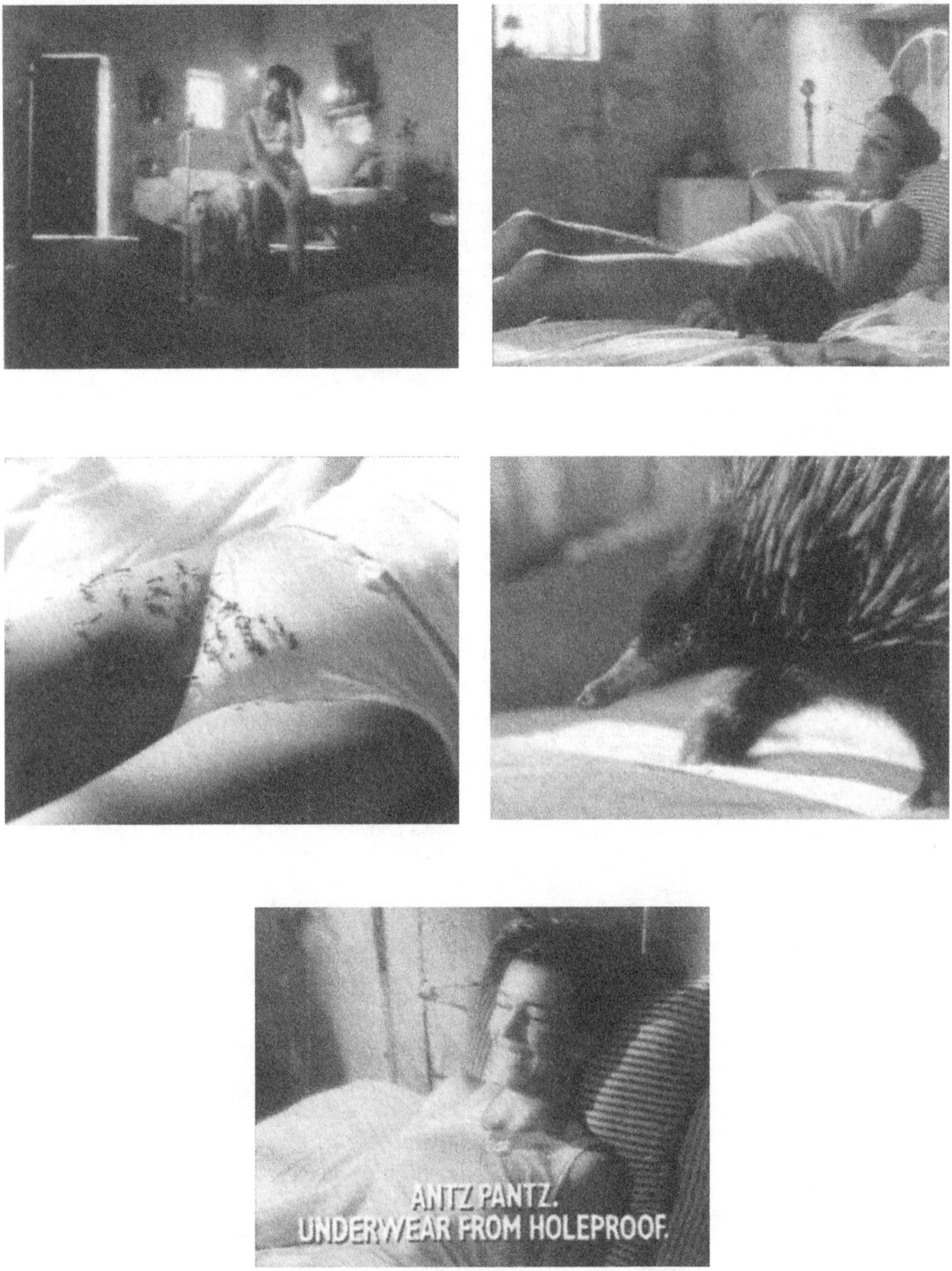

Sabemos que o comportamento é dirigido por lembranças. Também tem sido mostrado que o afeto é mais importante para a tomada de decisões que a cognição.[9] (Memória afetiva = sentimentos e emoções. Cognição = conhecimento e consciência.)

Nos últimos anos, surgiram inúmeras teorias novas apoiadas em avanços em neurobiologia, ressaltando o papel das emoções e o modo como a memória funciona. Todas elas sugerem que a abordagem racional da persuasão deveria ser pelo menos desafiada, se não abandonada. E o mais importante: propõem que a propaganda estimula uma resposta emocional do consumidor. Mudanças comportamentais fluem do engajamento emocional com a marca, e não do engajamento consciente, racional.

Outra conclusão realmente surpreendente, mas pouco conhecida, que apóia esse ponto de vista, vem do trabalho de Daniel Kahneman, de Princeton, que, em 2002, foi laureado com o Prêmio Nobel de Economia. O trabalho dele, pela primeira vez, reconheceu e admitiu que o poder das emoções e a formação psicológica de uma pessoa são os fatores determinantes no comportamento de compra.

Os sentimentos e as lembranças emocionais instilados e deixados pela propaganda podem ser poderosos. A propaganda de conquista é uma das poucas armas potentes que têm o poder de alterar a memória, influenciar atitudes, mudar mentes e comportamentos.

Talvez o resultado-chave da propaganda de conquista, como um diferenciador, seja o de desenvolver relações. O papel-chave da propaganda atualmente não está tão relacionado com as vendas, mas com o desenvolvimento de um relacionamento inteligente, atraente, honesto, fascinante e, o que é mais importante, agradável, ajudando os consumidores a comprar, em vez de simplesmente ajudar os vendedores a vender.

A propaganda que trata o consumidor com inteligência, respeito, e com a familiaridade de um bom amigo, constrói um fundo de benevolência, um saldo bancário emocional que é negociado ou retirado no ponto de venda.

JP Jones, um defensor do modelo de persuasão da propaganda, concluiu, em um estudo recente, que as campanhas mais bem-sucedidas não eram as de "venda agressiva", mas aquelas agradáveis, recompensadoras ao espectador

---

9 AR Damasio – *Descartes' Error: Emotion, Reason and the Human Brain*, Londres: Macmillan, 1994.

pelo entretenimento e distração que propiciavam, e por dizerem alguma coisa importante sobre a marca.[10]

Os consumidores não estão interessados em marcas ou empresas que não têm nada melhor para falar, se não discorrer sobre si mesmas. *Se uma empresa anuncia de um modo desinteressante, chato e esperado, ela é percebida como desinteressante, chata e sem graça.* Se a propaganda insulta a inteligência, não a considera, ou é condescendente, passa a ser percebida como misantropa e afasta o consumidor da marca e da empresa.

Os consumidores de hoje conhecem marketing e propaganda, sabem o que os profissionais da área estão tentando fazer com eles e geralmente enxergam de longe as tentativas desajeitadas de empresas que não entendem de consumidor e tentam influenciá-los. O pesquisador Hugh Mackay comentou recentemente: "Os australianos estão cansados de racionalismo excessivo, sensatez demasiada... chatice demais. Os australianos anseiam por mais paixão em suas vidas".

"As marcas de sucesso são aquelas que exibem vitalidade, energia, paixão e confiança... elas querem ser arrasadoras".

O marketing de marca, no novo milênio, não é uma batalha de produtos, é uma batalha de percepções, e o gerenciamento e o desenvolvimento de percepções de marca são o gerenciamento e o desenvolvimento de percepções do consumidor.

A propaganda de conquista se dispõe ativa e intencionalmente a ganhar amigos. *Queira ou não, agradar o consumidor deve ser considerado um componente crítico do marketing de marca.*

Novas pesquisas[11] sobre como o cérebro funciona indicam que a primeira resposta a um estímulo é emocional, precede qualquer resposta racional. Sem uma resposta emocional adequada, a mensagem não passa para o cérebro consciente. Se sua marca atinge esse cérebro de um modo novo e memorável, então você tem uma chance, embora pequena, de ser lembrado com carinho.

A criatividade é uma arma potente para ajudá-lo a definir seu jogo, para ajudá-lo a se diferenciar dos concorrentes e conseguir o domínio da marca no coração e na mente dos consumidores.

Sabemos que a diferenciação funciona.

---

10 JP Jones, Is Advertising Still Salesmanship?, *Journal of Advertising Research U.S.A.*, 37.3, 1998.

11 Du pleiss, *Advertising Likeability*, Admap, UK. outubro, 1998.

Uma análise de 55 corporações norte-americanas[12] constatou que as marcas que se diferenciaram entre 1993 e 1995 também aumentaram seus lucros em uma proporção significativamente maior que aquelas que não se diferenciaram, e mais do que as marcas que simplesmente aumentaram sua visibilidade.

Sabemos que a criatividade funciona, e que agradar o consumidor funciona.

Um estudo de dois anos sobre a eficiência de comerciais aclamados[13] constatou que as propagandas premiadas foram, em média, pelo menos 2,5 vezes mais efetivas que os comerciais médios.

Sabemos que a excelente propaganda realmente gera vendas.

O primeiro ano da campanha "Feel Good", da Red Meat, contribuiu para um aumento na receita de quase 1 bilhão de dólares para o setor.

Também sabemos que a criatividade não é um fim em si mesma. É simplesmente uma ferramenta de negócio — nem mais, nem menos. O fato de um conceito ter mais impacto, ser mais inventivo, estimulante, envolvente, memorável, informativo, atraente, interessante, persuasivo, cativante, agradável e comentado não é relevante. O mais importante é que quanto mais desses valores você tiver em sua propaganda, mais eficiente você será.

Na Harvard Business School, o ponto de partida para o processo de construção de marca é resumido em duas palavras:

"Seja fascinante".

Isso basta.

---

12 Estudo da Y&R de 55 corporações norte-americanas negociadas publicamente, Admap UK, 1998.

13 Donald Gunn, Leo Burnett Chicago, Estudo de dois anos dos 200 comerciais mais premiados no mundo, 1992-93.

13

CAPÍTULO

A Lei da Irreverência

O G Spot Café atende ao telefone com um simples "alô". Quem liga, precisa perguntar: "É do G Spot?"

A resposta é: "Ah, sim, meu Deus, você descobriu".

Propaganda é um negócio caro. É por isso que o Crime de Ser Honesto é tão comum. Há tanta coisa em jogo que é difícil ficar tranqüilo.

Mas espere um pouco, antes de gastar seu dinheiro, e veja, por um momento, as pessoas mudando de um canal de televisão para outro, ou folheando uma revista. Logo você perceberá que, se não conseguir interrompê-las, nunca conseguirá transmitir sua mensagem.

O tratamento de choque é uma resposta. Mas, se o seu choque não for relevante, será inútil e ignorado pelo público.

É aí que um pouco de irreverência faz bem. Provoca uma leve surpresa, uma centelha de vida, e age de um modo agradavelmente despretensioso, destacando-se entre todas as difíceis tentativas de comunicação. Os festivais de propaganda estão cheios de exemplos maravilhosos de sucesso irreverente. Os júris de premiação são claramente atraídos pela audácia. Eles recompensam propagandas insolentes e maliciosas.

O mesmo acontece com as pessoas. Elas adoram um pouco de provocação intencional. Caso contrário, a indústria do rock'n'roll talvez nunca tivesse surgido. No entanto, sempre que você olha a propaganda convencional, esteja você nos Estados Unidos, no Reino Unido, na EEC ou no Sudeste Asiático, ela é cruelmente politicamente correta.

As principais marcas falam de ter caráter e personalidade. No entanto, são mais politicamente corretas e desinteressantes que a mais sem graça de todas as pessoas. Esta é uma oportunidade que não tem escapado aos profissionais que fazem o marketing de produtos jovens. Uma marca é uma medalha de honra para os adolescentes, mesmo que as pessoas mais sensatas e maduras desaprovem o que eles compram. O mesmo acontece com sua propaganda. Um toque sensual é legal, principalmente se isso "pega bem" com seu público-alvo mais importante.

A propaganda impressa que venceu Cannes, alguns anos atrás, na qual os bicos dos seios eretos de duas jovens atrevidas estavam no formato exato dos pontos de controle do PlayStation, é um bom exemplo.

Anos atrás, uma revista famosa chamada *OZ* procurou fazer os anúncios mais irreverentes que podia conceber. Um deles, para a Formal Wear Hire Company, mostrava a foto de um monge budista em ato de auto-imolação, com o título:

Ele está aquecido, mas está bem vestido?

Mais recentemente, a Igreja da Inglaterra, em Birmingham, divulgou uma campanha que mostrava, em um cartaz, a crucificação, com o título: "Body piercing? Jesus fez isso 2.000 anos atrás". A mais alta autoridade religiosa anglicana disse, em defesa da campanha: "Qualquer coisa que provoque impacto no mundo é válido".

Certíssimo!

A irreverência funciona em várias categorias, e não apenas porque pode ser provocadora, mas também porque é *real*. A sátira funciona na comunicação porque toca o ceticismo (saudável) que existe entre os consumidores em relação à sinceridade da propaganda e das marcas. As propagandas suficientemente honestas para admitir que a maioria das pessoas não acredita em propagandas — como a campanha do velho Joe Isuzu — destacam-se por essa razão.

Na América do Sul, a indústria do seqüestro é uma realidade. Por essa razão, alguns publicitários irreverentes têm obtido sucesso ao jogar com esse fato. Recentemente, uma campanha mostrou um homem de negócios sendo raptado na rua. Mas ele não foi rendido com clorofórmio ou armas, e sim com o colchão incrivelmente confortável que o anunciante recomendava para um bom sono.

Anunciar demais é conversa fiada, está muito longe da realidade com a qual as pessoas lidam diariamente, o que pode ser alvo de risadas. Por isso, crie propagandas usando o modo real como as pessoas falam, e não o modo como os publicitários escrevem — ensebado, educado e antiquado. A irreverência quebra o gelo porque demonstra o que é próprio do ser humano. Ela diz: "Somos um de vocês, e não um deles".

John Cleese, comediante do Monty Python, observou certa vez: "Geralmente você acha que o que causa objeção a um pequeno número de pessoas faz a maioria das pessoas rirem mais".

Embora os exemplos que citei anteriormente possam parecer chocantes e totalmente inadequados para as formas convencionais de comercialização, não se esqueça de que fenômenos convencionais como os Beatles, Madonna e Shakespeare foram considerados irreverentes, cada um em sua época. A respeito de sucesso, o editor da revista *Forbes*, Peter Kafka, ao falar sobre a classificação das 100 Maiores Celebridades da Forbes em 2003, comentou: "Boa imprensa, ou má imprensa, toda imprensa é igual aos nossos olhos". Seja provocativo. Não tenha medo. Porque, como Bill Bernbach observou, não há praticamente nada que não seja capaz de nos aborrecer.

Nascido na Austrália, escritor de ponta e ex-diretor de criação, o publicitário Jim Aitchison vive, leciona e faz rádio e televisão no Sudeste da Ásia, onde a propaganda freqüentemente segue padrões morais rígidos, por decreto de governo — no entanto, os maravilhosos cidadãos de lá exalam uma natureza humana desorganizada.

Aqui, ele determina as virtudes comerciais de um toque de malícia.

A Lei da Irreverência, por Jim Aitchison

O segundo melhor comercial de televisão de todos os tempos, conforme votado em pesquisas de opinião com telespectadores, e baseado na opinião coletiva da indústria americana de comunicações de marketing, é altamente irreverente. Quando foi veiculado, em 1969, fez as sobrancelhas de muita gente se erguerem, e as vendas também. E, mesmo pelos padrões mais liberais de hoje, mantém sua atualidade e desafia a convenção.

O comercial é *Funeral*, da Volkswagen. O brief era bastante prosaico: divulgue a economia de um Volkswagen. A solução: um cortejo fúnebre cheio de limusines caras, seguido por um jovem sozinho, em prantos, dirigindo um fusquinha. A voz do falecido, um velho rico e avarento, entoa as determinações de seu testamento, enquanto cada beneficiário dirige sua limusine. "Para minha esposa, Rose, que gastou dinheiro como se não houvesse amanhã, deixo cem dólares... e um calendário. Para meus filhos Rodney e Victor, que gastaram, em carros caros e programas com mulheres, cada centavo que lhes dei, deixo cinqüenta dólares... em moedas. Para meu sócio Jules, cujo único mote era Gaste! Gaste! Gaste!... Não deixo Nada! Nada! Nada!." Assim, chegamos ao jovem no fusquinha. "Finalmente, para meu sobrinho Harold, que muitas vezes me disse: 'Um centavo economizado é um centavo ganho', e que também me dizia freqüentemente: 'Nossa, tio Max, sem dúvida, compensa ter um Volkswagen, deixo toda a minha fortuna de cem bilhões de dólares."

Foi a primeira vez que um comercial de televisão americano ironizou a morte e os funerais. Seu criador, o lendário diretor de arte Roy Grace, então em Doyle Dane Bernbach New York, tem a convicção de que qualquer toque de irreverência em comunicação realmente faz as pessoas prestarem atenção, gostar e se divertir. "Todo o mundo gosta de ver você dando um cutucão no que está estabelecido" me disse ele rindo, quando o encontrei. E me contou que, ironicamente, o irmão do cliente havia morrido um pouco antes da veiculação de "Funeral". Felizmente, para Roy Grace, e para milhões de espectadores, o cliente não se deixou influenciar por considerações pessoais.

Por que a irreverência é tão importante? Simplesmente porque ser engraçado é uma coisa, mas criar uma comunicação cômica, que resiste ao tempo, é totalmente diferente. Na maioria das vezes, o humor sozinho não basta. Uma boa piada acaba perdendo a graça depois de ser vista várias vezes. O humor precisa de algo mais.

A irreverência dá uma qualidade muito diferente a um comercial. A irreverência tem o potencial de fazer da propaganda um ícone, de entrar na consciência do público e permanecer lá muito tempo depois que o comercial deixou de ser transmitido. (Significativamente, o Funeral VW ganhou o segundo lugar em 2000, 30 anos depois de ter sido apresentado pela primeira vez. O comercial que ficou em primeiro lugar, *1984*, da Apple, também continha uma grande dose de irreverência, certamente em relação à IBM.) Em termos bem simples, apesar de todas as propagandas "divertidas" feitas desde 1969, nada melhor apareceu. O Funeral VW continua sendo um momento decisivo na propaganda em televisão.

A irreverência pode ser aplicada de quatro maneiras:

- Satirizar o cliente e o produto
- Satirizar aqueles que as pessoas adoram odiar (funcionários grosseiros de hotel, por exemplo)
- Satirizar o *establishment* (advogados, políticos, polícia, figuras de autoridade e burocratas)
- Satirizar a condição humana, inclusive a morte.

VW "Funeral"

1 I, Max E. Mobly, being of sound mind and body, do hereby bequeath the following:

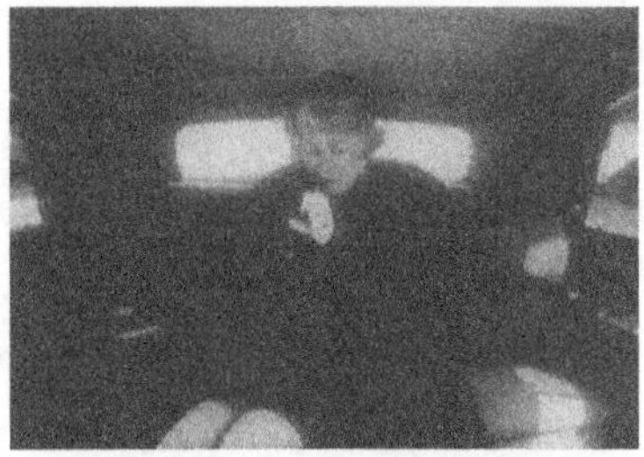

2 To my wife, Rose, who spent money like there was no tomorrow, I leave 100 dollars and a calendar

3 To my sons, Rodney and Victor, who spent every dime I ever gave them on fancy cars and fast women, I leave 50 dollars in dimes.

4 To my business partner, Jules, whose only motto was "Spend! Spend! Spend!" I leave Nothing! Nothing! Nothing!

5 Finally, to my nephew, Harold, who offtimes said "a penny saved is a penny earned," and who also offtimes said, "Gee, Uncle Max, it sure pays to own a Volkswagen," I leave my entire fortuned of 100 billion dollars.

6

Satirizar o cliente e o produto requer certa coragem, temos de admitir, mas é muito válido, estratégica e psicologicamente. Todos nós gostamos de pessoas que conseguem contar uma piada e rir de si mesmas. O humor autodepreciativo sinaliza que elas não se levam tão a sério, pois são autoconfiantes e aceitam a si mesmas. Elas não se mostram importantes. Nas mãos de Bill Bernbach, Helmut Krone e Roy Grace, a Volkswagen se engajou em muitas execuções clássicas, partindo da noção de que seu produto "é feio, mas funciona".

Outro destaque do gênero foi uma revendedora de carros usados de Sydney, a Ron Rodgson, importante anunciante de televisão na década de 70. Enquanto seus concorrentes tentavam desesperadamente transmitir honestidade e integridade, a Hodgson foi pioneira no humor politicamente incorreto, fazendo piada de si mesma. Um comercial memorável apresentava o comediante inglês Warren Mitchell, em seu personagem Alf Garnett, desafiando a honestidade do cliente. ("Se você acredita nisso, cara, você acredita em qualquer coisa...") A Hodgson reconheceu claramente que tinha de trabalhar mais para conquistar a confiança de espectadores cínicos, e a conquistou usando a irreverência.

Satirizar as pessoas que adoramos odiar traz muita satisfação e nos desarma. Roy Grace empregou essa forma de irreverência, quando fez o famoso comercial da American Turister, no qual um gorila agarra a maleta de alguém e a puxa para dentro da jaula, amassando-a contra as grades e pisoteando-a depois. A voz, ao fundo, se dirigia não ao consumidor, mas àqueles motoristas grosseiros de táxi, aos porteiros displicentes, insensíveis, e a todos os carregadores que derrubam todas as malas. Ela dizia: "Temos uma maleta para você". Era a irreverência ressoando verdadeiramente!

Se a ligação com a marca é adequada, satirizar o *establishment* conquista muitos amigos. Por exemplo, a Saatchi & Saatchi, de Wellington, satirizou os políticos. Em um comercial adorável, um político pede votos de porta em porta e lhe oferecem um pedaço de chocolate 'Good Honest', da Whittaker. Imediatamente depois da primeira mordida, ele diz a verdade. "Como membro do Parlamento, vou abusar de passagens aéreas gratuitas, para mim, minha esposa e minha amante... Vou dirigir com prazer as limusines... Gastarei muito tempo em bares, casas de massagem..."

A Lowe & Partners, da Índia, foi além em sua campanha para *The Times of India*. Demonstrando que o jornal entendia bem os indianos, satirizou os jogadores de críquete, que só pensam em dinheiro. Em seguida, satirizou corajosamente a corrupta burocracia da Índia: um homem velho tentava entregar documentos em um departamento do governo, e ia de uma mesa para outra, em uma paródia bem-feita de uma partida de hóquei.

A irreverência dirigida para a condição humana é imensamente poderosa. Cliff Freeman & Partners, de Nova York, lutou contra muitos oponentes para ter clientes como a Little Caesars Pizza. Eles satirizaram bebês e hospitais. Nem mesmo a morte escapou. Para promover o filme *The Minus Man*, Freeman mostrou dois jovens adultos entretidos em uma conversa sobre o filme. A garota se atrasou para ir ao trabalho. Quando lá chegou, encontrou dois idosos boiando na piscina, com o rosto dentro d'água. Só então percebemos que ela deveria ser a salva-vidas.

A Saatchi & Saatchi, de Sydney, =(sob a direção de criação deste que criou o projeto do livro, Michael Newman) aplicou a irreverência implacável para o cliente No Frills Funerals. Todo o sentimento da campanha se concentrou em: "Quando você se vai, se vai". Aparecia no comercial uma tela toda preta. A primeira legenda mostrava a mensagem: "É assim que tudo fica quando você é enterrado por 25 mil dólares". Mantendo a tela preta, a próxima legenda observava: "É assim que tudo fica quando você é enterrado por 5 mil dólares".

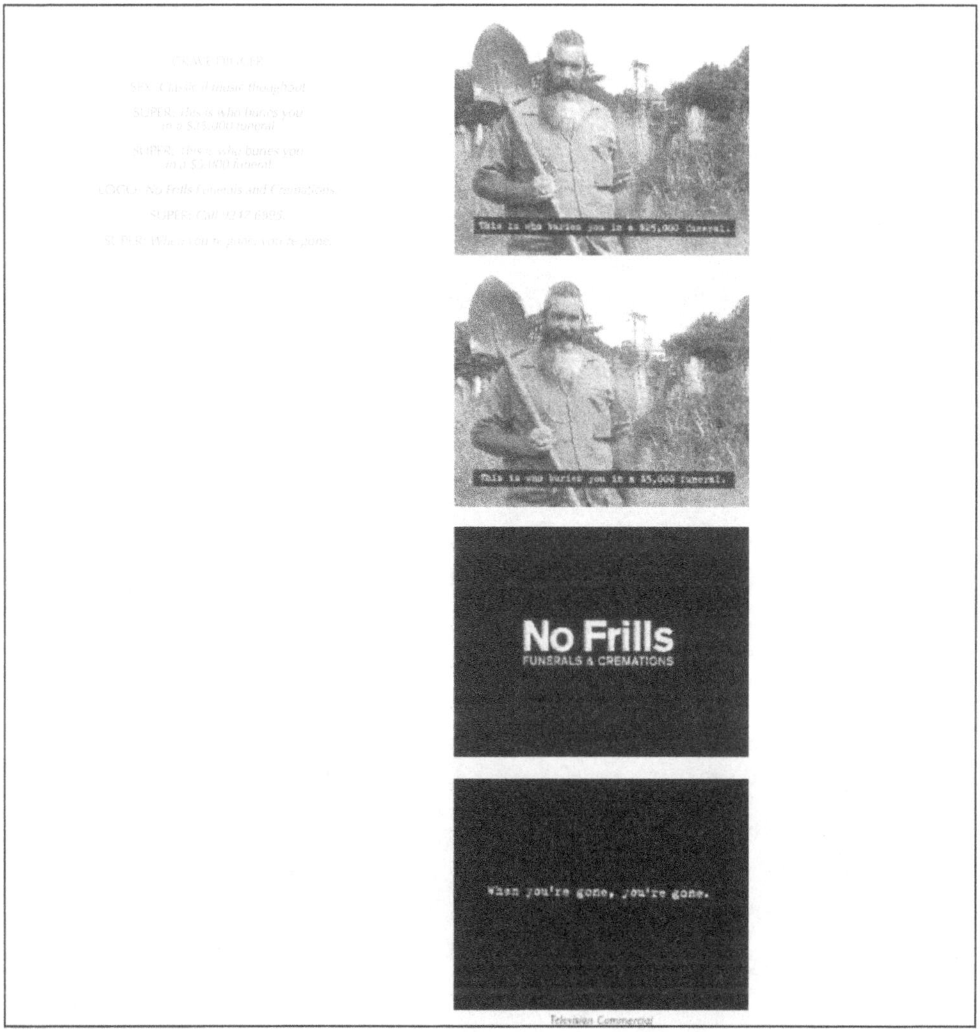

A regra de ouro é certificar-se de que sua irreverência não seja irrelevante. O gorila era relevante para mostrar a resistência. O funeral era um mundo paralelo aos carros (não teria funcionado tão bem para um produto como goma de mascar, por exemplo) e o funeral de um avarento era relevante para a economia representada por um Volkswagen. Ser um chocolate "bom e honesto" era a pura verdade. A No Frills queria algo sem pompas, e que fosse econômico. E por aí vai.

American Tourister "Gorilla"

1 Dear clumsy bellboys...

2 ...brutal cob drivers...

3 ... coreless doormen...

4 ...ruthless porters...

5 ...and butterlingered luggage handlers all over the world...

6 ...have we got a suitcase for you.

Nesta era de espectadores desconfiados e descrentes, a irreverência permite um vínculo melhor entre a mensagem e o público. O público está pronto para rir dos anunciantes, e, a maioria, com boas razões. Sendo aceita essa realidade, os profissionais de marketing inteligentes devem incluir a irreverência em suas comunicações e tornar a conversa entre marca e consumidor mais real e recompensadora.

14

CAPÍTULO

A Lei do Sabor

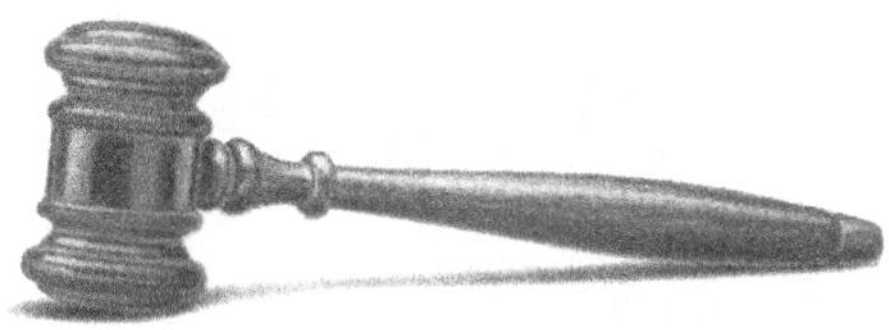

O cliente é rei. Exceto em muitos departamentos de criação de agências, onde a realeza é alcançada com a conquista de prêmios. O cliente é rei. Exceto em muitas salas de network de agências, onde o que impera é ganhar uma conta nova.

O cliente é rei.

Exceto para muitos clientes e suas estruturas hierárquicas, onde os padrões de propaganda refletem o que os gerentes juniores acreditam que será aprovado mais tarde pelo pessoal sênior.

Então, talvez o cliente tenha perdido seu lugar no trono.

De fato, pode ser que os interesses do cliente sejam mais freqüentemente destituídos de qualquer precedência real. Lembro-me da explicação que um profissional sênior da FMCG deu, ao rejeitar certa vez um roteiro da TVC: "O problema é que a idéia só é feita para o mercado!"

Lembro-me de outro grande fabricante ter admitido que fez campanhas nacionais de televisão para "educar a força de vendas".

O cliente fica em terceiro lugar, quando muito.

E qual é o resultado? O marketing vacilante. A propaganda como um instrumento maçante e enfraquecido. Ah, sim, e os clientes em um clima real opressivo.

Seja qual for a razão, o foco do esforço de marketing não deve ser as pessoas para as quais as propagandas estão falando? Um número grande de campanhas finge se dirigir ao mercado, mas olha continuamente por cima dos ombros e ao redor da sala, para buscar aprovação.

Há até campanhas premiadas que são simples, bem-humoradas, fascinantes, e que obedecem a qualquer número das Leis descritas neste livro. Mas podem não obter sucesso no mercado.

Por uma ou outra razão, muitas campanhas não visam realmente ao usuário final. Visam ao progresso de carreira de seus criadores. Ou não querem prejudicar as perspectivas de promoção dos profissionais de marketing. Ou, ainda, são mal elaboradas.

Freqüentemente, as propagandas são forçadas a ceder frente a muitas questões divergentes. Por isso, incluem itens obrigatórios que não ajudam realmente na comunicação efetiva.

Como o padrão de beleza 'metálico' nas propagandas de carros. Como aquele balanço que o sujeito dá com a cabeça, para mostrar a sensação refrescante, de prazer, nas propagandas de cerveja. Como aquele sorriso tolo, de satisfação, que as mães dão em praticamente todas as propagandas.

A única obrigatoriedade em um brief de criação é "tornar isto famoso".

Steve Hadyn, da equipe de criação do lendário '1984', da Apple Computer, é citado dizendo: "Se você quer ser um redator bem-sucedido, escreva para o cliente. Se você quer ser um redator premiado, escreva para si mesmo. Se você quer ser um redator eficiente, escreva para o consumidor".

Outra coisa que se interpõe entre o cliente e muitas idéias excelentes é que as agências de propaganda cometem o erro de se denominarem um setor de serviços. Seria bem melhor se fossem consideradas um negócio de manufatura.

O produto: Idéias.

Montadas cuidadosamente, tangíveis, musculares, engenhosas e transformadoras.

Deve-se admitir que atualmente o processo de fabricação é um tanto elaborado e tenso. Encontrar um modo de garantir que a idéia vencerá no processo é o verdadeiro desafio dos profissionais de marketing.

Um aspecto complicador desse problema é que as agências de publicidade parecem não ter mais nenhum relacionamento com os dirigentes da empresa, ou não são respeitadas por eles. E, sem um defensor situado no nível mais alto, uma excelente idéia se deteriora a cada reunião. Os níveis de indecisão geram abomináveis seres automatizados.

Há uma história lendária dos tempos tranqüilos da publicidade inglesa, na década de 70, quando as coisas eram bem diferentes. O diretor executivo da empresa cliente convidou o presidente de uma agência particular, que estava tentando ganhar sua conta, para fazer algumas perguntas que julgasse relevantes, a respeito do negócio.

Havia uma sineta sobre a mesa do cliente. Ele explicou que tocaria a sineta exatamente em 30 minutos, e a reunião estaria encerrada.

"Quantos níveis de pessoas têm de aprovar a campanha final?" foi a primeira pergunta do presidente da agência.

"Sete", respondeu o cliente.

"Então toque a campainha."

O que isso tem a ver com A Lei do Sabor?

Bem, como você verá, 'sabor' é um exemplo das virtudes vazias que os clientes exigem automática e afetuosamente para a categoria de alimentos. 'Sabor' é freqüentemente um pequeno atributo que uma idéia é forçada a transmitir, a fim de passar pela cadeia alimentar, até chegar ao consumidor real.

Seja por boas razões, por razões políticas ou por indolência, esses itens obrigatórios de categoria são muitas vezes mal conduzidos, como explica Allen Rosenshine, de Nova York, o lendário defensor do cliente.

A Lei do Sabor, por Allen Rosenchine

Há um fenômeno antigo a respeito do 'sabor', na propaganda de comidas e bebidas. E não me refiro a ele no sentido figurado, mas no sentido literal de paladar.

Nas propagandas de comidas e bebidas, quase sempre se fala do 'sabor' como um benefício para o consumidor, mas, com muito pouca freqüência se faz uma afirmação suficientemente persuasiva para estabelecer uma posição competitiva para uma marca. Ou seja, para motivar o consumidor a selecionar determinada marca em detrimento de outra.

Neste caso, quanto maior o tempo e o esforço empregados para comunicar, por meio da propaganda, o sabor bom ou excelente da marca, mais 'o gosto faz o gasto'.

É claro que, como em qualquer regra, há exceções. E chegaremos lá. Mas, primeiro, vamos examinar a premissa.

Do ponto de vista do consumidor, o sabor é um benefício legítimo? Certamente que sim. Não posso imaginar pesquisa sobre marca de comida ou bebida que não prove conclusivamente que os consumidores dão alta prioridade à satisfação que o sabor proporciona, como um atributo da marca. Pergunte aos consumidores o que eles querem de um alimento ou bebida particular, e a resposta consistente é sabor, o que não surpreende.

A verdadeira pergunta é: se os consumidores continuam dizendo que querem sabor, isto não significa que eles não o estão conseguindo?

Se houver, acho que há muito poucas categorias de comidas e/ou bebidas que são caracterizadas por um sabor ruim. A razão para os consumidores estarem sempre dizendo, nas pesquisas de grupo de foco ou de benefício/atributo, que eles querem 'um ótimo sabor' é porque este é o foco natural da experiência de comer e beber.

Então, o sabor é a coisa mais importante que queremos em nossa comida e bebida, a ponto de ser generalizado, e deveríamos esperar que a pesquisa produza consistentemente essa conclusão.

Outra razão para apostarmos nisso é que os consumidores geralmente não dão respostas criativas às pesquisas de propaganda e marketing. Eles tendem a repetir essencialmente o que a propaganda da categoria lhes disse ser importante.

Não que eles sejam incapazes de pensar por si mesmos. Longe disso, os consumidores são muito espertos e exigentes, quando se trata de decidir o que querem ou não querem comprar. (Se eles fossem tolos e facilmente manipulados, como muitos críticos da propaganda diriam, por que a vasta maioria de novos produtos fracassa?) É que os consumidores não se recordam espontaneamente de seus impulsos e das razões emocionais que os levaram à seleção da marca. O que eles nos dão é a resposta racional mais óbvia que lhes vem à mente. É o que eles viram na propaganda e experimentaram por si mesmos. Quando se trata de alimentos e bebidas, a primeira questão lembrada é o sabor.

Um dos resultados negativos da pesquisa de marketing de alimentos é que os consumidores dizem que querem sabor. Com esse raciocínio circular, não causa surpresa que a história da propaganda de alimentos seja marcada por tantas coisas indiferenciadas e, portanto, desperdiçadas. Em vez disso, deveríamos nos concentrar em pesquisas capazes de revelar desejos e necessidades não realizados — em outras palavras, problemas.

Aos mesmos consumidores que declararam querer 'um sabor excelente' pergunte sobre problemas potenciais com o produto e você ficará surpreso ao saber que raramente alguém diz: "não tem um bom sabor". Por outro lado, ouvimos sempre: "leva muito tempo para preparar", "engorda", "não pode ser comido na correria", "as crianças vão fazer uma sujeira danada", e uma infinidade de outras considerações que, na realidade, são preocupações, desejos e problemas maiores que o 'sabor'.

Um bom exemplo vem de uma pesquisa feita alguns anos atrás para a categoria de alimento enlatado para cães. (Como 'nossos melhores amigos', acho que eles se qualificam para esta discussão.) Os resultados demonstraram que os compradores (não os consumidores, evidentemente) queriam comida para cães que fornecesse uma nutrição completa, bem balanceada, e um alimento que o cachorro gostasse. Não é de admirar que existam tantas propagandas de ração para cães dizendo basicamente: "É bom para eles, e eles vão adorar".

Os mesmos donos de cães foram solicitados a avaliar seus problemas com alimento enlatado para cães. As reclamações campeãs foram que (1) faz sujeira demais e (2) tem cheiro ruim.

Na verdade, todos os alimentos enlatados para cães oferecem nutrição total balanceada, e os cães comerão tudo, praticamente de qualquer marca. Mas muito alimento seco é vendido porque resolve os problemas de cheiro e sujeira. Sim, o comprador teve garantia de que seu cachorro gostaria do sabor (provavelmente uma suposição), mas não era o fator importante, ou o que faria diferença na propaganda.

Mesmo quando temos uma vantagem estatística comprovável, na concorrência pelo sabor, muito raramente é uma estratégia efetiva.

"Nosso pudim de chocolate tem melhor sabor que o pudim de chocolate da concorrência.". Essa afirmação tem um poder de motivação questionável, pois o consumidor não acha realmente que o pudim que ele está comendo tem gosto ruim, para começo de conversa. Ele não o comeria, se tivesse percebido que a única razão, racional ou não, para comer o pudim, fosse o sabor. Este não é um problema.

Durante uma reunião, você pode fazer a força de vendas se levantar e se animar com uma propaganda "somos melhores que eles". Mas o consumidor muito provavelmente não será movido por ela.

Certa vez, pedi ao departamento de pesquisa para analisar todas as nossas propagandas de alimentos e bebidas, para estabelecer alguma correlação entre a recordação positiva do sabor e as pontuações dos comerciais, em termos de capacidade de serem lembrados e/ou de despertar motivação para a compra. A resposta foi que não havia correlação.

Uma recordação altamente positiva do sabor não significava uma alta capacidade de ser lembrado, ou uma pontuação de persuasão. De fato, é bastante compreensível que uma propaganda que não comunique nada de novo, nem de interessante, seja totalmente esquecida.

Mas embora eu defenda que se evite a reação impensada de elaborar estratégias criativas de comida e bebida que, primeiro e antes de tudo, exijam a comunicação do "sabor excelente", eu também quero sugerir exemplos em que "o sabor" deveria ser uma importante preocupação.

Apesar do significativo aumento na oferta de alimentos saudáveis, ocorrido nas duas décadas passadas, e considerando os problemas de obesidade nos Estados Unidos, amplamente divulgados, ainda parece haver uma resistência implícita à lógica de que se deve comer o que é bom, enquanto as pessoas se entregam ao puro prazer emocional que o açúcar, o sal e a gordura proporcionam.

Na maioria das categorias, há um efeito de 'fronteira' para os alimentos e bebidas saudáveis. Parece que o segmento de saúde se desenvolve em resposta a "inovações" anunciadas, mas eventualmente o crescimento chega a um limite, independentemente do peso da mídia. Conseguimos atingir e persuadir o segmento psicologicamente afinado, que está disposto a trocar "sabor" por "saúde", mas, além desse segmento, há pouca disposição para se abrir mão dos prazeres do sabor, em benefício da saúde.

Há uma psicologia muito complexa em jogo, porque o segmento orientado para a saúde terá de subordinar o sabor a um nível mais baixo de gratificação, pois o consumidor pode não confiar na alegação de saúde, se o sabor do produto for muito bom. Por outro lado, você não pode fazer a marca crescer além dos limites daquele segmento, se não prometer e oferecer um bom sabor.

Um bom exemplo é a categoria de refrigerantes diet.

Invariavelmente a propaganda oferece a segurança constante de que o refrigerante diet tem um sabor tão bom quanto o das bebidas sem calorias reduzidas. Mesmo que os testes de prova mostrem o contrário, a maioria dos consumidores de refrigerantes diet acaba se convencendo de que eles têm um bom sabor, a ponto de não mais apreciar o sabor da versão original.

Minha opinião é que (1) os consumidores determinaram logicamente que tomariam um refrigerante diet devido ao benefício do controle de peso e (2) eles precisam acreditar que o sabor é tão bom, se não melhor, que o dos refrigerantes comuns. Assim, ao consumir refrigerantes, eles podem ter a satisfação que desejam.

Um exemplo de crescimento além da 'fronteira' vem da Life Cereal, que, ao ser introduzida no mercado, foi posicionada como uma marca de alto conteúdo protéico, 'boa pra você'. Ela conquistou uma posição firme, mas não era um negócio lucrativo. Muito dinheiro teve de ser gasto em mídia para manter essa participação, lutando contra o limite estabelecido por saúde versus sabor.

Contrariamente à suposição que se faz de um alimento saudável, o cereal tinha um sabor muito bom. Mas somente depois que um comercial mostrou um menino chamado Mikey abençoando o sabor da Life Cereal, apesar de seu irmão não acreditar que o cereal seria bom para eles, foi que a Life Cereal decolou e se tornou o único cereal lançado em um período de duas décadas que estava entre os Dez Mais em vendas.

A visão crítica, neste case, era que a propaganda convencia as mães de que seus filhos gostariam do sabor, e eles realmente gostaram. Os consumidores reais — as crianças — ignoravam o aspecto saudável e, portanto, a dinâmica do efeito 'fronteira' não se aplicava a elas.

Na categoria de bebidas, supõe-se que o sabor seja sempre bom, a não ser que, como acontece com determinados alimentos ou bebidas, haja uma alegação de que o sabor pode estar comprometido. Mais importante é o que chamarei de "ambiente ou mentalidade de consumo", que governa a cerveja. Nesse caso, a experiência de beber é tão relevante que fica impossível oferecer menos calorias, para se estabelecer a categoria de 'cerveja leve'.

A Gablinger's, uma das primeiras cervejas de baixa caloria, prometeu o verdadeiro sabor da cerveja. Mas os consumidores tradicionais, no bar ou no jogo de bola com os amigos, ou assistindo à televisão em casa, não querem ser vistos como pessoas preocupadas com calorias. E eles naturalmente presumiram que a cerveja de baixa caloria tinha um sabor aguado. A Gablinger's fracassou.

A Lite Beer, da Miller, introduziu o conceito de baixa caloria de um modo totalmente novo. Ninguém mencionou 'menos calorias', e sim 'mais leve' (less filling), o que significa que você pode beber mais. Essa foi a verdadeira alegação e a verdadeira notícia. Certamente foi divulgado o 'sabor excelente', mas as propagandas mostraram bares cheios de heróis masculinos populares nos Estados Unidos saboreando a Lite Beer como se fosse qualquer outra cerveja, com o benefício inovador de que poderiam tomar mais.

A idéia brilhante, que lançou a Lite Beer, era que ela não tinha nada a ver com o 'sabor excelente' constantemente anunciado. Ela era 'mais leve'. E estabelecia toda uma categoria de cervejas que não eram vistas como melhores para sua silhueta, mas como cervejas que você podia beber mais.

Anunciar o sabor, no sentido tradicional, teria sido puro desperdício. O sabor era, de fato, uma questão importante, mas precisava ser tratado de uma forma exclusiva, baseada na percepção do papel que o sabor desempenhava realmente no posicionamento de outras características da marca.

Você pode estar pensando várias coisas. Como analisar uma das alegações mais descaradas de superioridade de sabor já feitas em uma categoria na qual o sabor é praticamente genérico? E sobre "O Desafio Pepsi", em que a Pepsi anunciou claramente que tem um sabor melhor que o da Coca-Cola e mostrou ao consumidor, como prova, alguns testes de sabor? Os testes não aumentaram as vendas da Pepsi e levaram a Coca-Cola Company a lançar a New Coke, posicionada para ter um sabor melhor.

Você tem razão. Os mercados nos quais as vendas da Pepsi melhoraram significativamente foram aqueles onde sua participação era muito pequena, comparada à da Coca-Cola, e, nesses mercados, as vendas da Coca também cresceram. Em outras palavras, 'O Desafio Pepsi' deu energia a esses mercados, produzindo aumento nas vendas tanto para a Pepsi quanto para a Coca-Cola, que tiraram uma fatia de mercado das marcas marginais.

Foi bom para a Pepsi, evidentemente, mas não da forma como você imagina. E a reação da Coca-Cola, com a introdução da New Coke com melhor sabor, foi o resultado emocional de ver sua marca atacada. Lembre-se, eles não estavam perdendo participação de mercado.

É inacreditável, mas a Coca-Cola não sabia bem qual era a herança e o papel do sabor para sua marca. Sim, as pessoas tomam Coca-Cola porque apreciam seu sabor, mas acima de tudo gostam daquilo que a marca representa como um ícone americano.

Esta foi, e ainda é, a base competitiva da marca Coca-Cola. O fato ficou ainda mais comprovado pela direção da companhia, quando a América Central recebeu a New Coke com todo o entusiasmo, como se assistisse a um ato de uma ópera wagneriana recém-descoberto. A ironia desse erro cósmico de marketing foi que o fracasso da New Coke gerou uma nova apreciação do produto tradicional, que foi renomeado e ganhou nova energia como Coca Clássica.

Embora tenham conseguido evitar o o desastre, a questão do sabor quase "desgastou" uma das marcas mais bem-sucedidas da história do marketing.

Vou acrescentar mais uma preocupação que se deve ter com a receita de propaganda de alimentos e bebidas. O problema, novamente, advém do tratamento que se dá ao sabor como uma alegação básica do produto. É a forma com que testamos as percepções de sabor em nossa propaganda.

Aludi anteriormente ao fato de muitas vezes não haver correlação entre a recordação do sabor, na propaganda, e a capacidade de lembrança ou motivação sugerida por ela. Entretanto, há uma possibilidade bem real de ser uma falha nos sistemas de testes, e não se trata de uma condenação generalizada à comunicação do sabor na propaganda.

O fato é que a maioria de nossos sistemas de testes mede apenas o *playback* literal. Eles não estão preparados para medir impressões ou percepções.

Há protocolos de testes mais avançados que podem se aproximar mais daquilo que a propaganda comunica realmente, de modo não literal, determinando como ela realmente afeta as atitudes e o comportamento do consumidor. Entretanto, esses sistemas, em sua maioria, são caros e demorados e, portanto, não se harmonizam com as necessidades dos profissionais de marketing, ou seja, chegar a resultados positivos de vendas e de lucro a cada trimestre.

Uma vez que as pessoas não estão preparadas para verbalizar muito bem seus sentimentos, e geralmente não dispõem de nenhum estímulo não-verbal, ou mecanismo de resposta, para reconhecer e avaliar emoções evocadas pela propaganda, o sabor, que não é uma preocupação ou problema, não é necessariamente lembrado, mesmo que tenha sido embutido na propaganda com muita proeminência.

Por outro lado, pode ser uma parte da percepção que o consumidor tem da marca. Mas quando lhe perguntam "o que o comercial faz ou a propaganda diz ou mostra", a resposta traduz apenas o que ele lembra e que é marcante para atender a seus interesses e problemas. Assim, mesmo quando o sabor é, de fato, uma parte importante da comunicação, como vimos que pode ser, somos confundidos por testes que não medem adequadamente o seu impacto.

Talvez a propaganda mais memorável para a Burger King tenha sido uma campanha criada no início da década de 70, chamada 'Have it Your Way' (Do Jeito Que Você Quer).

Os comerciais estavam repletos de imagens de carne, suco de tomate, alface crespa, cebola, picles saborosos, de dar água na boca, mas o diferencial competitivo era um hambúrguer do jeito que você quer, sem ter de esperar.

A escolha e a rapidez eram as preocupações do consumidor. Por isso, tocar no assunto gerou uma propaganda motivadora, efetiva. (Para ser bem sincero, devo admitir que foi feita por minha agência, como também 'The Pepsi Challenge' (O Desafio Pepsi), mas esta é uma velha história.)

O *playback* do sabor, na propaganda do Burger King, poderia ter sido mínimo, mas mesmo assim o comunicamos. Agora, se 'o sabor incrível' fez parte da estratégia — para a maioria dos alimentos e bebidas, faz —, poderíamos ter caído na armadilha de subestimar a propaganda, já que a pesquisa não a reproduziu, embora estivesse lá. Isto acontece com freqüência.

A estratégia diz que o sabor é construído com afirmações literais de sabor, com palavras e fotos, mas ela não o reproduz porque esta não é a maior preocupação para o consumidor, e não é a posição da marca que estamos anunciando para as pessoas se lembrarem e agirem. Se as decisões tivessem sido tomadas basicamente para comunicar o sabor, uma estratégia de marketing muito bem-sucedida teria sido desperdiçada.

A conclusão não é o tratamento do sabor como uma razão de ser, quando de fato é uma característica esperada do produto. Ele deve ser tratado como uma reafirmação, e não se pode esperar que a pesquisa o reproduza em base literal.

Os profissionais de marketing de cerveja aprenderam a fazer isso como uma forma de vida. Afinal, como você pode comunicar o sabor, se não tem permissão para mostrar o produto sendo provado? (É ilegal mostrar a cerveja sendo tomada em comerciais veiculados nos Estados Unidos.) Você pode apenas criar uma representação não-verbal, não literal, que defina o prazer do sabor sem tornar o "excelente sabor" um critério determinante. Depois de tudo o que foi dito e feito, as grandes marcas líderes de cerveja se baseiam na atitude, e não nas características de produto. Relembrando a Lite Beer, a idéia de ser "mais leve" joga com a experiência de tomar cerveja, e não com o conteúdo calórico.

Portanto, estarei sugerindo que o sabor não deva ser um fator significativo na publicidade de alimentos e bebidas? Não. Estou sugerindo que há razões válidas e importantes para afirmações de sabor, mas elas são em número muito menor que nossa tendência a supor automaticamente que o sabor deve ser uma parte básica da comunicação.

Estou sugerindo que o sabor, quando for uma necessidade estratégica de comunicação — geralmente relegado a um papel de afirmação subordinado a alguma outra declaração — não deve ser a principal preocupação, como geralmente acontece. Deve aparecer apenas no contexto de como o consumidor o vê, o que normalmente é algo esperado.

No fim das contas, a propaganda deveria (1) oferecer uma experiência positiva, prazerosa, com a marca, ou (2) comunicar que a marca é particularmente relevante para o estilo de vida do cliente potencial ou à sua maneira de pensar, ou (3) oferecer alguma coisa nova para a categoria, ou (4) todas as alternativas anteriores.

Fazer do "sabor" a afirmação básica para a maioria dos alimentos e bebidas raramente atenderá a qualquer um desses critérios, e geralmente resultará no desperdício da propaganda.

15

CAPÍTULO

A LEI DA TOPICIDADE

Escreva as páginas introdutórias da Lei da Topicidade você mesmo.

É simples. Pense em alguma coisa interessante que aconteceu hoje. Qualquer coisa. Sim, isso serve. Agora, perceba que esse fato é mais atraente para a mente ociosa, e mais estimulante para os olhos do que ler um livro de negócios.

Muito bem. Este é um exemplo da Lei da Topicidade.

A vida real, mesmo quando é muito banal, geralmente é mais atraente que a propaganda.

Ou mesmo que ler sobre propaganda.

A LEI DA TOPICIDADE, POR MICHAEL NEWMAN

Como falar persuasivamente, em um livro, sobre propaganda tópica e tática? O livro é um meio que está mais associado à vida na prateleira do que ao que está acontecendo neste exato momento em que você lê estas palavras.

Mas acho que o assunto do dia sempre será como fazer uma propaganda verdadeiramente vívida, que se destaque da barulheira comum, seja hoje, ou daqui 2.000 anos.

Ser tópico não é tão fácil, quando o processo de publicidade anseia pela inovação e pelo imediatismo.

Uma propaganda é refeita 30 vezes, em média, durante reuniões, desde o nascimento do conceito até a sua liberação. Não causa admiração que tantas acabem sendo tão medianas.

Realmente, é notável que uma idéia consiga sobreviver a essa proctologia que mantém a integridade intacta. E, na verdade, somente algumas propagandas por ano conseguem, de fato, superar o processo, lançar-se no mundo real e se misturar à vida.

Vale o esforço. Propagandas tópicas bem-sucedidas gozam de tremenda eficiência, levando-se em consideração os gastos que envolvem.

Começo dizendo que esta é uma tarefa difícil. É difícil, para as idéias de propaganda, competir com as notícias do dia-a-dia na rua. Fica mais difícil ainda ser a notícia.

No entanto, é exatamente o que estou recomendando que sua propaganda faça. Pelo menos de vez em quando.

Assim como não há nada mais antigo que as notícias de ontem, talvez não exista nada tão ultrapassado quanto sua atual estratégia publicitária.

Sinto muito, mas ela se baseou na perspectiva do passado. É o velho problema de querer dirigir olhando no espelho retrovisor.

Há tantos processos, tempo e esforço envolvidos na preparação da maioria das campanhas publicitárias de hoje, que quase todos os seus concorrentes devem estar com as mesmas dificuldades que você encontra para digerir e reagir à situação de marketing.

Eles leram os mesmos livros, acreditaram nas mesmas pesquisas, assinaram os mesmos periódicos e lidaram com a mesma escolha, que cada vez encolhe mais, de redes de agências sistematizadas, globalizadas.

Por outro lado, nada é tão poderoso para uma marca quanto uma idéia imediata, vivaz, tópica, que capta um momento coletivo e o faz brotar em volta de bebedouros e mesas de café do mundo todo.

Passar no 'teste do bebedouro' (que provavelmente esteja sendo transformado em uma grande solução em muitos mercados jovens espalhados pelo globo) deveria ser obrigatório para todo brief.

Sua meta deve ser a fama.

"Você não pode subestimar o fator bebedouro", disse Dave DeCecco, da Pepsi, no *New York Times* de fevereiro de 2004, ao discorrer sobre o poder dos grandes eventos "...para revelar novas propagandas".

Não há tempo como o Presente.

É dele que seu cliente está falando. Está pensando nele, lidando com ele: Com o Presente. Se sua campanha é boa, pode se tornar parte deste fluxo constante de consciência do tempo presente, e espera-se que entre para o vernáculo.

Se o seu ponto de partida é realmente o que está acontecendo hoje e, o mais importante, se o seu departamento de propaganda tiver a rapidez necessária para chegar ao mercado, então sua marca estará em um mundo todo seu.

Única. Destacada. Na boca das pessoas. Na mosca.

Que seja sobre o 'agora'.

Geralmente tais propagandas são únicas. Um comentário brilhante, sobre os tempos, que se destaca e ressoa com o momento, e que combina com a intenção da marca.

"É melhor uma idéia única, maravilhosa, irreverente, que capta o momento e faz o país inteiro rir", diz o ex-diretor de criação da Saatchi & Saatchi, Kim Thorp.

Ele quer dizer que é melhor ter algo inteligente, e fragmentado/incoerente, que uma campanha sólida, mas sem novidade, que faz aqueles que têm interesse na empresa concordarem, acenando com a cabeça, enquanto os consumidores caem de sono.

A Consistência é uma Lei. A Previsibilidade pode ser um Crime.

Excelentes propagandas tópicas pegam um fragmento importante da cultura popular que 'merece virar notícia', e o usam como prova da campanha, promessa, ou afirmação da marca.

Isto pode ficar mais parecido com uma improvisação de jazz do que com uma cuidadosa orquestração de campanha. Mas, contanto que essas estratégias boas sejam usadas como plataforma, são uma abordagem mais vigorosa que se prender rigidamente a padrões desgastados. A energia pura de uma propaganda ocasional, que trata de um tema atual, dá vida a uma marca.

Isto acontece porque as pessoas estão mais interessadas nas atitudes de uma marca do que em suas características. As características são apostas na mesa. Mostre-nos onde está seu coração.

Queremos a pura verdade.

Em todo lugar, em toda categoria, falamos para um consumidor que entende cada vez mais de propaganda e de mídia. Logo, uma reinterpretação sólida, trabalhosa, do que foi feito no ano passado nem sempre é a maneira mais pungente de construir o valor da marca.

Sim, estamos falando de planejar espontaneidade. Infelizmente, poucas organizações reagem com rapidez suficiente para tirar vantagem de momentos da cultura partilhada. Há exceções, evidentemente. Algumas têm construído as fortunas de suas marcas a partir de um diálogo autêntico com o mundo, sempre conduzido pela propaganda.

A Bennetton foi uma delas. Acho que outra é a Virgin, de Branson. Elas manobraram os caras grandes e lentos. É por isso que todo mercado doméstico e regional tem um exemplo ou dois para apresentar.

No Princípio Era o Boca a Boca

De eventos internacionais a lançamentos suburbanos de livros, de esportes globais envolvendo milhões de pessoas, até o incentivo pouco entusiasmado dos amigos de seus amigos, 'a comunicação e o convívio social' fazem parte integral de nossas vidas.

Os seres humanos, mais que qualquer animal, inventaram eventos e reuniões sociais — concertos de rock, celebrações religiosas, festas de aniversário, noivados, casamentos, seminários, jogos de futebol, comícios, formaturas, encontros de mulheres, festas de homens solteiros e o resto. Tudo isso é experiência partilhada: fazer parte de círculos sociais e ter oportunidade de exibir status, de trocar conhecimentos e emitir opiniões.

A experiência partilhada é um dos valores essenciais que gozamos há gerações, em relacionamentos com amigos, parentes e entre casais.

Concretamente, quando o *Homo sapiens* finalmente surgiu, sustentando-se sobre os membros inferiores, e a evolução do formato de nossa mandíbula e da cavidade oral começou a possibilitar a capacidade da fala, foi aproximadamente na mesma época (com diferença de algumas horas, para mais ou para menos) que o alimento comunitário começou a ser armazenado. Em suma, tais avanços significavam que agora a boca tinha tempo e oportunidade de fazer outras coisas.

E a propaganda 'boca a boca' foi inventada.

(De acordo com o lingüista dinamarquês Otto Jesperson, há cinco teorias sobre a origem da linguagem. A teoria Bow-wow, de que a fala surgiu a partir da imitação que as pessoas faziam dos sons do ambiente. A teoria Pooh-pooh, de que as pessoas começaram a emitir sons instintivos causados por emoções como dor, raiva, frustração ou similares. A teoria Ding-dong, de que as pessoas reagiram a estímulos externos para produzir sons que fossem harmoniosos com o ambiente — 'mama' lembra o som causado pelos lábios ao se aproximar do seio. Há também a teoria Yoyo, que defende que a fala surgiu como um esforço de colaboração, pois à medida que as pessoas passaram a trabalhar juntas, em comunidades, seu esforço físico produzia grunhidos rítmicos que se tornaram, com o tempo, cantos e, eventualmente, linguagem. Já a teoria La-la sugere que o lado romântico da vida foi o elemento básico para o desenvolvimento da linguagem. O amor, a brincadeira, os sentimentos, a necessidade de cantar, desencadearam emoção e poesia.)

Só por curiosidade, saiba que, em 1866, a Sociedade Lingüística de Paris resolveu que, devido ao ruído, às reuniões barulhentas, acaloradas e desorganizadas, qualquer discussão formal sobre a origem da linguagem devia ser proibida.

A palavra falada tem feito as pessoas se sentirem mais à vontade em seu ambiente há cerca de 100.000 anos. Hoje, expressam conceitos sobre marcas e as recomendam.

De acordo com *The Anatomy of Buzz*, do profissional de marketing Emanuel Rosen, "pesquisas recentes mostram que 58% dos jovens confiam na opinião dos outros, em alguma extensão, na hora de escolher um carro, 53% dos cinéfilos seguem recomendações dos amigos e 65% das pessoas que compraram um *palm organizer* foram motivadas pelo entusiasmo dos outros".

Todos sabem que a palavra falada acrescenta fama e valor à marca, quando as pessoas comuns comentam: "Você viu aquele anúncio ontem à noite onde...?"

O novo faxineiro do prédio onde moro ficou muito interessado quando ouviu que eu era sócio de uma agência de publicidade. Ele disse, enquanto varria o chão: "Eu sei tudo de propaganda".

— "É verdade?" — perguntei, pensando nos muitos clientes que também dizem o mesmo.

—"Sim" — respondeu o faxineiro —, "propaganda é fazer as pessoas falarem sobre o seu produto".

Concordei com ele imediatamente. (Pensei em quantos profissionais de marketing deveriam estar varrendo o chão.) E havia naquilo uma preciosidade: A Lei da Topicidade.

Assim como "novo" é a palavra mais poderosa em publicidade, 'notícia' é o objetivo final da publicidade. Porque se você é digno de notícia, então detém a técnica publicitária mais poderosa do mundo a serviço de sua marca.

Encare assim. Sobre o que as pessoas conversam? Sobre o tempo. Sobre o que elas têm a fazer mais tarde. Sobre o que alguém disse a respeito do que elas fizeram. Sobre coisas atuais, contemporâneas, comuns. Coisas que dão textura ao fluxo dos tempos. Coisas sem importância.

Em suma, sobre 'o agora'. Logo, como Edgar disse a Gloucestor, em *Rei Lear,* de Shakespeare: "O amadurecimento é tudo. Vamos lá!"

No Meio, Era o Processo

Nota-se que um certo fingimento domina os profissionais de marketing, quando escrevem sobre seu produto.

Talvez o padrão adotado como referência tenha levado, de algum modo, à linguagem publicitária repleta de clichês, e a seu conjunto limitado de imagens das categorias.

A propaganda usa cada vez menos palavras e imagens, com variedade cada vez menor. Conseqüentemente, cada vez pior.

Organizamos palavras e imagens sobre os aspectos reais da vida das pessoas, e os distorcemos e os exploramos de um modo superficial e chamativo. A mesma coisa velha, regurgitada, com menos imaginação que da última vez.

Tomamos o solo vívido da vida real e o saneamos, até que esteja pesado como o barro.[1] No entanto, como Samuel Johnson escreveu, "as palavras são as filhas da terra".

Um número muito grande de propagandas não tem engenhosidade nem vida. Elas não têm um vocabulário de marca suficientemente amplo para fazer algo diferente.

A maioria das tentativas das marcas de acessar a cultura popular é tão inventiva quanto virar o boné de beisebol para trás e achar que isso é legal. Ato desajeitado, metódico, não exigente, vazio, com toda a excentricidade e vivacidade peculiar erradicadas. A originalidade como anátema.

Isto contribui para o muro de mesmice publicitária, e o público vê apenas os padrões usuais confortáveis, esperados. E presta atenção a pouca coisa.

Semelhanças fundem-se em fórmulas. Como em Hollywood. Alguém perguntou certa vez: "Aqueles filmes 'Rocky', como você pode distingui-los?"

A resposta foi: "É fácil: eles são numerados".

Ironicamente, a escolha do consumidor e o consumismo expandiram-se em proporção inversa, à medida que o vocabulário de marketing encolheu.

E a coisa está piorando, com uma linhagem de marcas nazistas míopes que surgem agora e que rigidamente mantêm a vida nova de campanhas, sob o disfarce de 'guardiãs da marca'. Tanto as agências quanto os clientes têm guardiões. Eles exercem uma pressão incansável, diariamente, sobre cada aspecto nervoso de sua responsabilidade. No entanto, não há prêmio para a mera uniformidade. Uma simples Identidade Corporativa não é estratégia ou idéia.

---

1 É irônico, como aponta o livro de Don Watson, *Death Sentence – The Decay of Public Language*, que ao mesmo tempo, a língua inglesa esteja crescendo a uma taxa de 20.000 palavras por ano. (Há um termo para isso: neologismo, ou neologia: uma palavra ou frase cunhada recentemente, ou um significado estendido recentemente de uma palavra ou frase existente.) Além disso, para toda palavra nova, várias velhas ganham novos significados a cada ano.

As marcas morrem de estagnação.

Os departamentos jurídicos também merecem uma sentença pesada aqui. Com mais advogados que diretores de arte envolvidos na publicidade, muitas empresas olham de soslaio para a noção de que estão realmente sendo notícia. Isso geralmente significa negar algo ruim que aconteceu. Não, não..., você vê que tentamos e evitamos a publicidade.

Um conselheiro do Departamento de Normas me disse recentemente: "É claro que não esperamos que nossos profissionais de marketing sejam advogados".

Não pude deixar de perguntar: "Por que, então, você deixa seus advogados serem profissionais de marketing?"

Os honorários jurídicos agora são itens muito significativos nos orçamentos de marketing, e por isso muitos querem justificar sua existência.

Logo, por uma razão ou por outra, muitas manobras são feitas, mas pouco se anda para a frente.

A linguagem da marca deveria ser criativa e rigorosa. Não previsível e empobrecida.

Depois que a CBS transmitiu o Superbowl XXXV111, em 2004 (em muitos sentidos, um evento que mereceria abrigar uma propaganda tópica espetacular, transmitida uma única vez, à altura de '1984', da Apple), houve reclamações de que as propagandas para a Bud Light, Charmin, Cialis, Lay's, Levitra, Sierra Mist, eram quase tão sem graça quanto os trejeitos de Janet Jackson, Justin Timberlake e Nelly, no show apresentado no intervalo.

Esse rumor gerou apelos para que os grandes eventos transmitidos pela televisão, como o Grammy Awards e os futuros Super Bowls, fossem mais controlados.

O interessante é que a rede ABC, que transmite o Academy Awards, nos Estados Unidos, já tinha um sistema funcionando para analisar todo comercial de televisão programado para passar durante a apresentação. Os comerciais têm de apresentar duas versões separadas para a ABC, mostrando a fase de script e dos storyboards gravada direto nas 'fitas' acabadas.

É o Máximo da Espontaneidade. E pode ser o seu futuro.

No Final, Você Fica Famoso antes de Gastar Tudo

William Goldman, o ilustre cineasta norte-americano, certa vez comentou sobre aqueles que estão tentando analisar o sucesso de seu *Butch Cassidy e Sundance Kid*: "Eles tentaram, de todas as formas, descobrir a razão de tanto sucesso. Vou lhe dizer. Existe uma única razão para que alguns filmes alcancem grande sucesso. As pessoas gostam deles. Se não foram sucesso, é porque as pessoas não gostaram deles. O resto é patologia".

É claro que o famoso também pode ser infame. É tudo igual sob a Lei da Topicidade.

A Igreja Anglicana, em Birmingham, recentemente fez uma campanha utilizando cartazes que ostentavam títulos como: "Body piercing? Jesus fez isso 2.000 anos atrás".

Blasfêmia? Provavelmente. Mas o Alto Clérigo Anglicano respondeu à crítica dizendo: "Qualquer coisa que provoque impacto na sociedade secular é válida".

A atriz americana Demi Moore posou para a Vanity Fair no final de uma gravidez, o que provocou um escândalo, mas isso não fez a propaganda do Toyota Camry deixar de ser a propaganda impressa com mais reclamações na história australiana, na época.

E foi veiculada apenas uma vez.

No entanto, o novo conceito de 'carro amplo' estava introduzido com sucesso, tanto econômica quanto rapidamente, antes de um centavo do orçamento da campanha principal ter sido gasto.

Todos os envolvidos em uma conta de propaganda — o pessoal de criação, executivos e clientes — deveriam vasculhar todos os jornais, todas as manhãs, procurando alguma munição enterrada que possa se transformar em uma propaganda tópica ou tática.

É claro que as propagandas tópicas podem ser usadas agressivamente. Por exemplo, certa vez compramos, para a Toyota, o espaço de um outdoor que ficava bem em frente à portaria da fábrica da Ford, e podia ser visto por todos os seus executivos, quando eles entravam para trabalhar. Táticas deliciosamente competitivas.

Você pode aproveitar o momento criativamente, como fez o comercial 'Bugger', vencedor de Cannes para o Toyota Hilux. Para evitar uma exposição exagerada, depois que a propaganda ficou muito popular, a agência tirou o comercial do ar. E procurou atrair interesse por ele, novamente, veiculando uma série de lembretes tópicos e táticos em outros meios de comunicação.

Por exemplo, depois da imensa queima de fogos próximo à Sydney Harbour Bridge, na passagem do Ano Novo, fizemos uma propaganda de página inteira, na manhã seguinte, mostrando uma foto retocada da ponte em cinzas com o título: "Bugger".

Este é um exemplo de propaganda tópica que você poderia planejar. Não é difícil. Todo ano, no Dia dos Namorados, a florista do meu bairro escreve com giz, em uma placa, a promessa: "Flores hoje, fogos à noite".

A riqueza de uma vida excitante deveria ser celebrada com propagandas de marcas.

Outros exemplos, como o do Landcruiser, às vezes caem no seu colo.

A imagem indestrutível da marca estava longe de ser comprometida, quando um Landcruiser foi destruído pela Força Aérea Australiana. Eles derrubaram uma bomba nele acidentalmente. A foto ocupou a primeira página de todos os jornais.

No dia seguinte, fizemos uma propaganda tópica admitindo que, sim, talvez houvesse uma forma de destruir um Landcruiser.

Em 2004, uma campanha para promover o café na Austrália, feita pela M&C Saatchi, foi lançada usando como plataforma problemas sociais altamente debatidos, como a questão dos refugiados.

Em dezembro de 2003, uma nova rede de agências de propaganda, chamada DNA, abriu as portas.

Felizmente, logo depois, Saddam Hussein foi encontrado e identificado... por seu DNA. Você deve ter visto nos noticiários.

De qualquer forma, dois dias depois, esta propaganda estava na página 5 do jornal. E de repente todos falavam mais sobre a nova agência do que sobre o velho ditador. [1]

---

1 Um dos colaboradores deste livro, James Lowther, autor do capítulo A Lei do Humor, me cumprimentou pelas propagandas do DNA de Saddam. "Ótimo ver que [sua nova agência] já tem um Ditador de categoria internacional trabalhando para você."

Observações tópicas — No jornal de hoje (o meu, hoje, não o seu) há uma entrevista com o vice-presidente de comunicações e marketing global da Sun Microsystems, Andy Lark, dizendo que por muito tempo os anunciantes e seus agentes batalharam para fazer um marketing sério e perfeito.

Ele afirma que o medo do fracasso entope o sistema, assim como o colesterol faz com a artéria, o que no final afeta drasticamente o desempenho da empresa. Ele nos aconselha a desenvolver uma mentalidade de 'matar depressa'. "Crescemos em uma cultura de vamos deixar o panfleto perfeito, a propaganda precisa ser perfeita —você não pode fracassar como profissional de marketing."

"Ela precisa mudar, para fracassar rápido."

Esta teoria pode parecer drástica, mas quem consegue argumentar que as campanhas precisam entregar tudo rápido hoje em dia? Os tempos de atenção estão diminuindo, a leitura de revistas está caindo, e assistir à televisão é um hábito que está sumindo.

Pode ser que o futuro não venha a ser uma atividade sustentada, de baixo nível. Mas algo muito mais inovador e repleto de energia.

Você vai me dizer. Afinal, você já está lá.

16

CAPÍTULO

A Lei do Elefante de Prata

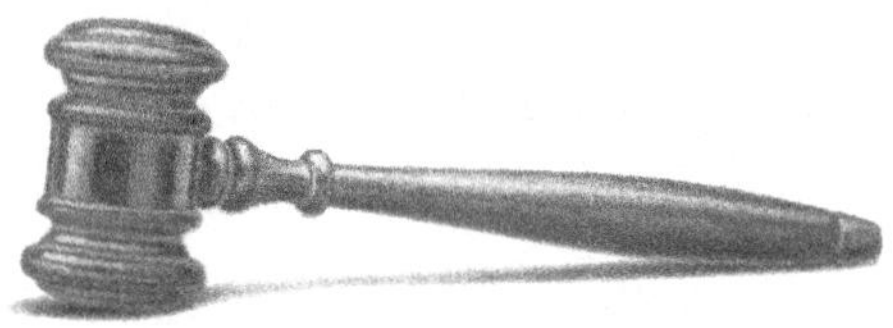

Este é um capítulo grande. Porque há coisa *boa* de sobra no mundo. Campanhas demais, boas, sólidas. Pessoas demais, boas, sensatas. Tantas reuniões boas. Tão poucos grandes sucessos.

Uma boa idéia pode se tornar uma grande idéia?

Como você reconhece os grandes profissionais de criação?

Primeiro, a má notícia: Uma boa idéia, com mais pesquisa e análise, mais tempo e um orçamento maior, não se transformará em algo genial. O genial vem de um conjunto diferente de valores, todos juntos. Não vale a pena apontar o mesmo lápis.

Como Kim Thorpe, o guru de propaganda da Nova Zelândia observou certa vez: "O bom não recebe aquele tapinha nas costas, em coquetéis, nem fica com a mesa cheia de cartas de elogios dos clientes, nem dá entrevistas na televisão, nem tem artigos a seu respeito em revistas femininas. O que é bom não gera muita emoção".

Como os grandes profissionais de criação têm grandes idéias?

Quando perguntaram a Sir Charlie Chaplin como brotavam suas idéias, ele explicou: " As idéias vêm de um intenso desejo por elas. Desejando continuamente, a mente se torna um vigia à procura de incidentes que possam excitar a imaginação... a eliminação do acúmulo é o processo... a pura perseverança, a ponto de chegar à loucura. Deve-se ter a capacidade de sentir a angústia e sustentar o entusiasmo por um longo período de tempo. Talvez seja mais fácil para os outros, mas eu duvido".

Um humorista mais recente, Douglas Adams, concordou. Ele sugeriu que escrever criativamente era uma simples questão de "olhar para um pedaço de papel até suas orelhas sangrarem".

Os grandes profissionais de criação são movidos por extremos, procurando noções do pensamento periférico. E não é de surpreender que uma grande idéia seja freqüentemente mais difícil de vender aos clientes do que uma noção mais familiar, mais difícil de ser produzida. Torne o relacionamento cliente-agência mais tenso. Às vezes, procure trabalhar com pessoas difíceis.

Para ter sucesso, uma marca deve acolher uma idéia e confrontar sua questão-chave de negócio. Transformar essa questão deveria ser o objetivo simples. Isto significa impor um desafio que seja grande, corajoso, ambicioso — o maior que se possa imaginar.

Se você o concretizar, deixará de ser sonho.

Procure estabelecer o padrão. Alto o suficiente para sua concorrência invejá-lo.

Um número muito grande de campanhas é escrito para manter o statu quo. É por isso que elas são medianas.

A propaganda costumava ter como objetivo ser memorável, mas isso faz sua visão ser modesta demais. Atire na fama. O que for genial deixará as pessoas falando a respeito. Os comentários sobre uma marca se espalham mais convincentemente que qualquer orçamento de mídia.

As pessoas conversam sobre propagandas geniais e se tornam fãs de marcas.

A fama significa que você está sempre sendo considerado. Linhas e ícones de marca famosos se tornam parte do léxico da cultura popular.

A propaganda genial mantém a marca continuamente renovada e permite que ela apareça mais naturalmente em conversas da vida real, o que facilita as recomendações.

As propagandas geniais oferecem a colocação de um produto na vida real.

Idéias como estas agregam valor a produtos acima do desempenho real do produto. A própria comunicação cria um valor tangível. Há uma noção de pertencer a algo especial.

As idéias geniais vão fundo no solo da memória e constroem um reservatório intocado de valores da marca. Um japonês, cliente meu, costumava chamar isso de "o benefício invisível".

O que tudo isso tem a ver com Elefantes de Prata? Graham Warsop, fundador da famosa agência sul-africana The Jupiter Drawing Room, acredita que você não pode encontrar o que está procurando.

Se você estiver caçando grandes idéias, geniais, precisa de munição potente.

A LEI DO ELEFANTE DE PRATA, POR GRAHAM WARSOP

Introdução

À primeira vista, os títulos de capítulos deste livro deixarão a maioria dos experientes praticantes de propaganda acenando a cabeça, entendidos que são. A Lei da Simplicidade, a Lei da Relevância, a Lei do Posicionamento... não se pode negar a veracidade dessas leis consagradas.

Mas, pode-se dizer o mesmo de uma lei que leva o título codificado "A Lei do Elefante de Prata"?

Espero que sim.

Espero provar que um dos componentes essenciais da grande propaganda tem menos a ver com a teoria da execução e a técnica, e tudo a ver com um determinado estado mental. Um estado mental que é tão fundamental à produção de uma ótima propaganda, que merece ser protegido por lei.

Alguns Pressupostos

Este livro não trata de leis relacionadas à criação da propaganda em si. Sem dúvida, toda lei descrita poderia ser ignorada, e algo semelhante à propaganda, produzido. O que mais nos interessa são as leis irrefutáveis que regem a origem da grande propaganda, e, por *grande* propaganda, refiro-me à propaganda que é suficientemente distintiva, atraente e relevante, que se destaca de seus rivais na categoria e resulta em aumento de vendas e/ou maior valor de marca para o produto ou serviço que está sendo anunciado.

Também não se deve supor que esta lei particular esteja limitada ao formato previsível do filme de televisão de 30 segundos. Esta lei adota a propaganda em todos os seus formatos e aspectos. A propaganda tem a função de atrair a atenção e a mente. Da mesma forma, a embalagem, ou o design da embalagem, estão lá para chamar a atenção e a mente para a marca.

Definindo a Lei do Elefante de Prata

A Lei do Elefante de Prata pode ser definida como a *propaganda genial (trabalho forte, distintivo, relevante, que aumenta as vendas e constrói o valor da marca). Propaganda que conta com a imaginação de um ou mais indivíduos com o desejo: (1) de trazer para o mundo algo que nunca existiu, e (2) de fazer algo de tal forma que supere o que já foi feito antes.*

Na Inglaterra, a lei do assassinato exige duas provas. Uma intenção mental (*mens rea*) e um ato físico (*actus reas*). A Lei do Elefante de Prata, do mesmo modo, tem dois componentes: a intenção mental de produzir algo que nunca foi feito antes, e o ato físico de executar a intenção com sucesso.

Vamos ilustrar a Lei do Elefante de Prata com um exemplo. Duas equipes de criação têm exatamente o mesmo brief em suas mesas. O brief é bom. Cada equipe o aborda com uma mentalidade diferente.

Equipe Um (A Trajetória da Equipe Menos Resistente)

"Temos este brief, achamos que sabemos o que o cliente quer. Ele quer algo seguro. E seguro talvez seja o certo para esta marca. O cliente vai pesquisá-la, por isso, ajudará se a solução que propusermos tiver familiaridade com ela. Sabemos que as pessoas são atraídas pela propaganda que tem algo familiar. Uau! É assim que vamos fazer."

Equipe Dois (A Equipe do Elefante de Prata)

"O que podemos fazer para tornar as soluções propostas por nós realmente distintivas? Vamos examinar o que está sendo feito, no mercado, para os concorrentes de nosso cliente. Deveríamos visar à produção de algo que nunca foi feito antes na categoria. Provavelmente não será fácil vendê-la ao cliente, mas se for distintiva, e se destacar, se for relevante, e de acordo com o brief, esperamos que o cliente perceba que o gasto com a propaganda dele compensará mais. Achamos que o cliente está procurando algo seguro, mas esperamos que ele perceba que a propaganda segura é a propaganda mais arriscada de todas, porque ela corre o risco de não ser vista."

Vamos fazer mais algumas observações sobre a mentalidade da equipe do Elefante de Prata.

É provável que eles partilhem um caráter comum (e não tão comum). Devem estar trabalhando para algo mais que o dinheiro. São movidos pelo desejo de estar acima das fórmulas imitativas da propaganda e de criar algo verdadeiramente original, que se destaque. Pode ser que, no grandioso esquema estabelecido, a propaganda não seja, como Neil French observa corretamente, "a coisa mais importante do mundo". Mas, para eles é. Para eles, o sorriso certo, a duração da passagem de uma cena para outra, a escolha de um determinado tipo de rosto e seu formato merecem muitas deliberações difíceis. Sacrificar noites e fins de semana em uma ilha de edição para produzir, aprimorar e refinar a comunicação, não envolve apenas dinheiro. Há uma força propulsora maior, e ela é fundamental para o sucesso da maioria dos melhores trabalhos e da maioria das excelentes propagandas que se produzem no mundo. Há uma satisfação pessoal que vem do ato da criação, de trazer para o mundo algo que nunca existiu, de fazê-la de tal modo que fatalmente tocará, agradará, encantará, convencerá e seduzirá um grande público.

Nossa equipe do Elefante de Prata reconhece que a propaganda excelente surge quando a força que propulsiona o ato de criar atende à necessidade racional de vender. O ponto ao qual essas trajetórias convergem é onde reside a grandeza. É neste solo que serão plantadas as sementes que proporcionarão colheitas repletas de recompensas gigantescas para as marcas. Ao examinar o exemplo de personalidades como Bernbach, Ogilvy, Abbot, Hegarty e Delaney, você notará que eles se importam sinceramente com o sucesso ou o fracasso das marcas que comunicam. Eles se preocupam com a propaganda forte, pois é ela que cumpre a promessa ou estabelece o posicionamento da marca.

O desejo de nossa equipe, de criar algo melhor, original, reside no coração desta lei. Eles se perguntam por que o mundo está tão repleto de propagandas sem graça. Eles querem saber por que tantas estratégias traduzidas em comunicações não formam geradas pelo talento. Todos podem atender ao requisito de criar algo estrategicamente sólido e seguro. Poucos parecem fazer aquele esforço extra e ainda perguntar a si mesmo que sentimento aquilo lhe traz. Poucos vão além do racional. Poucos apelam para as emoções e captam a imaginação. Nossa equipe não se senta para escrever uma propaganda que seja a 20ª melhor, a 10ª melhor ou mesmo a 2ª melhor na categoria. Queremos criar a melhor que podemos.

A base de todas as premiações internacionais de publicidade não deveria reconhecer e recompensar o trabalho que não existia antes, e que foi trazido para o mundo? O trabalho executado de forma a ser melhor que qualquer outro produzido naquela categoria naquele ano?

Vamos deixar nossa equipe de criação batalhar com o brief.

A Lei do Elefante de Prata surge realmente como uma força propulsora da propaganda excelente, quando o cliente/profissional de marketing/fabricante exibe o mesmo desejo de trazer ao mundo algo que não existiu antes, de fazê-lo se destacar daquilo que veio antes, e obter sucesso ao traduzir esse desejo em realidade. Tais clientes acreditam na inovação. Extremamente conscientes do "mar da mesmice" que existe na maioria das categorias de produto hoje, eles colocam enorme ênfase na necessidade de tentar criar um produto ou marca que se destaque genuinamente. Eles não contam apenas com uma mensagem publicitária que dê distinção à sua marca. É provável que eles se façam freqüentemente a pergunta: "Como posso tornar meu carro, sapatos, doces (insira produtos aqui) originais e extraordinários?"

Portanto, é adequado que a pessoa escolhida para representar a Lei do Elefante de Prata seja um inventor. Um fabricante. O dono de uma marca. Um cliente.

Ele foi um cavalheiro italiano que representava as virtudes da imaginação, da perseverança e da visão (todas as qualidades do Elefante de Prata) em grande medida. Ele fabricava carros. E seus carros levavam seu nome: Bugatti. Um nome que até hoje mexe com o coração de todo amante das maiores marcas. Ettore Bugatti nasceu em 1881. Aos 17 anos, deixou a escola de artes para perseguir sua paixão pela engenharia. Aos 29 anos, abriu sua fábrica e se pôs a construir alguns dos maiores automóveis do mundo. Aos 40 anos, já havia conseguido muito. Seu Type 35 era reconhecido como um dos melhores designs de corrida de seu tempo. Mas isso não bastava para Ettore. Ele decidiu que iniciaria o design e a produção do maior carro a motor do mundo.

Assim nasceu o sonho de Ettore Bugatti pelo Royale, um carro que seria melhor que todo automóvel anterior a ele. Primeiro, concebeu a idéia de trazer ao mundo algo que não existira antes (*mens rea*). Depois, começou a transformar aquele sonho em realidade (*actus reas*).

Não se pode deixar de admirar a grandiosidade de sua visão e sua determinação. Quando o Rolls Royce mais caro da época custava 40.000 dólares americanos, o Bugatti Royale custava o dobro, só pelo chassi. O carro tinha um motor tão potente que a segunda marcha o levava praticamente de zero para 150 km/h. Seu design era de sublime elegância, apesar do tamanho colossal. (Seu comprimento chegava a mais de 7 metros, e a distância entre os eixos tinha o dobro do comprimento dos Corvettes, da Chevrolet!) Muito importante, para Bugatti, era que construir o maior e mais caro carro não bastava. Ele também tinha de ser o melhor. A qualidade era tudo.

Em um mundo onde os profissionais de marketing e suas agências usam cada vez mais todos os poderes à sua disposição para seduzir, incentivar, convencer, e às vezes ludibriar os clientes potenciais, levando-os a comprar, Ettore adotou exatamente a abordagem oposta. Seus Royales eram tão preciosos, do ponto de vista conceitual e real, que ele não desejava simplesmente vendê-los. Queria vendê-los apenas aos que fossem capazes de apreciá-los realmente. Por isso, os compradores potenciais precisavam se apresentar ao Sr. Bugatti (ou *Le Patron,* como ele era conhecido afetuosamente), para expressar seu interesse pelo Royale. Receber um convite para ir à sua casa em Molsheim, Alsácia (onde a fábrica estava instalada), indicava que o candidato havia superado o primeiro obstáculo. Durante uma semana, o Sr. Bugatti avaliava os compradores potenciais, para se assegurar de que eles fariam justiça ao nome e à reputação do Royale. Seus critérios, não revelados, parece que incluíam a capacidade de levar adiante uma boa conversa e mesmo o comportamento elegante à mesa. Após a avaliação, o candidato selecionado recebia por escrito a decisão de *Le Patron*, e mais nenhuma outra correspondência.

Imagine receber um pedido de criação de uma campanha publicitária para um carro que o dinheiro, sozinho, não pode comprar.

Não deveria ser surpresa que, ao se decidir pelo mascote do carro, Ettore Bugatti não tivesse conduzido qualquer grupo de discussão. Ele não avaliou o Espírito de Êxtase do Rolls Royce, nem procurou algo que rivalizasse com sua graça divina. Simplesmente escolheu uma escultura criada por seu irmão mais jovem, Rembrandt Bugatti. Era de um elefante em pé, brincando. E assim o elefante (não necessariamente o símbolo mais óbvio, nem o mais apropriado para um carro extremamente elegante, capaz de atingir velocidades superiores a 200 km/h) ocupou seu lugar na história. O mascote foi assinado pela Valsuami Foundry (a fundição mais respeitada de seu tempo) e fundido em prata, em um molde de cera.

Hoje, parece que todas as decisões são colocadas nas mãos dos consumidores. Raramente os profissionais de marketing dão um passo sem insistir em passar o assunto por um grupo de discussão. Deus me livre. Os grupos de discussão decidem até os finais mais populares de filmes. A Lei do Elefante de Prata desafia os profissionais de marketing a tomar a iniciativa de serem suficientemente corajosos, valentes e confiantes para tomar decisões próprias sobre o que é certo para suas marcas. E reconhecer que uma mentalidade "maçante, séria, imitativa, siga o líder, experimente e copie o melhor concorrente" está errada nesses tempos difíceis e exigentes.

Certamente, haverá alguém para destacar que, devido ao Crash de Wall Street, só seis Royale de Bugatti foram fabricados e, desses, apenas três foram vendidos novos. Para eles, lembramos que em uma fria noite de novembro de 1987, no Albert Hall, de Londres, a Christies vendeu um Bugatti Royale, em leilão, por 5 milhões de libras, o preço recorde mundial alcançado por um automóvel.

Há, sem dúvida, muitas pessoas que não entenderão a mensagem da Lei do Elefante de Prata. Dirão que nem sempre ela fala em construir o maior e o melhor. Escapará de sua atenção que a filosofia de Ettore Bugatti está protegida pela Lei do Elefante de Prata. Ele poderia ter sido fabricante de bicicletas, máquinas de lavar ou de sabões em pó. A lei, na verdade, não tem nada a ver com carros. Ettore demonstra um estado mental, uma atitude. Diz respeito a querer fazer algo extraordinário e ter a visão, a perseverança, o talento e a imaginação para realizar esse esforço e chegar ao sucesso.

Acontece que Ettore Bugatti construiu o carro maior e mais caro que o mundo já viu. Presume-se que os inventores do Smart, da DaimlerChrysler, tiveram exatamente o objetivo oposto. No entanto, eles prezam cada letra da Lei do Elefante de Prata, tanto quanto Ettore Buggati. O carro Smart é original. É diferente de tudo o que existe em sua categoria. Incorpora excelente design e exigiu visão e imaginação para se tornar realidade. (E pode ser que este seja um aspecto importante. Com os diferenciadores genuínos de produto, baseados na qualidade, tornando-se cada vez mais raros, a importância do design se torna cada vez maior.)

Conclusão

É importante reconhecer que todos os dias, no mundo inteiro, milhares de agências produzem comunicações sólidas, satisfatórias, que provavelmente atingem o mercado de uma forma razoável. Mas este capítulo e este livro não estão interessados em propaganda que faça um trabalho razoável. Preocupam-se com aqueles trabalhos que, por sua originalidade e relevância, tenham uma excelente repercussão no mercado.

Ettore Bugatti era um visionário. Ele não formou grupos de pesquisa para saber qual era a lacuna no mercado. Ele não examinou concorrentes bem-sucedidos e tentou imitá-los. Ele simplesmente se pôs a criar do nada. E se dispôs a produzir algo extraordinário.

A Lei do Elefante de Prata é, como sugerido, um componente vital na busca da propaganda. Na melhor situação, conta com o desejo, tanto da agência quanto do cliente, de querer trazer ao mundo algo inédito, de modo a superar tudo o que chegou antes. Ambas as partes reconhecem que em um mercado lotado, uma palavra impera: imaginação. Não apenas a imaginação para conceber idéias poderosas, mas a imaginação para levar novos produtos, estilos e designs ao mercado. Ambas as partes querem fazer o orçamento funcionar mais, exigindo, aprovando e sentindo satisfação com um trabalho que quebra o código da categoria. Do ponto de vista da propaganda, a capacidade de traduzir esse desejo em realidade é um atributo imensamente valioso. Os clientes devem reconhecer essa fagulha, e devem fazer tudo o que estiver ao seu alcance para acendê-la ainda mais, em vez de extingui-la. Devem buscar. Aproveitar. Recompensar. Devem saber que é importante o que está contido em uma lei e gravado em uma pedra. Ou melhor, em prata fundida em molde de cera.

17

CAPÍTULO

A Lei da Conversa

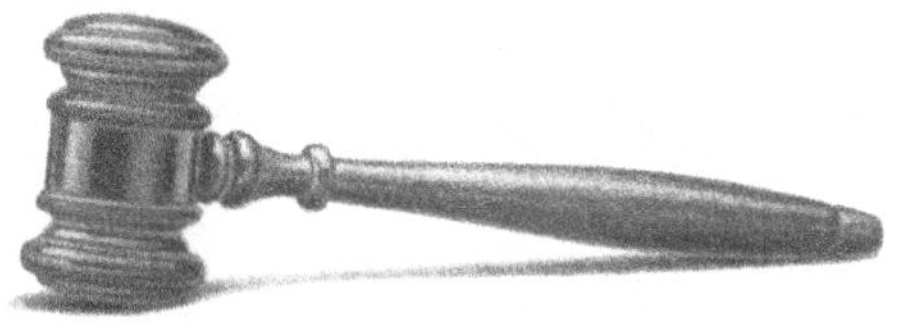

"Com quem estamos falando?" Esta é a pergunta que surge durante a formulação de cada campanha a ser realizada. A ênfase é sempre na palavra *quem*. É sobre o alvo.

Entretanto, o erro é esquecer a segunda parte: *estamos falando.*

Tradicionalmente, é claro, a propaganda tem 'falado com alguém'. Supõe-se que isto tenha mudado nos anos recentes. Mas o jargão do marketing de hoje sobre estabelecer um diálogo com o consumidor é muito isso. Um jargão.

Muitos profissionais de marketing estão tentando personalizar suas marcas, fingindo ser como as pessoas reais, e não estão conseguindo. É como falsear a sinceridade. Pura conversa fiada. A não ser que você seja verdadeiro, e realmente cuidadoso, acaba chegando à personalização despersonalizada.

Conversar com uma população não é o mesmo que se dirigir a uma única pessoa. (No marketing, é o equivalente a 'Eu ouço vocês', em vez de 'Estou escutando você'.)

É preciso que haja uma mudança radical. Ela tem sido descrita como um salto da era do *expert*, para a era do *contador de histórias*.

Em termos de comunicação, a mente evoluiu para absorver histórias. Nossos genes desenvolveram, no cérebro, módulos de linguagem especializados, e as histórias informam nossa memória cultural compartilhada.

Se você sabe *quem* é que você quer agradar com sua marca, mude o foco: em vez de lhe dizer o que fazer, foque no que *ele* realmente precisa e quer.

E o que as pessoas realmente querem da propaganda de sua marca é o engajamento. Elas querem sonhos, memórias, paixão e risada. Querem histórias que os alimentem.

Não apresentações de vendas.

Não discursos.

Não sermões.

Não briefings de produto.

Acostume-se à idéia de que ninguém está interessado em saber, por meio da propaganda, quais são as características do seu produto.

Há mascates demais hoje em dia, me disse um cliente sábio certa vez, pois um número muito grande de profissionais de marketing está esquecendo seu papel. Os profissionais de marketing deveriam estar contando histórias. Vendendo narrativas intangíveis. É assim que se vende seguro de vida, com histórias — caso contrário você está oferecendo apenas folhas de papel colorido e um cheque, em caso de morte.

"Ouça, enquanto conto minha história com sinceridade descarada." Foi assim que o cineasta italiano Federico Fellini definiu o papel. Ele disse: "Nosso dever, como contadores de histórias, é levar as pessoas para a estação..." Faça isso de modo atraente e elas embarcarão no seu trem.

Neil French, diretor de criação da O&M Worldwide, pioneiro da alta criatividade no mundo asiático, sabe umas coisas sobre a sinceridade descarada. O que segue é um papo esclarecedor sobre como *conversar* com as pessoas, quando você sabe 'com quem você está falando'.

A LEI DA CONVERSA, POR NEIL FRENCH

Quando Mike me pediu para escrever este texto, achei muito peculiar. A própria idéia de escrever um capítulo inteiro me deixou ansioso.

"Mas você é um redator", ele disse.

"É exatamente por isso", gaguejei. "Escrevo pequenos textos publicitários, pequenos argumentos sucintos. Não sermões e solilóquios".

"Bem, faça o melhor que puder", ele recomendou.

Aí me comprometi a fazer.

Depois fiquei inquieto de novo.

O livro seria chamado 'As Leis da Propaganda e quando violá-las'. Minha visão de todas as 'leis' a respeito de qualquer processo criativo (mesmo aquele tão marginalmente criativo quanto fazer propagandas) é que elas deveriam ser violadas de cara. Isso significa que eu estaria propondo algo que, por sua natureza, deveria ser ignorado.

Há um ponto filosófico esplendidamente niilista nisto, mas não que justifique digitar este texto, em vez de sentar-me ao sol. Tive a chance de escrever o capítulo 'O Transgressor', mas M.T., sendo mais jovem e muito mais ágil, o agarrou primeiro. Quando este compêndio for publicado, lerei primeiro o capítulo dela.

Mas, então, fiquei pensando: Por que eu não *consigo* escrever muito? Por que considero impossível escrever um livro? E acho que cheguei a uma resposta.

Para mim, escrever uma propaganda é conversar com o papel. Não é realmente escrever. É apenas um papo. E eu sei que, a partir de um assunto interessante, posso segurar um público com uma história, por um determinado tempo — e nem mais um segundo. É triste, mas minha habilidade fica mais 'solta' , como tantas outras coisas, com a bebida. É por isso que às vezes pode ser que você me veja papeando alegremente, de madrugada, com um bêbado e um policial legal, que está tentando me manter de pé.)

A Arte da Conversa. Este é o título de um livro que nunca vou escrever. (E uma vez que este capítulo precisa se relacionar a "Leis", sinta-se livre para substituir 'Arte' por 'Lei' e em seguida ignorar totalmente o que fez.)

Não há leis. A *arte* diz respeito a conhecer seu público. O comatoso alcoólico, por exemplo, não é um público, visto que, para ele, minha brilhante oratória é tão atordoante quanto um enxame de vespas. O guarda legal não é um público, e está contente porque eu não estou cantando 'My Way'. O público era o grupo que parecia totalmente cativado, meia garrafa atrás, e que eu perdi em algum lugar, no meio do caminho.

Para onde eles foram? E por quê?

Bem, 'para onde' é fácil. 'Para qualquer lugar onde não possam ouvir este idiota'.

Mas por quê? Novamente, acho que sei.

Eu os perdi no momento em que parei de conversar com cada um, e comecei a falar garbosamente para 'o público'.

É por isso que a maioria dos discursos políticos e dos sermões é tão maçante. O orador tem uma mensagem para todos e insiste em *falar* para todos. O truque é falar para uma pessoa da sala, sabendo que muitas outras também acharão que você está falando só para elas, de modo pessoal e íntimo.

É sabido que quando Adolf Hitler discursava, nos comícios maciços de Nuremberg, todo membro de seu público achava que ele, pessoalmente, estava sendo convocado a ajudar o Fuhrer.

Quando Winston Churchill falou na rádio de um 'lugar na praia', milhões de homens e mulheres se viram ao lado dele sobre os rochedos da praia, olhando desafiadoramente para o mar.

Kennedy estava falando para os jovens, os idealistas, a geração que o via como uma versão mais jovem e mais sexy do próprio pai, quando os exortou, ao perguntar: "O que você pode fazer para o seu país?". Você — no singular.

E é assim que as propagandas funcionam muito bem. Quando você as lê, sente que são dirigidas diretamente para você. No fundo, você sabe que milhares estão sentindo o mesmo que você, mas isso não a estraga. De certa forma, só a engrandece: você faz parte de um grupo selecionado.

Quando você vê uma propaganda com um texto longo, sabe que é para você, pois você é um leitor ávido. Então você a lê — até que, como aquele sujeito de fala monótona, ela o aborrece. Quando você se depara uma piada visual inteligente, sente-se mais próximo da marca — em grande parte porque sabe que tantas pessoas não "vão entender". É assim que o marketing, dirigido para o jovem, funciona. E um dia, quando os donos de marcas acordarem e virem que o dinheiro das pessoas maduras é mais numeroso, eles terão de conversar com os coroas.

A coisa esplêndida e indispensável que todos nós temos à disposição, como redatores e produtores de propaganda, é a escolha do meio.

Deixe-me importuná-lo com um de meus assuntos favoritos. Acho que toda propaganda é, em certa extensão, grosseira e desagradável. Vamos dizer de que forma:

O material impresso que entope sua caixa de correio todos os dias. Uma pilha irritante de papéis e um desperdício de árvores em perfeito estado. Você precisa vasculhar tudo aquilo para pegar as contas e a carta de Tia Maisie. E o mais irritante são aquelas correspondências disfarçadas de contas ou de cartas de Tia M.

Spam em seu correio eletrônico. Nem vamos ter o trabalho de discutir.

Propagandas de televisão. Imagine por um momento que você e sua família estejam assistindo... Não sei... à corrida de Fórmula 1, por exemplo. Bem na hora em que Eddie Irvine vai fazer uma ultrapassagem perigosa, e Barrichelo está na cola de Coulthard, um homem de terno entra em sua sala, fica bem no meio da tela da televisão e tenta lhe vender um carro! Pior: ele tem o direito de estar lá, e não vai sair! É isso o que fazemos para viver. (Confesso que *nunca* vou comprar um Honda-*qualquer* coisa, enquanto eu viver, só por conta de suas propagandas mal colocadas, e feitas na hora errada, como patrocinadores da Fórmula 1. Mas é isto o que importa. As pessoas tomam nossas grosserias como *algo pessoal*.)

O rádio. Acho que é menos desagradável, porque ninguém ouve rádio ativamente, mesmo. E, de qualquer modo, as propagandas geralmente são tão ruins que é impossível prestar atenção nelas. Se você é um dos perpetradores de propagandas de rádio, observe que uma voz engraçada não é uma idéia, e uma voz engraçada gritando, menos ainda. Tente dizer algo interessante. Mas talvez você não *saiba* dizer nada interessante. (Vê? Você pode insultar um redator de comerciais de rádio facilmente, da mesma forma como ele insulta a sua inteligência. Ele nem vai perceber, assim como você nem ligou para ele.)

Mídia impressa. Vejamos as revistas, por exemplo. Eu nunca fiquei realmente *incomodado* com uma propaganda de revista, exceto com aquele monte de anúncios nas primeiras páginas da revista *GQ*. Eles me incomodavam só porque eram todos iguais, não podiam funcionar, e respondiam pela metade do peso da revista. Eu não comprava os produtos anunciados. Eles eram desagradáveis simplesmente por estarem lá. Por outro lado, bancavam a maior parte do custo da revista. Resolvi: vou agüentar esses anúncios.

Jornais. Tenho de admitir que sou um tremendo fã de jornais. Com exceção de alguns cadernos enormes, péssimos, nunca há propaganda suficiente para ser um incômodo. E as *melhores* propagandas de jornal são inventivas e atuais, às vezes inteligentes. Eu me sinto inteligente e fico lisonjeado de ser tratado assim.

Portanto, aqui está. A propaganda que parece estar falando exclusivamente com um indivíduo é muito menos grosseira que a escola de comunicação que defende aquele: "Ei, vocês! Ouçam isto!"

Agora, vamos entrar em algo mais profundo.

Olá.

Olá!

Por que você está tropeçando na minha mesa? E quem é aquele cara legal, vestido de azul?

18

CAPÍTULO

A Lei da Simpatia

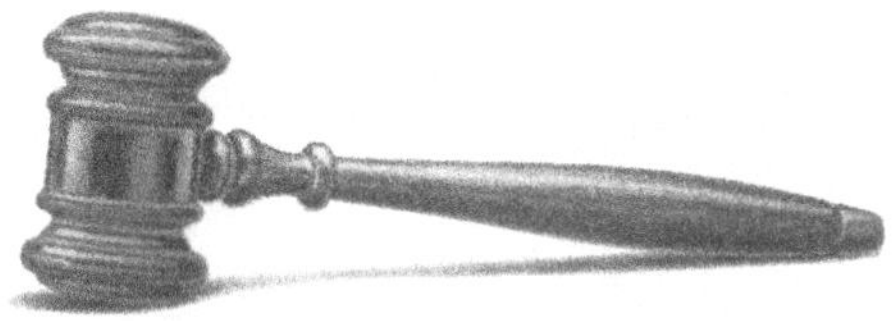

Cabeças rolam, há uma briga de cães, cada um por si, e o ataque é a melhor defesa... Você sabe o que eu quero dizer. É uma selva. E todos estão tentando morder suas costas. Mesmo assim, este livro prega a amizade, o afeto, a emoção e o humanismo.

Sejamos francos, é difícil ser sinceramente afetuoso em um negócio frio. No entanto, a propaganda é um negócio que envolve idéias, é imaginação aplicada ao marketing, é uma ferramenta evolutiva instintiva, desenvolvida como meio de assegurar a sobrevivência nesta selva.

Isto significa que o processo um tanto racional, para se chegar a uma ótima propaganda, deve ser elaborado cuidadosamente, de modo a evitar que pedras preciosas sejam atiradas no lixo.

A idéia deve estar à frente do procedimento. Caso contrário, as maquinações podem ser difíceis, moderadamente eficientes, e produzir uma campanha que agrada a todos os interessados na marca, e, infelizmente, fracassará miseravelmente no mundo real.

Clientes desmotivados nunca vão se superar.

A cultura de uma organização criativa (e as empresas que detêm marca *devem* ser assim) dá a seus funcionários sua força e lhes permite canalizar e aplicar seus talentos.

Ótimo, as idéias transformadoras vêm de culturas que confiam em si.

O CEO da BBC de Londres explicou, certa vez: "Você não pode produzir uma televisão excelente em uma organização que está deprimida... o desafio é fazer a organização acreditar em si".

Em uma cultura empresarial, o caráter é o destino. E as culturas confiantes crescem e alimentam as próprias realizações.

Nos círculos acadêmicos, dizem que cultura é como o sexo: é impossível enfatizá-la demais ou de menos.

No entanto, uma cultura de medo, de prazos que ora o fazem correr, ora ficar parado, esperando, e de exércitos de homens sem personalidade, abomináveis, é apenas o início dos problemas que uma grande idéia, bem ponderada, deve superar, antes de ter a chance de fazer seu trabalho no mercado.

Embora o ego criativo possa parecer forte ao observador casual, a idéia em si é muito vulnerável no estágio embrionário. As idéias são frágeis e podem ser esmagadas insensivelmente por um franzir de testa da pessoa errada, em uma reunião. "Assim como o jeito como alguém serve o seu chá... pode paralisar a criatividade", explica Lisa Gerrard, compositora do filme *Gladiador*.

Dizem que as idéias são como tomates, mais fáceis de crescer do que de plantar.

O diretor de criação de uma agência deveria ser como um agricultor. Jamie Barrett é diretor de criação da Goodby Silverstein & Partners, de São Francisco, e é responsável pelo desenvolvimento de algumas soluções maravilhosas de criação, a partir de suas plantas sensíveis.

Idéias que se tornaram lucros bons, carnudos, suculentos para seus clientes.

A Lei da Simpatia, por Jamie Barrett

Antes de começar meu capítulo sobre a Lei da Simpatia, tenho algumas confissões a fazer.

Sou tão burro em propaganda quanto qualquer um.

Há centenas de telefonemas que ainda não retornei, além de ter apagado milhares de e-mails pessoais sem respondê-los. Perdi dúzias de contas, só para ganhar uma conta nova. E, em algum momento, ridicularizei todos os clientes que tive — pelas costas, é claro.

A lista de coisas pouco simpáticas que fiz continua. Um de meus atos mais recentes, nada agradáveis, foi prometer entregar este capítulo sobre a "Lei da Simpatia" quatro meses atrás, e não o entreguei até hoje, o que não é propriamente simpático.

Mesmo assim, não pense em mim como um pregador que pratica todas essas "gentilezas", mas como um sujeito que acredita que vale a pena ser simpático, atencioso, e que quer melhorar nesse aspecto.

Tendo feito minha confissão, vou agora presumir que tenho autoridade para falar sobre a importância — na propaganda — de ser simpático.

Em resumo, minha tese é a seguinte: quando você está contente, faz seu melhor trabalho. E quando está um saco para as pessoas, é porque não está muito satisfeito.

Estar satisfeito em seu trabalho é importante também por outra razão. Considere quanto tempo gastamos fazendo esta loucura que chamamos de propaganda.

Uma semana tem 168 horas. Tire 56 de sono (oito horas por dia). Restam 112 horas de vigília. Agora, some os finais de semana, feriados, as noites até tarde, os trens, aviões, vãs alugadas, táxis, mais o tempo que gastamos pensando ou conversando sobre o trabalho, quando não o estamos realmente realizando, e eu estimaria, conservadoramente, que entre metade e dois terços de sua vida adulta, com você acordado, vão girar em torno... da propaganda.

Logo, faço a pergunta: Por que passar dois terços de sua vida sendo um saco? O cara sacana, na propaganda, é como o anthrax. Você não quer que ele toque em ninguém, influencie ninguém, nem seja inalado por alguém. Quando você tem evidências suficientes de que alguém está sendo sacana, tire o agressor de seu escritório. Esterilize a cadeira e a mesa.

Ser simpático não significa ser uma Poliana que fala meias verdades, poupa sentimentos e doura pílulas. Mas há meios de dar más notícias, ou fazer críticas, que não levam as pessoas a se sentirem tão inúteis quanto uma conta pontocom. Trabalhe no que vai oferecer. Encontre, no que é negativo, indícios de coisas positivas. Quando as pessoas saírem, não as chute para fora. Leve-as até a porta e ajude-as a imaginar a próxima porta que faz sentido para elas.

Os sacanas obtêm sucesso? Temporariamente, sim. Ouvi dizer que Ed McCabe é um idiota pirado, mas ele fez uma boa corrida. Acho que olhava alternadamente para a esquerda e para a direita, via várias pontes queimadas e não se sentia bem com isso. O desejo de obter sucesso é uma das necessidades mais básicas, mas eu sugeriria que o desejo de causar impacto positivo nas pessoas à sua volta é o mais fundamental de todos. Se não for conseguido, todo o sucesso cai por terra.

No final, ninguém irá ao seu enterro só porque você escreveu uma boa frase. Ou porque você ganhou dinheiro com algumas opções de compra de ação, quando sua agência abriu o capital. Ou porque você soube agir melhor que outra pessoa e conseguiu uma promoção. Seu maior legado será o que as pessoas sentiram por você, e não o seu trabalho.

É claro que normalmente o sucesso e a 'simpatia' andam de mãos dadas. George Bush escreveu dezenas de milhares de agradecimentos, em sua época. Você pode ter suas questões com George, algumas não tão positivas. Mas você precisa admitir que ele é simpático. E também tem de reconhecer que com a simpatia ele 'abriu' seu caminho até a presidência dos Estados Unidos.

Outro grande exemplo em que a simpatia é uma trajetória para o sucesso vem do mundo dos esportes. Você sabia que Cal Ripken é um batedor que acerta 27% das tacadas? Para alguém que foi o maior astro do beisebol de sua geração, os números dele parecem ruins. Ele é, de fato, um grande jogador, mas eu diria que sua fama e popularidade se devem ao fato de ele ser simplesmente um 'cara simpático'. Jose Canseco, Ricky Henderson, Barry Bonds — são jogadores com dados estatísticos melhores, mas todos uns idiotas renomados. Você já leu algum artigo sobre Bonds que não fizesse referência ao fato de que ninguém gosta dele?

Há uma biografia maravilhosa de Ripken chamada *The Power of Nice*. E é verdade, a simpatia é poderosa. É verdade na vida, é verdade no beisebol e, bem, é verdade em propaganda. Como qualquer negócio competitivo, a propaganda tem sua parcela justa de pessoas não-tão-simpáticas. Mas, se você pensar nisso, esta é uma oportunidade para todas as pessoas que tentam tratar bem os outros, que tentam ser simpáticas.

Esta é a velha teoria da propaganda, de estar à frente da multidão. Se há muita coisa 'que não é tão legal' nela, o que é 'bom' se destacará ainda mais. Vai superar os obstáculos — um modo horrivelmente cínico e manipulador de olhar as coisas, mas é a dura verdade. E, veja, se você quer ganhar alguma coisa sendo simpático com as pessoas, qual é a desvantagem disso?

Você pode se perguntar por que A Lei da Simpatia é particularmente relevante na publicidade e menos, digamos, na contabilidade. É claro que tratar as pessoas com respeito não é má política, não importa qual seja a área de trabalho. Mas eu diria que é de importância ainda mais crítica na sua área.

A propaganda é uma das ocupações mais subjetivas que há. Envolve criatividade, que é, com efeito, expressão pessoal. É uma expressão de si mesmo, o que significa que toda vez que um trabalho é avaliado, é inevitavelmente pessoal. Os egos estão na sala. Sentimentos de valor próprio. E porque os méritos de uma propaganda são difíceis de quantificar, acaba sendo a opinião de uma pessoa versus a de outra.

É mais fácil dizer a alguém que ele estocou produtos de maneira errada do que lhe dizer que suas idéias não são convincentes. Não acho que haja muitas pessoas sacanas em nossa profissão. Apenas acho que a natureza de nosso trabalho traz nosso 'espírito sacana' à tona com mais freqüência. Precisamos ser sensíveis a isso.

Você é um sacana? Vale a pena perguntar-se isso. Se o seu título é Executivo-Global-Diretor-de-Criação-As-Outras-Pessoas-Fazem-o-Trabalho-e-eu Ganho-os-Créditos-no-Mundo-Todo, então, sim, provavelmente você seja um sacana.

Mas, 99 vezes entre 100, a resposta é não, você não é um sacana. Você às vezes pode agir como um sacana — todos nós fazemos isso. De qualquer modo, o importante é reconhecer seu comportamento sacana quando ele está começando a se manifestar e, o mais rápido possível, colocá-lo no canto escuro de seu cérebro, de onde ele surgiu.

A simpatia tem realmente um oponente, e seu nome é ego. Querer vencer o outro sujeito faz parte de nossa personalidade, tanto quanto querer estar com aquela(e) bela(o) recepcionista. Mas são necessidades biológicas que temos de sentir e controlar.

Gosto de pensar na propaganda como se fosse um pouco como o golfe. Os grandes jogadores de golfe competem de forma diferente. Eles não olham para o placar durante a rodada, nem ficam obcecados com seus concorrentes. Eles olham para a próxima jogada e ficam obcecados com a melhor maneira de fazê-la.

Aplique o mesmo pensamento na sua vida em propaganda. Não gaste energia comparando seu trabalho ao daquele do sujeito lá embaixo, ou ao da pessoa que tem seu nome depois de 20 páginas listadas no índice do livro *One Show*. Gaste sua energia na criação da próxima propaganda genial.

É provável que você encontre quem faça propagandas tão ou mais celebradas que as suas. O que há de errado nisso? Ora, dê apoio a outras pessoas talentosas — de sua agência e de outras. Quando você é invadido por esse sentimento pesado de inveja, pergunte-se: Eu preferiria estar em um setor que produz uma tonelada de merda? Entrei no ramo de criação porque tive a sorte de me envolver com redatores e diretores de arte, e o trabalho deles me inspirou. Tentei usar essa inspiração para alimentar meu trabalho. E ainda faço isso.

É mais fácil falar que fazer, é claro. Se um profissional de criação está sendo honesto, admitir isso é incrivelmente difícil. Imagine se todos os grandes romancistas trabalhassem no mesmo piso do mesmo edifício. Ou todos os dramaturgos. Ou os grandes roteiristas. A atmosfera provavelmente se tornaria competitiva.

Uma grande agência de publicidade é assim. Muitos dos melhores profissionais de criação do mundo precisam coexistir e trocar elogios, embora alguns possam estar se refreando e outros não. É difícil ser 'simpático' nessas condições. É difícil fazer parte de uma equipe. E as pessoas perceberão o seu comportamento. Eu sei. Perdi amizades por não ter habilidade para me sentir bem com o sucesso alheio. Então, fico me lembrando. O objetivo é fazer bem, e não que os outros façam mal.

Um último pensamento: ninguém é simpático o tempo todo. Tudo bem, talvez o sr. Rogers tenha sido. Mas mesmo Fred, acho eu, teve seus momentos de fraqueza quando repreendeu King Friday por algum motivo, ou quando, em vez de pendurar seu cardigã no lugar certo, atirou-o irritado no fundo do closet.

Minha sugestão: quando você tiver vontade de jogar seu cardigã no chão, dê um tempo. Talvez você esteja trabalhando demais e mereça um intervalo. Volto a dizer, isto é extremamente difícil em propaganda. Há momentos em que eu adoraria ser um caixa de banco, um coletor de pedágio. Ter qualquer emprego do qual eu pudesse sair no fim do dia e me sentir como se não tivesse nada mais para fazer até a manhã seguinte. Obviamente, este não é o caso em criação de propagandas. É uma busca constante, 24 horas por dia, se você deixar.

Não deixe.

19

CAPÍTULO

O Ensinamento da Negatividade

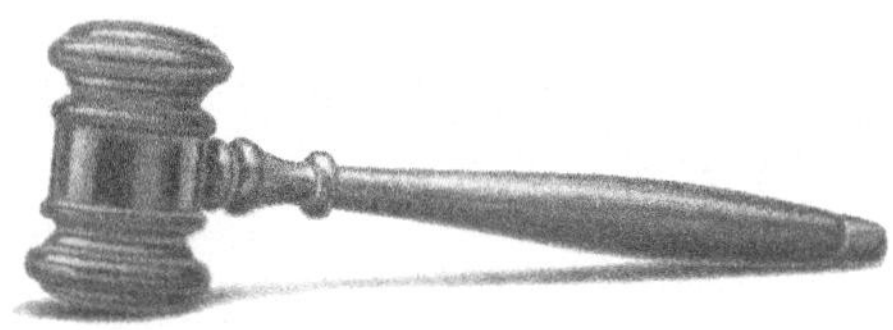

Os profissionais de marketing caem facilmente na adoração a regras. A fé pode ser cega. Há muitos profetas falsos. Um deles era chamado 'O Grande Deus da Negatividade', por alguns funcionários do departamento de criação onde trabalhei.

Isto significava que sua idéia preciosa havia sido sacrificada no altar por alguém lá de cima, da direção, que aniquilava a campanha ao pronunciar solenemente: "negativa demais".

O problema/solução, muitos concordam, é uma técnica poderosa de demonstração, em qualquer meio de propaganda.

A questão é que os profissionais de criação adoram mergulhar fundo na equação do problema, e os clientes preferem que o foco fique nos detalhes da solução para seus produtos.

Por que não podemos ser positivos? — entoa retoricamente a alta santidade do cliente. (Afinal, todos conhecem a canção que diz: "Realce o positivo/Elimine o negativo".)

Clérigos turcos importantes levantaram recentemente o mesmo tipo de questão, quando se dirigiram aos fanáticos torcedores de futebol de seu país. O clero pediu aos fãs excitados que parassem de dizer palavrões nos jogos, e sugeriu que eles usassem expressões como "Abençoado Alá", ou "Alá seja louvado", durante as competições.

Frases como essas parecem muito dignas, é claro, mas talvez não comuniquem tanto quanto as profanações. Elas não captam bem a mesma emoção, nem o entusiasmo dos fãs naquele momento.

Há muitas esposas que acreditam em velhas formas de comunicação efetiva, que deveriam ser desacreditadas.

David Ogilvy propagou a noção (desde então renegada) de que o humor não funciona. Ele também pregou que o reverso de uma cópia impressa não seria lido.

Charles Saatchi, fundador das redes internacionais Saatchi & Saatchi e, mais tarde, da M&C Saatchi, desmascarou o rival quando produziu uma famosa propaganda na imprensa do Departamento de Saúde, que explicava o que acontece momentos depois que uma mosca pousa no alimento. Texto longo, caracteres brancos em fundo preto.

Dizem que na verdade seria impresso em positivo, mas ele acabou escolhendo o negativo, e o resto é história.

Certamente que este livro coloca mais lenha na fogueira ao pontificar as tais 22 Leis. Bem, esperamos que os leitores vejam essas Leis como ingredientes, e não como fórmulas. (É por isso que 'E Quando Violá-las' faz parte do título.)

Elas não foram feitas para conter, mas para fazer ricochetear.

Uma analogia poderia ser a música, que prospera (comercialmente) a partir de meios novos ou originais de reinterpretar um conjunto de notas preexistentes, claramente identificáveis. A seqüência de cordas G, Em, Am, D7, por exemplo, é a coluna vertebral de muitos sucessos da era do doo-wop até o pop. Cada canção é exclusiva e claramente diferenciada para o mercado.

Há também a estrutura do blues, de 12 compassos, que é a base para muitos gêneros, do R&B ao jazz, ao rock'n'roll, à música para dançar.

As variações são infinitas.

Ironicamente, há outro problema em se descartar a negatividade. É que você pode descartar o uso da ironia em suas propagandas. E a ironia pode ser considerada uma das técnicas de maior sucesso na mídia há muitos anos. Pense em *Seinfeld, The Simpsons, South Park*, para começar.

Os jovens captam a ironia que uma geração mais velha de clientes geralmente não entende. A ironia é um meio para você se certificar de que os outros sabem que você sabe. É um código audacioso.

Há uma tensão positiva na ambigüidade. A Nike usa ironicamente técnicas de 'ad buster' (propagandas de arrasar). A Nike aproveitou com sucesso e humor o cinismo irônico, usando até alegações de exploração de mão-de-obra em propagandas audaciosas.

Outra ironia é que algumas das melhores campanhas já escritas são "'negativas'. Jack Vaughan, redator que faz parte do *Hall of Fame* australiano, e ex-diretor de criação da Y&R UK, examinou os aspectos positivos e negativos, para ver se esse preconceito negativo na verdade é uma coisa positiva na comunicação... Ou não.

O ENSINAMENTO DA NEGATIVIDADE, POR JACK VAUGHAN

Aconteceu novamente outro dia. Um cliente fez objeção a um título escrito por mim, que começava com a palavra "Não". A frase era uma pergunta (outra construção que ele objetou). No entanto, destacou um ponto positivo. Mas a situação estava lá, como se uma regra sagrada tivesse sido violada e não houvesse como apelar.

Esse tabu negativo sempre nos acompanhou na propaganda. Eu o cito entre as 10 leis não escritas sobre a propaganda, que muitos (mas nem todos) clientes parecem levar consigo. Eu adoraria saber de onde eles tiraram isso, mas são preceitos que parecem ter sido introjetados em muitos daqueles que têm qualquer coisa a ver com autorização ou aprovação da propaganda.

Outras crenças persistentes são que o tamanho, a freqüência do produto, o 'barulho' que ele faz, o nome da marca ou o logo são diretamente proporcionais ao poder que a propaganda tem de persuadir, de ser lembrada, ou de ser altamente considerada em termos de branding.

Estas também são, aliás, inverdades, como descobri a muito custo durante anos de prática em criação. Mas elas resistem. Certa vez, fiz um filme de alimentos para cães, que mostrava a embalagem na tela o tempo todo. Mesmo assim, não consegui aumentar nem um pouco a pontuação da marca.

A maneira de atingir esse ponto alto... Ah, esta é uma outra história.

O mais curioso sobre a *negafobia* (uma palavra que acabo de cunhar para este fim) é que a crença é muito tenaz quando se trata de propagandas, mas não é tanto assim em qualquer outra esfera da vida e da linguagem.

Mesmo a expressão 'Não sejamos negativos' é, em si, negativa — um apelo para não se fazer algo. No entanto, esta é a forma mais natural e perfeitamente aceitável de advertir as outras pessoas quanto a não serem derrotistas ou, dizendo de outra forma, para incentivá-las a parar de serem menos positivas, o que é, em si, uma negativa (porque dizer meramente: 'Seja positivo' tem um significado diferente, mais ou menos como 'tenha fé', 'segure as pontas').

Os mesmos críticos da negatividade debilitante na propaganda se sentirão totalmente à vontade, quando em férias, para comprar uma camiseta boba, com as palavras 'NADA DE PREOCUPAÇÕES', ou 'NÃO SE PREOCUPE, SEJA FELIZ'. Essas frases populares são a essência de nossos mantras culturais sobre o que é se sentir bem. Mas isto não é problema. Ninguém reclama delas.

Da mesma forma, quando, por exemplo, se convida alguém para experimentar uma nova safra de vinho e a pessoa diz: "Ei, nada mau". Este é um alto elogio, principalmente se for acrescentado... "não é nada mau, mesmo". Do mesmo modo, dizemos: "não vou tão mal", em resposta ao "Como vai você?" embora isso pudesse, literalmente, sugerir "não vou bem, mas também não estou péssimo".

Comparados a essas afirmações deliberadas, 'muito bom' ou mesmo 'muito bem' podem parecer sem graça. E 'mau', é claro, na verdade tem um significado positivo na linguagem de rua, como 'mau elemento' ou 'detonador'.

Essas formas adversas de expressão, muito úteis, dão poder à nossa linguagem. Uma placa dizendo 'PAZ PARA SEMPRE' não tem tanta força quanto uma que apela 'NÃO À GUERRA', que seria extremamente positiva, se fosse vagamente atingível.

Às vezes, é literalmente uma questão de vida e morte. Fica difícil dizer: 'NÃO ENTRE', 'CONTRAMÃO, VOLTE', 'CONVERSÃO PROIBIDA', 'ALTA VOLTAGEM, NÃO TOQUE' da mesma forma sucinta e enfática, usando uma construção positiva.

Há até mesmo toda uma categoria de palavras chamadas Negativas. São palavras com sentido positivo, acrescidas de prefixos que indicam negação, como des, dis, a(n), i(n): 'desencorajado', "'disforme', 'anencefalia' e 'ileso'. Elas têm algo a seu favor: algumas de suas formas positivas estão se tornando obsoletas. Coisas maçantemente positivas como 'leso', não têm vontade de sobreviver.

É interessante notar que, há anos, materiais incendiáveis sejam marcados com 'INFLAMÁVEL' ou 'ALTAMENTE INFLAMÁVEL', possivelmente porque o prefixo negativo errado, na realidade, soa mais enfático.

'Não me diga!' significa diga-me tudo. 'Nem fale!' significa que você quer realmente que seja dito, embora eu mal possa acreditar no que você está dizendo. Como em 'Bem, eu *nunca*'.

A beleza da língua inglesa é o modo como você pode estendê-la.

Duas negativas podem ser combinadas para formar um sentido positivo: "You ain't seen nothin' yet" (Você não está vendo nada).

O inverso também é verdadeiro. Gosto da história sobre o professor de lingüística que estava ensinando que em nenhuma língua duas afirmações podem criar um sentido negativo. Uma voz sarcástica gritou do fundo: "Sim, sim". Da mesma forma, 'Sim, certo' também assume um sentido completamente oposto.

Na escola de artes gráficas nos ensinam a desenhar ou a pintar o 'espaço negativo', as áreas da cena que não são o objeto real. Aqui, o negativo ajuda a manter nossa percepção espacial renovada, mais rápida, mais exata.

E o *chiaruscuro* — literalmente luz e sombra — nos ajuda a ver os objetos da forma como nós costumamos, como planos e massas.

O problema com a *negafobia* é que ela bloqueia a metade de nossas munições. As frases negativas são poderosas. "Por que esta propaganda está destacando o problema?" o cliente vai perguntar. Por que ele é menos maçante que a solução.

Por que os jornais estão cheios de más notícias? Porque as pessoas estão mais interessadas nas más notícias. E talvez porque elas as ajudam a reafirmar o lado positivo. Dão graças a Deus que não aconteceu com elas. É por isso que o tráfego fica lento, quando há acidentes.

Também é notável como em questões de romance ou paixão o negativo é tão vívido. Não quero dizer no sentido do óbvio: 'Não. Pare. Não. Pare. Não. Pare'... etc. Quero dizer em muitas das expressões que partilhamos com aqueles que amamos, e que são captadas pela música popular. 'Nunca deixarei você', parece ser um compromisso maior que 'Ficarei sempre com você', e '*The 12 of Never*' parece mais duradouro que o absoluto 'para sempre'.

'Não se Preocupe, Querido', cantado pelos Beach Boys, é bastante reconfortante. Gershwin não é necessariamente tão negativo em um dos temas de *Porgy and Bess.* E quando 10cc canta o assustador 'Não estou apaixonado', você sabe que eles querem dizer exatamente o contrário: nego estar apaixonado (e não se esqueça disso) porque estou realmente tão apaixonado por você que tentarei qualquer tática para chegar lá.

No outro extremo do espectro, algumas das palavras mais poderosas da história da língua inglesa, por seu maior resgatador, Churchill, são freqüentemente negativas. "Nunca tanto...", "Não descansaremos até...", "Nunca nos renderemos". Ou mesmo Kennedy: "Não pergunte o que seu...". (Vamos ignorar as negativas de Clinton: "Não fiz sexo com...".)

Aqueles com inclinação mais acadêmica que eu têm chegado a conclusões semelhantes.

Ao buscar referências sobre 'palavras negativas', há, é claro, uma centena de textos bem-intencionados, mas previsíveis, sobre como eliminar a negatividade de seus pensamentos/vida/escrita/diário/relacionamento/e-mails/emprego etc. (Uma polêmica séria sobre positivismo leva o título austero: 'Pare de Ser Tão Negativo!').

Alguns, no entanto, nadam contra a corrente criada pelos Hubbards e Carnegies, com algumas observações positivas interessantes sobre negatividade. O filósofo francês Henri Bergson, autor de *The Creative Mind* (1934), creio, sustentava que o mundo contém duas tendências opostas: a força da vida e a resistência da matéria contra essa força. Apoiado nisso, Kenneth Burke examinou mais tarde as implicações éticas do negativo. 'Não' está entre as primeiras palavras que aprendemos quando crianças, durante o processo em que nos ensinaram a não atirar comida no chão ou não puxar o rabo do cachorro.

Ele vai além, sugerindo que a negatividade é a própria base da moralidade humana. (Oito dos Dez Mandamentos são 'Não...').

A pesquisa de psicologia cognitiva conduzida pelo professor Salvatore Scoraci, da Tufts University, fez avanços ao entender a aprendizagem e a 'falsa memória' — lembrança equivocada de palavras-testes.

Acreditava-se que a memória era aprimorada pela 'aprendizagem generativa'. Que as pessoas se lembram melhor quando envolvidas ativamente na formação de uma idéia em torno, digamos, de uma palavra particular que foram solicitadas a memorizar. A teoria diz que a colaboração positiva as ajudou a gravar.

Scoraci descobriu que as pessoas, na realidade, têm mais probabilidade de se lembrar dessas palavras quando recebem uma pista negativa, do que quando recebem uma pista positiva. Esse método de aprendizagem, com o uso de pistas negativas, é similar ao modo como encontramos nosso caminho quando estamos dirigindo, explica Scoraci. Se viramos para o lado errado, é muito provável que nos lembremos do caminho certo na próxima vez, pois não deveríamos seguir o caminho errado novamente.

Mas voltando à propaganda, minha pesquisa também revelou um companheiro de sofrimento e redator, Michael Gebert, dos Estados Unidos (www.michaelgebert.com). Em seu newsletter on-line, *Shameless Self-Promotion*, Gebert faz ecoar nossas frustrações:

NENHUM REDATOR ESCAPARÁ DESTE DESTINO. Você escreve um título bom, forte — 'Nada Combate Manchas Como o Splam-O'. Então, vem o comentário: "Nada" é negativo. Você não pode trocar por uma palavra positiva? (Como o quê? 'Splam-O Combate as Manchas Melhor que Todas as Coisas'.)

Gebert segue dizendo: *Coloque uma sentença com um 'não' na frente dessas pessoas e, de repente, elas ficarão impressionadas com o poder místico que aquela única palavra tem de repelir todos os clientes, independentemente do significado real da sentença. Isto não é gramática. É bruxaria.*

O que me deixa mais perplexo nessa questão toda é que algumas das expressões mais negativas há muito são usadas como recurso no mundo da venda agressiva. Quantos produtos têm declarado 'Não sou comum' ou 'Não é para todos', para estimular que seja desejado por muitos? 'Não aceite substituto', 'Não compre até experimentar... ' 'Não será vendido abaixo de seu valor'. 'Ninguém se aproxima de nosso...'. Assim como o tão imitado "Siga, nada mais a pagar" (Drive away, no more to pay) se destacou recentemente.

Há também muitas marcas específicas com campanhas famosas e bem-sucedidas, baseadas em pensamentos aparentemente negativos:

'Limão', ou 'É feio, mas leva você lá', nunca foram interpretados literalmente com relação ao Volkswagen, mas muito se disse sobre sua atitude inteligentemente modesta. Isso, juntamente com 'Você não tem de ser judeu', para sustentação da Levy's, parece ter iniciado uma propaganda mais honesta, moderna.

Recentemente, 'Eu nunca li o *Economist.* (trainee, 42 anos)' ajudou a colocar a revista em destaque. O Wallpaper Institute of America afirma 'Nada capta sua atenção como papel de parede', juntamente com imagens extravagantes. O *Village Voice* tem sido honesto e bem-sucedido, declarando sua individualidade com "Não o jornal favorito da América" (e, portanto, o seu).

Quando as pilhas Eveready adotam como tema para suas propagandas 'Nunca Morrem', querem dizer muito mais que 'Ficam Sempre Vivas'. A Heineken, no Reino Unido, vendeu muita cerveja que 'Refresca as partes que as outras cervejas não podem alcançar'. E não há outro título como o de David Jones, pelo menos no varejo australiano. Como Michael Gebert diz, os argumentos contra aqueles que dizem *sim* são óbvios: *"É tão óbvio que eles sempre têm a mesma resposta:'Sim, eu sei. Mas, pode trocá-la? É apenas uma palavra'"*.

A anti-negatividade, alega ele, *"priva o redator de um dos recursos retóricos mais eficientes da língua inglesa, por nenhuma boa razão. A GM ainda teria o mercado de carros se tivesse dito: "Você Preferiria Realmente Dirigir um Buick?" Os filmes de James Bond teriam tido mais sucesso se seus títulos fossem "Dr. Sim" e "O Amanhã Sempre Vive"?*

Eu não poderia estar mais de acordo. Ou, deveria dizer, concordo tanto quanto possível.

Sempre achei que a campanha de Sara Lee, veiculada por longo tempo nos Estados Unidos, 'Ninguém Gosta de Sara Lee' (Nobody Doesn't Like Sara Lee), foi muito mais atraente e acessível que o auto-elogio pretensioso do sentimento que está por trás: 'Todo o Mundo Adora Sara Lee'. Esta é uma tradição que remonta a 'Nada fala mais do amor que algo que vem do fogão' (Nothing says lovin' like somethin' from the oven) para as misturas de bolo da Duncan Hines. Ou foi da Pillsbury?

E o que poderia ser mais atraente que o tema que tornou a American Express popular: 'Não Saia de Casa Sem Ele'? Escrever algo como? Leve-o sempre com você, quando sair de casa' teria transmitido a idéia de que o cartão é indispensável?

Acho que não.

Mas pode ser que eu esteja sendo negativo.

20
CAPÍTULO

A Lei da Execução

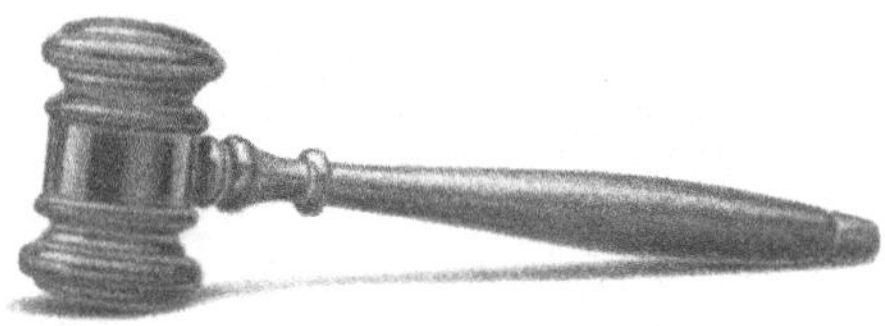

Imagine o filme *Casablanca* com Ronald Reagan (que foi escalado para o papel, originalmente), em vez de Humphrey Bogart. Ou *Missão Impossível* sem o icônico tema musical de Lalo Shiffren.

Quero dizer que, às vezes, há algo na execução ou na produção que realmente acrescenta algo a uma idéia básica, e aprimora, muda, substitui, enfim, faz toda a diferença para o seu sucesso.

Pode ser que tenha sido uma sugestão do diretor do comercial, ou uma improvisação do ator no último dia da gravação, ou mesmo uma fala inspirada na senhora que serve café. Uma idéia pode vir de qualquer lugar, assim como pode chegar a qualquer hora, trazida por qualquer um. Às vezes, esses toques especiais criam, na realidade, a 'liga' que prende as pessoas a uma campanha.

Vem daí a pergunta: quando a idéia de uma propaganda está concluída?

Depois de comprada pelo cliente, geralmente a idéia permanece natimorta, mais ou menos estacionada em certo nível de desenvolvimento. E por que isso ocorre? As empresas adoram estar no controle. Às vezes, muito mais do que desejam o sucesso.

A visão que Kotler tem do marketing, e que foi adotada pelos planejadores de propaganda de toda parte, está arraigada na noção de controle: análise, planejamento, implementação e medida.

Também é verdade que os empresários racionais não se sentem à vontade com a criatividade. Muitos preferem ater-se aos planos elaborados nas reuniões, onde tudo é ditado com antecedência e todas as idéias novas estão firmemente sob controle.

A ambigüidade não é tolerada por muito tempo, o que leva a direção a inclinar-se para o familiar, para conclusões prematuras, e impor clichês e estereótipos. Justificam-se assim tantas propagandas semelhantes ao brief inicialmente proposto. Trata-se de um crime contra a eficiência.

Enquanto isso, o modo imprevisível como os desejos do consumidor e a criatividade realmente se correspondem no mercado continua a perturbar e a intrigar os empresários.

A verdade é que, para ter sucesso, a idéia de uma propaganda deve traduzir e transcender a lógica do marketing.

Então, como você abre a possibilidade de aprimoramento na execução da idéia de sua propaganda? *Kaizan* é a palavra japonesa que significa 'aprimoramento contínuo'. Aplique-a à sua propaganda e a idéia deve melhorar notavelmente, do conceito ao *script* final, do *storyboard* ao tratamento do diretor, do primeiro corte à apresentação final ao cliente.

Cada vez melhor, etapa por etapa.

A ótima propaganda precisa de uma 'conspiração de boas intenções' entre todos os envolvidos no processo.

Nosso próximo parceiro acredita que a propaganda é a arte da colaboração. Ele tem até uma área central de criação, na agência, onde o trabalho em andamento é exibido, para que todos passem por lá e expressem suas opiniões.

Em momentos distintos, propagandas diferentes se tornam excelentes. Uma ótima proposição, ou *script*, é um começo. Mas um *script* não é uma propaganda. Uma propaganda só pode se tornar excelente depois que o editor colocou suas mãos nela, ou o agente que contrata os artistas fez uma escolha inspirada, ou o fotógrafo realizou sua mágica.

Todas essas etapas deveriam ser consideradas como parte do processo de criação, e não como parte do processo de apresentação da agência para o cliente.

A grandiosidade deve ter permissão para escapar a qualquer momento.

Mike O'Sullivan, nascido na Irlanda, trabalhou no Reino Unido e na Austrália, e, como diretor de criação da mundialmente famosa Colenzo/BBDO, da Nova Zelândia, tem se dedicado a buscar grandes idéias e a executá-las *ao inverso*.

O texto a seguir esclarece como inúmeros profissionais da área criam realmente: A execução primeiro. A idéia em segundo lugar.

Foi assim que ele produziu propagandas geniais.

A Lei da Execução, por Mike O'Sullivan

Este capítulo é sobre a Lei da Idéia e da Execução, e a diferença entre elas. E, o mais importante, qual deveria vir primeiro.

Escrever sobre idéias é bastante complicado, visto que todos nós podemos definir uma idéia de modo diferente. Como resultado, pouquíssimas pessoas discordarão dessa lei. Na realidade, pode ser que muitos de vocês nem mesmo a entendam.

A lei do bom senso afirma que os diretores de arte e os redatores (daqui por diante referidos como 'o pessoal da criação') concebem a idéia de uma propaganda e depois a executam. Em termos leigos, eles chegam a um tema comum, e em seguida criam diferentes cenários de televisão, cartaz e rádio. Uma campanha de televisão, por exemplo, pode ter quatro propagandas diferentes utilizando diversos atores, locações e diálogos, mas haverá um tema comum. Esse 'tema' geralmente é a idéia.

Uma idéia é um meio, ou propriedade, que comunica o benefício de um produto de forma extraordinária. Em outras palavras, dramatizará um fato desinteressante por meio de palavras, figuras e sons.

As melhores idéias costumam ser as mais simples.

São aquelas que todos olham e entendem na hora.

Uma das "verdades" das propagandas excelentes é que o pessoal de criação deveria ser capaz de escrever uma boa idéia em um selo ou guardanapo. Outra crença comum é que você deveria ser capaz de explicar uma idéia em apenas uma sentença. Abaixo estão alguns exemplos da história da propaganda.

Idéia: As pessoas reagem com enorme surpresa ao ver os preços incrivelmente baixos dos Volkswagen.
Execução: Mostrar várias pessoas vendo preços de VW e tendo reações extremas. Uma mulher sente tontura, ou um dentista cita o preço de um VW para fazer o paciente ficar de boca aberta.
Endline: 'Preços surpreendentemente acessíveis'

Idéia: Os australianos adoram sua XXXX mais do que suas esposas, carros, a própria vida etc.
Execução: Um australiano tenta pegar uma lata de XXXX, quando é quase devorado por um jacaré.
Endline: Os australianos não trocariam uma XXXX por qualquer outra cerveja

Idéia: John Smiths é uma cerveja inteligente, para caras que não são babacas.
Execução: O bebedor de John Smiths sobe em um trampolim de salto ornamental e solta um 'pum'
Endline: Nenhum absurdo

Idéia: O sabor natural da laranja é um enorme sucesso.
Execução: Para demonstrar o sucesso do sabor natural de laranja, um enorme ator, fantasiado de laranja, fica de rosto colado com uma pessoa, toda vez que bebe um gole de Tango.
Endline: Você sabe quando está dançando tango

Todas as campanhas mostradas anteriormente têm várias execuções. Quando uma pessoa capta a idéia de uma campanha, geralmente chega à execução.

Nem todas as idéias podem ser resumidas em palavras. Só as boas, em sua maioria. É por isso que os painéis com títulos são muito populares.

Nos últimos anos, fui diretor de criação de uma agência de propaganda chamada Colenso BBDO, na Nova Zelândia. A Nova Zelândia é um país pequeno, com pequenos departamentos de marketing e orçamentos reduzidos.

Essa 'pequenez' é grande para as idéias.

Isso fez o nosso setor, minha agência e eu, trabalharmos de modo diferente. Forçou nossos clientes, planejadores e executivos, a se prenderem a uma proposição, um benefício. O trabalho de criação precisa ser simples. Não há escolha.

Não podemos escrever scripts medíocres e contratar um diretor de um milhão de dólares. Nem podemos chegar a um título capenga e fazer a filmagem em Florença.

Na verdade, temos de chegar a idéias simples, acessíveis, de fácil produção.

Um exemplo. A TV3, nossa cliente, é a segunda maior rede da Nova Zelândia. Uma equipe de criação júnior me procurou com idéias para promover a estréia do filme *Scream* na televisão, e me sugeriu colocar vermelho na água da fonte de Custom Street, Auckland (equivalente ao Circo Piccadilly).

O cliente aprovou. O pigmento e a pintura da rua custaram menos de 800 dólares. A cobertura jornalística equivale a cerca de 500.000 dólares.

A idéia primeiro e, bem depois, a execução, em segundo lugar.

A equipe de criação tem uma grande idéia, faz o script e a apresenta. O cliente a aprova, então é 'de um jeito ou de outro'. Faremos qualquer coisa para realizá-la. Em casos extremos, o redator de uma agência pode atuar, ou um cliente pode fazer a voz de fundo. O que for necessário.

É compreensível que este modo de produção afeta a maneira como concebemos propagandas. Notei isto particularmente ao ser apresentado como diretor de criação. Quase todas as equipes de criação com quem trabalhei apresentam rádio/imprensa/televisão da mesma forma.

Na maioria das vezes, apresentam sua idéia em uma sentença, e então enumeram as execuções. Ninguém entra com o clip de um filme ou com uma animação holandesa, porque quase nunca temos condições de pagar. Por isso, o 'pensamento' ou a 'idéia' precisam conter palavras originais, e não necessariamente expressar originalidade na forma como se mostra ou soa.

Atualmente, esta lei tem sido muito boa para nós e para qualquer profissional de criação que a pratique. Como agência, mantivemos as contas, ganhamos outras e faturamos nossa parte justa, de leões.

Final da estória?

Na verdade, não. Tendo praticado esta lei e me beneficiado imensamente dela, agora posso lhe dizer que ela é papo-furado. Bem, não é exatamente papo-furado, mas certamente tem falhas.

Estou começando a acreditar que *uma excelente execução é mais importante que a idéia*. Com isso quero dizer que a figura engraçada, inteligente, o efeito engraçado de qualquer propaganda, pode muito bem ser melhor que a grande idéia que há por trás dela. O público gosta de rir, e realmente não dá a mínima para a idéia da propaganda.

Todos nós já vimos uma boa propaganda de varejo promovendo a oficina de encanamento local ou a loja de material de construção. Geralmente é uma gag boba, sem um pensamento claro.

No entanto, a moderna metodologia e o treinamento em propaganda nos dizem que devemos criar algo 'lógico, inteligente'.

Notei isso pela primeira vez no rádio. Você pode ter uma grande idéia e ela não funcionar no rádio. Se a propaganda não for engraçada, tocante ou dramática, você está encrencado.

Dois anos atrás, uma de nossas equipes estava trabalhando no brief de um painel para a Mini TV Casio. Os responsáveis foram à minha sala e me mostraram uma propaganda 'estilo Cannes'. (Nós a chamamos assim porque parece ser o estilo certo de propaganda que costuma ganhar prêmios no festival. Impressa, normalmente ocupa uma página inteira, com um *pack shot* — geralmente pequeno demais — embaixo, à direita. Sob o *pack shot* está uma frase com a proposição. Por exemplo, a lâmpada potente, a pimenta mais picante, ou uma explicação do visual.)

Propagandas Show

Ri muito quando vi a campanha, mas resolvi acabar com ela.

Não fazia sentido para mim. Só dizia MiniTV. Pedi para me explicarem o benefício de uma MiniTV Casio.

Um dia depois, mudei de idéia. Eu estava sendo lógico demais.

O benefício/a idéia estava no nome. Inicialmente, reagi, como o público faz, e caí na gargalhada. E é isso o que importa.

Por isso Cannes é um dos melhores prêmios de propaganda. Muitos dos trabalhos feitos para televisão, que ganham, tendem a ser visualmente chocantes ou simplesmente hilários. O júri procura premiar como um cliente faria.

A forma como os briefs de propaganda são pesquisados, compostos e apresentados é metade do problema.

Um profissional de criação recebe um brief com uma proposta escrita. Ele vai se sentar, pensar e brincar com aquelas palavras. Elas o levarão a sentenças, que o levarão a imagens. O processo definirá, para o profissional, um certo estilo de propaganda. Alguns estilos são descritos a seguir.

Demonstração:
O produto é mostrado em funcionamento. Por exemplo: caçarolas são usadas para derreter outras caçarolas de qualidade inferior.

Demonstração hiperbólica:
O benefício ainda pode ser demonstrado, mas de um modo irreal. Por exemplo: preços surpreendentemente baixos para o Volkswagen; um rato ao volante, para demonstrar fácil dirigibilidade.

Analogia:
Usada quando você é incapaz de mostrar o assunto. Um bom exemplo é quando uma empresa pequena quer dizer que é tão boa quanto as maiores. A cena do rato encarando o elefante é uma solução freqüente.

O que estou tentando dizer é que todo profissional de criação passa diariamente pelo mesmo processo. Nosso pensamento é linear, nossas soluções, sistemáticas. Por que você acha que muitas vezes chegamos a uma propaganda que outros já fizeram? Recebemos o mesmo brief e nosso sistema chega às mesmas soluções.

Acredito realmente que o trabalho excelente acontece quando você mexe no sistema. Acabe com o planejamento na hora de criar.

A Skier, da Nova Zelândia, é um bom exemplo de como acabar com sistema. O cliente não tinha dinheiro, então disseram ao pessoal de criação que era preciso usar fotos do arquivo. Essa desvantagem acabou sendo uma dádiva. Fomos forçados a buscar uma boa idéia, pois o visual já estava decidido.

Outro exemplo aconteceu recentemente comigo. Eu estava, com uma equipe júnior, fazendo algumas propagandas sobre um videogame chamado *Mortal Kombat*. É um jogo de luta, ultraviolento, com vários personagens musculosos batendo uns nos outros.

Um dia, enquanto pensava na propaganda, dei uma gargalhada. Achamos que seria engraçado se esses caras fossem um pouco delicados e femininos. Fizemos um teste usando dois personagens animados. Um convidava o outro para tomar um café, pois 'eles precisavam discutir suas diferenças'.

Um dos redatores, Richard Maddocks, improvisou um diálogo com uma voz engraçada, aguda, enquanto Ben, nosso designer, fez uma animação grosseira.

Ficou engraçado, mas sem um final. Aí concluímos que talvez fosse interessante terminar a propaganda com uma briga entre os dois personagens. A solução continuou engraçada.

Nós só precisávamos de uma idéia.

Gastamos um dia para chegar a ela e a um título que resumisse a propaganda. Os caras tentavam conversar, mas sempre acabavam brigando. Escrevemos três roteiros com diferentes tentativas de entendimento, mas o final era sempre uma briga.

A frase de fechamento era 'Violência. Sempre a melhor solução'.

Começamos com uma gag visual, acabamos com a idéia de uma campanha.

Execução da Idéia.

Realmente não foi uma excelente campanha, mas mostrou uma mudança na ordem de nossos pensamentos. Algumas das propagandas realmente geniais de nosso tempo foram elaboradas inversamente.

Não acredito que 'Wassup' tenha surgido de um brief de três páginas. Duvido que um sujeito da criação tenha pulado da cadeira gritando: "Por que não fazemos esses quatro caras negros conversarem?"

A maioria dos diretores de criação nunca aceitaria que aquela propaganda se baseou em um script. É de conhecimento geral que a execução estava lá, muito antes da idéia. A propaganda 'Cog', para a Honda, ou a brilhante campanha do Club 18-30 dificilmente foram concebidas sem uma inspiração vinda da execução.

A história da publicidade tem inúmeras campanhas baseadas em material visual e algumas técnicas. A propaganda britânica deve muito às comédias de costumes, sátiras e filmes ingleses. Muitas campanhas têm sido concebidas em torno de seus formatos, ou de personagens famosos. Na década de 90, muitos profissionais de criação londrinos puderam contar com um personagem de Harry Enfield ou Paul Whitehouse para oferecer benefício a um cliente.

Esta não é uma forma nova de trabalhar, mas um modo que pode ser desenvolvido até se transformar em algo maior.

Pode parecer loucura, mas e se todo brief o forçasse a trabalhar a partir da execução?

E se os profissionais de criação recebessem um estímulo visual/de áudio relevante, para incluir como parte da solução? Poderia ser uma excelente esquete cômica ou um poema.

E se você recebesse um brief de criação, para um telefone celular, com a recomendação de ser obrigatório o uso de uma banana em seu script de televisão? Talvez um anúncio de revista para um carro, sem que o produto pudesse aparecer, ou que mostrasse apenas seu concorrente mais próximo?

Todas essas sugestões mudam imediatamente o processo de pensamento.

Finalmente, acredito que a Lei da Idéia e da Execução deveria ser violada. Quando escrevo, ou julgo propagandas, procuro me forçar a violar a lei, e recomendo o mesmo a minhas equipes.

Isto pode ser qualquer coisa, desde impor algo que deve ser executado, como usar um ranger de porta na trilha sonora da marca. Se for apresentado algo divertido, mas que não se encaixa na marca, vamos experimentar fazer com que se encaixe.

Abandonarei, o máximo que puder, a via lógica, porque execução é emoção.

Risadas, lágrimas, tensão, drama etc.

Para as pessoas lógicas, será difícil trabalhar dessa maneira. Mas é provável que o resultado torne sua propaganda muito melhor.

21
CAPÍTULO

A Lei da Evolução

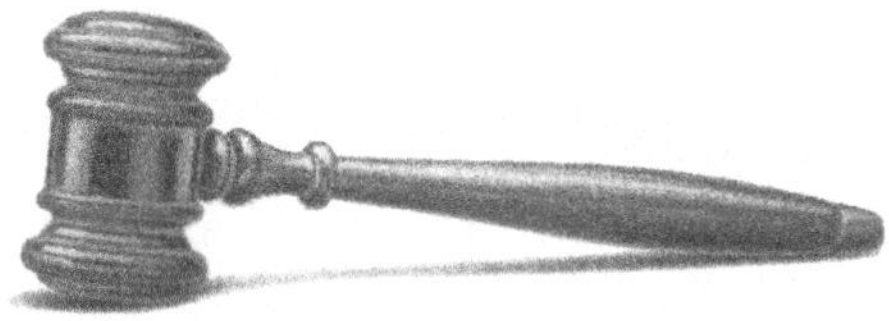

Quatro de nossas palavras mais potentes, no universo da propaganda, costumavam ser 'como visto na TV'.

As coisas mudam rapidamente.

A fragmentação da mídia está tornando as escolhas em propaganda cada vez mais complexas, e as atuais previsões indicam que talvez em menos de 10 ou 15 anos uma marca nacional ou mundial não será mais estabelecida da maneira tradicional. Nos Estados Unidos, a audiência de canais gratuitos de televisão está caindo constantemente (embora as redes estejam fazendo de tudo, cada vez mais, para recuperá-la) e agora as idéias que ultrapassam as fronteiras da propaganda tradicional são a última palavra em marketing.

A Lei da Evolução não trata da sobrevivência dos mais adaptados, mas dos mais adaptáveis. O puro músculo da mídia já não basta, Sr. Dinossauro.

Toda campanha deveria tentar sair dos padrões tradicionais seguidos pela mídia.

Procure idéias voltadas para o tempo total de seu público-alvo, e não apenas para o tempo em que ele está usando a mídia. Quando eles estão realmente com disposição mental para ouvir, em oposição a quando o anunciante quer falar?

A mentalidade do anunciante tem de se distanciar daquela divisão dos consumidores em grupos de idade, ou sociais, e aproximar-se de uma avaliação mais realista das atitudes e aspirações reais das pessoas.

Este livro existe porque as coisas têm mudado muito no mundo da publicidade. Estamos tentando sedimentar nosso pensamento no terreno mais frutífero, independentemente da mutabilidade que avança atualmente.

Com o que se pode contar no futuro, além de mais mudança?

Em meu escritório, mantenho um mapa do globo que, juntamente com as massas dos continentes, mostra a topografia do solo dos oceanos. Quando você vê expostos todos os abismos sob a água, os picos, canais e planícies que geralmente estão escondidos sob a superfície das ondas, então o fluxo das correntes dos golfos, o refluxo dos oceanos, e os padrões climáticos do mundo ficam todos muito mais compreensíveis.

Infelizmente, não há mapa análogo disponível que possa indicar as várias profundezas sutis e as subcorrentes da comunicação de hoje.

Entretanto, temos alguns navegadores brilhantes, como David Lubars, o diretor de criação da Fallon US, que recebeu o prêmio inaugural de Titânio, de Cannes, em 2003, pela campanha revolucionária da agência para a BMW.

O futuro parece claro: evolui ou se dissolve.

A Lei da Evolução, por David Lubars

Um paradoxo fascinante sobre publicitários: pressionamos apaixonadamente os clientes para serem abertos a mudanças e, no entanto, somos os menos abertos à mudança. O exemplo mais óbvio dessa afirmação é o que está acontecendo hoje com os novos meios e a tecnologia.

Os publicitários não enfrentam o fato de que, em alguns poucos anos, o comercial de 30 segundos não será mais *o* meio, mas simplesmente *um* meio.

Considere isto. No final de 2003, 30 milhões de famílias norte-americanas tinham banda larga. Por volta de 2006, 45% de tudo o que for visto será sob demanda. Isto significa que muitas pessoas estarão assistindo exatamente ao que querem. Hoje, vemos uma vasta erosão de classificações de rede. Vemos também um aumento desproporcional no uso de dispositivos TiVo-like (eu tenho um TiVo desde 1999 e admito que fico satisfeito ao mudar de canal, pulando os comerciais chatos).

No entanto, as agências de propaganda se apegam desesperadamente aos 30 segundos. Elas esperam que toda essa coisa de novos meios e tecnologia desapareça. Ou, se ainda existirem, esperam continuar com o mesmo procedimento até se aposentarem, deixando a solução para a próxima geração. Infelizmente, nada está desaparecendo, porque os espectadores adoram o poder e o controle que têm atualmente.

Logo, para mim, há duas opções: pensar diferente ou desaparecer na descarga do banheiro do século XXI. Esta não é uma opinião só minha. No ano passado, o *USA Today* identificou um grupo novo de adolescentes e jovens adultos, na faixa dos vinte anos, que foram chamados de 'Inalcançáveis' — pessoas quase impossíveis de serem alcançadas pelos principais meios de comunicação. E, recentemente, quando perguntaram ao diretor de marketing da Sun Microsystems por que ele rompeu o contrato, de apenas três anos, com sua agência, ele respondeu: "As grandes agências só pensam em fazer o próximo comercial de 30 segundos".

A boa notícia em tudo isto é que o desenvolvimento de novas tecnologias e mídia oferece uma oportunidade extraordinária, nunca vista, para a criatividade — aquilo que as agências lutam para conseguir. Pessoas de mentalidade aberta, de idéias ousadas, serão muito comportadas neste novo mundo.

Algumas já são. Os filmes da BMW de nossa agência dão um bom exemplo. Foram concebidos para solucionar um problema simples, mas destrutivo para nosso cliente: nosso público-alvo não estava mais assistindo suficientemente à televisão, para ser alcançado efetivamente. Não podíamos mostrar os carros adequadamente ao público.

Sentamos e pensamos a respeito. Sabíamos que o provável comprador gastava de 10 a 12 horas por dia no trabalho. Sabíamos que ele tinha um computador poderoso na mesa. A lógica era: "Por que não visitá-lo onde ele está — no computador?" O cliente percebeu o valor da idéia imediatamente, e assinou embaixo. Havia riscos envolvidos, sem dúvida, como fazer um filme com formato longo. Mas a idéia era boa, e nós a havíamos concebido. Inicialmente, o cliente esperava que 3 milhões de pessoas o vissem. No verão de 2003, atingiu 50 milhões. A BMW teve o melhor ano de vendas em sua história, no meio de uma economia extremamente difícil. Ir além das propagandas parece ter funcionado bem.

Outro exemplo é nosso lançamento bem-sucedido para a Bolsa de Valores Archipelago, que fazia *The Open Show*, um programa de televisão com um minuto de duração que passava diariamente às 7h59 da manhã —antes de o mercado de capitais abrir pontualmente às oito. Outro é nosso Desafio Buddy Lee, que trouxe um batalhão enorme de garotos para a marca, por meio de um video game criado por nós.

Veja, não estou dizendo que os comerciais vão desaparecer. Eles sempre existirão e nós produziremos grandes anúncios. O que estou dizendo é que os comerciais vão ser uma parte menor do mix. Eles vão ficar um tanto marginalizados. É por isso que levamos a Fallon para outro lugar. Tem sido ótimo para nossos clientes e para nós.

Continuaremos a adotar novas idéias e a colocar nossos clientes em uma categoria única, e não no campo da mesmice de seus concorrentes. Tem sido divertido, estimulante, recompensador, e um sucesso. Além do mais, há aquele detalhe: este será o caminho para a sobrevivência. Darwin escreveu a respeito.

Madonna

Car Jumping

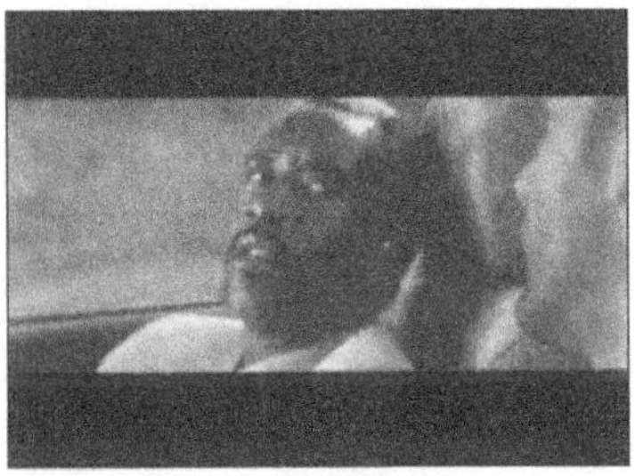

Don C

Clive from Ticker

James Brown & Gary Oldman

Filmes da BMW. 50 milhões de espectadores, na época, e o número continua a crescer. Em 2002, a BMW teve as melhores vendas de sua história nos Estados Unidos.

What!

Beauty Contest

Cannon

Mullet Guy

Town Crier 1

Lisa

Archipelago. ***The Open Show*** introduziu uma nova forma de negociar ações, de um modo engraçado, com enorme sucesso.

Karate Stance

Roy Getting Lasered

Electric Eel

Curry

Challenge Title

Supergreg

Lee Dungarees. O personagem Buddy Lee convidou os garotos para jogar o game on-line e ganhar prêmios legais. As pistas secretas, necessárias para vencer o jogo, estavam impressas dentro dos bolsos dos macacões.

22

CAPÍTULO

O TRANSGRESSOR

O espanhol Juan Ramon Jimenez, poeta, prêmio Nobel de Literatura, disse: "Se lhe derem papel pautado, escreva no verso".

Bem-vindo à Lei do Transgressor.

A diferenciação é a razão para a existência de uma marca.

A diferenciação é, portanto, a responsabilidade básica da propaganda de uma marca.

Então, por que tantas propagandas parecem iguais? Especialmente, como diz Jim Aitchison: "Quanto menos uma propaganda se parece com uma propaganda, maior a probabilidade de ser notada".

Se todos estão 'zigueando', a única coisa sensível a fazer é 'zaguear'.

Seja do contra.

Um fora-da-lei.

"As leis não me têm serventia, elas descartam a exceção brilhante", disse o grande Ed McCabe, ele mesmo um dos mais disciplinados redatores.

É possível violar qualquer uma, ou todas as leis deste livro e, ainda assim, criar propaganda de sucesso?

Se alguém quisesse aplicar todas as leis deste livro, não seria necessário transgredir pelo menos uma delas?

Como em qualquer trabalho humano, você tem de aprender as regras, antes de saber como contorná-las. Mas estar fora-da-lei não é meramente se rebelar.

Toda categoria tem um conjunto próprio de convenções não-escritas de publicidade, sobre como ela deve parecer. Um cliente precisa ser muito corajoso para violá-la, mas é o que você necessita para se destacar.

Se toda lei, neste livro, fosse *realmente* seguida no mundo comercial, a Lei do Transgressor se tornaria a mais importante.

Quem, em plena sanidade mental, desejaria violar A Lei da Venda? Bem, às vezes não são as vendas de varejo que têm mais importância, mas os objetivos corporativos ou 'puras' questões de marca. Mas, certamente, deve sempre haver uma ligação causal direta entre aquelas estratégias e vender alguma coisa no instante imediato, previsível, mesmo que seja apenas uma noção ou uma emoção?

Você pode violar A Lei da Simplicidade e ainda assim se dar bem? Talvez, seria a resposta honesta, mas custa muito dinheiro e um desrespeito incansável pelo profissionalismo básico. É uma lei que eu nunca violaria intencionalmente, esperando ainda um bom Retorno sobre o Investimento.

E o que dizer da Lei do Posicionamento? Viole-a, por maior perigo que isto represente.

E a Lei da Relevância?

O interesse 'emprestado' é uma técnica válida de criação, mas, se o 'aspecto' mais importante da propaganda não for relevante para o mercado, nem massagear os sentimentos, que sentido terá? Você pode violá-la, mas não terá sucesso.

A Lei do Humor? Se ser engraçado torna seu produto mais interessante, aceito, legal ou memorável, então não tenha pavor de ser espirituoso. Mesmo nas categorias mais sérias, como salas de velório, o humor pode ser adequadamente desarmante e realisticamente humano.

Costumava-se dizer que ninguém compra de um palhaço. Hoje, ninguém compra de um chato.

A Lei da Ruptura? Quebre-a e adapte-a, o que não parece ser sensato.

O artista e pensador inglês do século XIX, John Ruskin, costumava incentivar as pessoas a desenhar o mundo à volta delas. Não as ensinava a desenhar, mas lhes ensinava o mundo.

Como ver.

Como observar, em vez de apenas olhar.

Este livro, de certa forma, é uma tentativa de fazer isso para a propaganda. Ao estudar e desenhar essas leis, o leitor encontrará uma nova maneira de ver a propaganda. E descobrirá meios de fazer propagandas que sejam mais notadas, e não meramente vistas.

MT Rainey, que construiu uma agência de enorme sucesso no Reino Unido, pregando a defesa do planejamento, fez uma bela carreira por conhecer as regras e saber romper conscientemente com as noções aceitas.

Aqui, ela formula a filosofia do Transgressor.

Ela é válida e atual.

O Transgressor, por MT Rainey

Parafraseando o grande Peter Cook, já falecido, tudo o que acabamos de dizer é mentira, inclusive isto.

Supondo que você esteja lendo este capítulo por último (mas é claro que não está, você é um transgressor), a figura de linguagem tipo Escher, deste livro, deve ter sido amplamente demonstrada até agora, isto é, a aplicação de leis a um esforço cujo sucesso depende de sua violação.

Quando fui convidada a escrever um capítulo, não só me indignei com o título, mas, na tentativa de aceitá-lo, lutei durante semanas para identificar qualquer lei da publicidade, além de 'Sods', com a qual eu pudesse concordar publicamente e com impunidade.

A Lei Sods, em publicidade, é, obviamente, aquela que diz: *Quando você acaba de ter uma idéia brilhante, vende-a a seu cliente, e está para iniciar a produção, um concorrente publicará imediatamente tal idéia em uma forma de execução muito inferior àquela que você tinha imaginado, fazendo-o voltar para a prancheta, com o prazo se esgotando.*

Sendo a pedante, a empinada que sou, não estava a fim de submeter generalizações como humor, emoção ou simplicidade à busca de uma 'lei' da publicidade, e, de fato, os outros esboçaram de maneira sensata, útil e certamente muito melhor do que eu teria feito, a sabedoria dessas grandes verdades da propaganda.

Mas eu, caro leitor, optei por ficar fora e, francamente, quis puxar o carro, e sugeri o título deste capítulo. Tive certa dificuldade temporária em convencer Michael de que o título deveria ser 'O Transgressor' e não 'A Lei do Transgressor', até perceber que, apesar da abertura desafiadora, eu estava querendo renunciar à tarefa.

Este capítulo não será longo. De diversas formas, o título e a posição do capítulo no livro já dão o recado. Talvez eu faça um resumo da intenção do livro, e talvez dê uma 'parada' para analisar os argumentos que ele contém. É este exatamente o objetivo de Michael em sua introdução, e estou certa de que muitos de meus colegas colaboradores já falaram sobre isso de uma forma ou de outra, em seus respectivos capítulos. Naturalmente, o assunto remete à loucura das fórmulas, à rejeição das regras e à vergonha da mesmice. É claro que tem a ver com o requisito 'pensar diferente', e com a necessidade de 'quebrar as regras' e com o desejo de 'ruptura'. A propaganda sempre empregou a retórica do fora-da-lei e seus maiores praticantes e sectários, de Ray Rubicam e Bill Bernbach, a Jean Marie Dru, que sempre pregaram uma forma de subversão.

E se tenho qualquer conhecimento tácito, depois de 25 anos no ramo (comecei jovem), seria um resumo genuíno endossando essa polêmica e deixando-a como está.

Há, entretanto, inúmeras nuanças que eu gostaria de acrescentar, em parte como reforço, e em parte porque as mudanças no contexto, para a criatividade e para as idéias, no esforço mal conhecido como publicidade, parecem mais que nunca exigir que pensemos de um modo diferente e, ao mesmo tempo, defendamos nossa posição.

Por mais que adoremos a imagem projetada por Clint Eastwood, O Transgressor, evidentemente, não é uma pessoa. Não é o gênio maluco que ouve CDs de The Tindersticks na sala do canto do departamento de criação. Nem é simplesmente um processo, embora haja processos legítimos que podem surgir dele. E, sem dúvida não é um posicionamento, uma postura ou uma pose disponível apenas a poucas agências extraordinariamente atuais, por um período finito de tempo (embora na ausência de concorrência séria nos Estados Unidos, durante toda a década de 80, a Chiat/Day tenha acenado a bandeira Pirata por muito tempo). Não é apenas algo que toda agência deveria *ter* ou que toda agência deveria *fazer*. Como um plano para o pensamento criativo, 'O Transgressor' é uma *mentalidade* e um sistema de crenças que deveriam permear nosso setor e inspirar a todos, se quisermos continuar a ser valiosos e valorizados.

Porque, evidentemente, como Ed McCabe disse, a criatividade continua sendo a última arma competitiva, o último meio legal pelo qual uma empresa pode ganhar vantagem injustamente sobre outra. A tecnologia de informação, a globalização da economia de mercado, a liberalização dos mercados, a fragmentação da mídia e a mudança do consumismo ocidental para propulsores baseados no desejo e na experiência, distanciando-se dos propulsores baseados na necessidade, tudo isto contribui para o aumento da importância de 'intangíveis' e para a primazia da criatividade, somada, evidentemente, à capacidade de aplicá-la como um ativo básico das empresas e organizações de hoje.

Quando trabalhei nos Estados Unidos, na década de 80, fiquei chocada com o reconhecimento aberto, mesmo por parte de alguns praticantes, de que havia dois tipos de propaganda: a propaganda criativa e a 'propaganda que vende', enquanto na Inglaterra o imperativo da criatividade era amplamente aceito na época. Acho que desde então as coisas mudaram para melhor nos Estados Unidos, mas nesses tempos mais difíceis em todos os nossos mercados, em que algumas empresas ainda vêem claramente a criatividade como um luxo, a realidade é que mais que nunca a mentalidade do Transgressor não é uma opção — é obrigatória.

Possivelmente não haja outro setor em que a criatividade, em seu sentido mais lato (que englobaria a inovação e até mesmo a coragem), seja um pré-requisito absoluto, como na publicidade. Em muitos outros setores que empregam habilidades criativas, a inovação e a criatividade são apenas parte do mix de produto. A indústria cinematográfica, embora produza novos filmes altamente criativos e inovadores, também é abertamente escrava de uma fórmula de sucesso. Da mesma forma, a indústria da música produz infindáveis 'o melhor de', e compilações, ao lado de bandas e álbuns genuinamente novos. Os arquitetos, projetistas de software, designers de games — têm vantagem e uma vantagem abençoada, mas todos também têm 'mercados' legítimos para o que é familiar, experimentado e de confiança. Em outros aspectos da cultura, posso (ou não) apreciar e aproveitar o novo e o diferente, mas certamente, pelo menos em parte do tempo, terei a garantia, o conforto e o entretenimento do que é familiar, de fato freqüentemente idêntico. Esse eu, evidentemente, não pode ser dito da publicidade, pelo menos em princípio.

Na verdade, acho que é menos sobre 'em princípio' e mais sobre 'em teoria'. As pessoas consomem música, filme, games etc. em um mercado aberto e ativo. Elas trocam dinheiro por esses produtos, fazem escolhas e têm preferências por eles. Elas não 'consomem' propaganda da mesma forma — embora ela exista no mesmo espaço cultural — e é claro que usamos esse termo (consumir) para descrever o que as pessoas fazem com a propaganda.

Embora seja óbvio, esta é a essência do imperativo da criação para a propaganda, e é quase sempre desprezada. Como outros aspectos da cultura, a propaganda evidentemente opera na esfera pública, mas, ao contrário de outros aspectos da cultura, ela é compelida a invadir, e só será efetivamente 'consumida', se conseguir fazer isso de algum modo. Faz sentido, então, que o *sine qua non* de qualquer propaganda seja 'ser notada'. Agora, aqui está a parte da ciência. Em termos puramente neurológicos, o cérebro *nota o que é diferente* e relega ou descarta o familiar. De repente, 'resistir ao usual' se torna menos um slogan familiar que um resumo surpreendentemente convincente da Teoria da Detecção de Sinais e Reconhecimento de Padrões, e considera-se claramente que pelo menos dois campos científicos importantes e estabelecidos apóiam a mentalidade do Transgressor para a Propaganda.

Este modelo de propaganda sobreviverá por muito tempo? Está sobrevivendo agora, no clima frio da recessão do início do século XXI, no mundo digital de multicanais? Quando O Transgressor se tornará O Expulso?

Uma das previsões mais otimistas e persistentes dos últimos 10 anos tem sido aquela da morte da mídia de massa e da propaganda. De fato, no firmamento dos serviços de marketing, a propaganda agora é muito mais o negócio que não ousa falar seu nome. É totalmente fora de moda, hoje em dia, ser otimista quanto à publicidade, mas acho que eu sou.

Certa vez, fiz uma palestra em um programa de premiação, na Austrália, no auge do crescimento das empresas virtuais, que eu chamei de Bagos de Cristal. Foi basicamente uma fala humanista, contra as previsões ridículas, irrealistas, do que aconteceria no comportamento do consumidor e, portanto, com a mídia de massa e com a publicidade, como resultado do aparecimento da Internet. Parecia a mim e a outros (embora poucos deles se manifestassem na época) que o mercado estava sendo completamente inflado por confundir o possível com o provável, e supor que a natureza essencial dos consumidores fosse tão altamente racional e altamente individualista. O consumidor era basicamente um míssil que buscava valor, operando sozinho. Apesar do frenesi do otimismo e da excitação que isto criou na época, a projeção invocada do futuro era, na realidade, altamente anti-utópica. Levada à sua conclusão *lógica*, era positivamente 'vulcânica'.

Bilhões de indivíduos ligados em seus PCs, lendo 'O Eu Diário', pedindo mais da mesma coisa, dando às marcas que conheciam e gostavam permissão ocasional para lhes enviar um novo folheto promocional. Tendo informações exatas na palma da mão, as pessoas as usariam infindável e incansavelmente para as devidas comparações e fariam, portanto, escolhas 'perfeitas', altamente racionais. Pegas na guinada da virada do século, em que a novidade, o acidental e a descoberta não tinham lugar, elas nunca fariam uma coisa tão banal quanto visitar lojas, ler livros ou assistir à televisão. Não existiria nada como a mídia de massa, nada parecido à difusão pública, e poucas seriam as ocasiões para experiências partilhadas de mídia, na medida em que as pessoas 'interagiam' infindavelmente com a programação ou o entretenimento em tempo real. Certamente, elas não seriam consumidores ou mesmo recebedores passivos de publicidade, pois naturalmente gostariam de editar isso. O mundo delas seria inteiramente sob demanda e customizado. E chato, e previsível, e isolado, e, é claro, como se revelou, profundamente improvável.

Esta visão do futuro ignorava consistentemente a natureza social do ser humano e o instinto tribal ou gregário do ser humano individual. Ela também subestimou completamente o hedonismo da experiência física de pesquisar e comprar, e subestimou a capacidade dos atacadistas convencionais, de inovar para conseguirem isso. Ignorou toda a base do setor de entretenimento, ou seja, que a vasta maioria do entretenimento está se inclinando para trás e não para a frente, porque as pessoas gostam disso. Ignorou uma das características propulsoras da economia de mercado, conforme definida por Adam Smith, de que uma das funções primárias da riqueza é exibir a riqueza, e que, portanto, devemos ter um entendimento compartilhado de quais são os significantes da riqueza, isto é, das marcas e valores e imagens de marca. E também esqueceu por que as marcas evoluíram — para fazerem escolhas mais simples em um mundo com escolhas e ofertas demais.

Cinco anos depois, a bolha estourou, e embora muitos dos efeitos da Internet, previstos freneticamente, agora estarem ocorrendo mais devagar, mas objetivamente, eles estão criando amplas mudanças no equilíbrio e no conjunto de comportamentos das pessoas, em vez de mudá-los completamente. Embora as classificações do mercado de massa tenham caído como uma percentagem do todo, a demanda pela propaganda na televisão, tanto aqui no Reino Unido quanto nos Estados Unidos, aumentou, sendo vendida por um prêmio mais alto que nunca. Há ainda muitas experiências de mídia compartilhadas, e ainda temos conversas próximos ao bebedouro (ou no bar, ou na sala de chat), sobre propagandas e programas porque, é claro, elas fazem parte de nossa cultura partilhada. O poder da boa propaganda de televisão, em particular, de alcançar amplamente uma população, e com rapidez, ainda é fortemente demonstrado diariamente, acompanhando-se resultados de estudos. Entretanto, ainda há novas oportunidades maravilhosas em outras mídias, no uso da mídia, e também no diferente mix de mídia, que estão disponíveis atualmente e que, quando a mentalidade do Transgressor é aplicada, nos dão ainda mais chances para inovar, agregar valor e nos divertirmos com isso.

A criatividade e a mentalidade do Transgressor ainda são necessárias para a ciência da propaganda funcionar como ainda funciona, seguindo o modelo "push" (de oferta) e muito mais acontecerá. Atualmente, a criatividade é até mais necessária que nunca, à medida que a complexidade aumenta com a multiplicação de redes de conexões, influências e canais, e que a experiência das pessoas disseca a imagem que elas têm das coisas cada vez de mais maneiras, em um número cada vez maior de aspectos. Ser criativo no modo como você comunica é uma responsabilidade de peso muito, muito maior quando 'tudo comunica'. A experiência das pessoas com as coisas em geral, e com as marcas em particular, decorre muito das impressões e não das opiniões que elas geram. Também está mudando e evoluindo constantemente em relação a outras marcas, em contextos que não podemos conhecer nem controlar. Jeremy Bullmore usa a adorável imagem de um pássaro construindo um ninho de gravetos e ainda utiliza outros objetos para descrever a ação. Um argumento similar passa pelo trabalho de Seth Godin e Malcolm Gladwell. Ele diz que, neste mundo interconectado, a comunicação mais importante e poderosa sobre uma marca é aquela entre clientes e outros clientes, e não aquela que acontece entre uma marca e seus clientes.

A comunicação, e especificamente a propaganda, nunca foi simplesmente sobre o trabalho de pintura no final da linha de produção, mas hoje em dia essa maneira de pensar, essa maneira de usar a criatividade é positivamente perigosa.

Há uma lei que merece ser codificada neste ponto, e é a 'Lei das Conseqüências Não Pretendidas'. Não é mais possível simplesmente medir os efeitos de nossas mensagens não intencionais sobre nosso alvo não intencional, e negociar 'conversão' contra 'a perda'. Precisamos entender que qualquer ação terá um impacto sobre todos os receptores, e esse impacto negativo pode ser uma influência tão poderosa sobre muitos quanto a positiva é sobre poucos. Por que ainda é satisfatório para o setor de marketing direto propor que um índice de resposta de 3% é uma coisa boa, se puder ser provado que é efetivo, em termos de custo? E o que dizer dos 97% que você aborreceu, insultou, não compreendeu, tratou com inconveniência e irritou, para atingir isso? Um argumento similar poderia ser feito sobre a propaganda que busca chocar ou intrigar, ou, mesmo sobre a propaganda que cria claramente uma promessa que não se relaciona com a experiência real que as pessoas têm da marca.

Logo, os desafios para o marketing são muito mais complexos agora e, portanto, o requisito para aproveitar a criatividade durante todo o processo está claramente lá. Nosso setor entende mais de criatividade que a maioria porque ela tem sido fundamental para nós há muito tempo. Sabemos como estimular, usar, gerenciar e recompensar a criatividade. Acomodamos a mentalidade do Transgressor, enquanto muitas culturas de clientes a achariam estranha, e seu organismo tenderia a expeli-la. O modo de pensar que poderia ser denominado Mentalidade Transgressora, tão elogiado em nossa cultura, deveria, então, ser até mais valorizado por nossos clientes. E, no entanto, há uma noção de que somos nosso pior inimigo neste setor; buscando nos tornar mais iguais a eles, sendo vistos como mais dirigidos pela racionalidade e responsabilidade, quando, de fato, deveríamos estar ajudando-os a serem mais como nós. Os dois não são incompatíveis. São apenas partes diferentes do todo. Como Bob Dylan disse certa vez: "Somente um homem honesto vive fora da lei".

Logo, você terá de decidir por si mesmo se acha que 'O Transgressor', e, portanto, o tema deste livro, é o manifesto de um rabugento, os últimos estertores sem esperança, agonizantes, ou se é uma defesa desafiadora de uma tradição relevante e orgulhosa que está em perigo de ser 'expulsa' pelos filisteus. Como sempre, a verdade está presa dentro de um clichê. Seja o que for que você pense, pense diferente.

Apêndice 1

A Lei dos Prazos

São as marcas uma resposta à luta de vida e morte do anunciante para se diferenciar em um mundo de intensa competição, onde o novo e o mais recente podem ficar totalmente ultrapassados em horas.

Por um lado, você tem a possibilidade de moldar um tipo de cultura em que todos chegam *pontualmente* e têm a idéia *a tempo* — todo o trabalho feito, acabado e despachado na data prevista.

Mas a realidade é que você pode acabar tendo uma propaganda ruim.

E no prazo certo você vai falhar.

As horas passadas na mesa, com as pessoas, não são o mesmo que passar o tempo de forma eficiente.

(O mesmo acontece com a dicotomia dos orçamentos. Jon Landau, produtor do Titanic, disse certa vez: "Ninguém se lembra de um filme ruim que fica dentro do orçamento".)

Por outro lado, "Adoro o som do movimento que eles fazem ao passar", comentou o humorista Douglas Adams a respeito dos prazos.

Oscar Wilde teria concordado.

Ele inspirou muitos profissionais de criação publicitária com sua fala: "Passei a manhã inserindo uma vírgula e me diverti à tarde, removendo-a".

A história mostra que, embora o grande nem sempre devore o pequeno, o rápido sempre devora o lento.

É verdade que a inspiração nem sempre se materializa corretamente, de acordo com a programação. Mas a inflexível rapidez do mercado significa que a Lei do Prazo, imutável, é a realidade final. Quebre esta lei, e você pode espe...

Apêndice 2

Os 10 Crimes Irresponsáveis Contra a Propaganda

(Que Sempre Afetam os Lucros)

Como no mundo real, há mais crimes cometidos na terra da publicidade do que leis específicas para governá-la.

Cada uma dessas 22 Leis tem um inimigo natural, um Crime correspondente que elas procuram evitar.

Por exemplo, níveis de tomadores de indecisão, exércitos de homens sem personalidade, mudanças constantes de direção e processos de aprovação glaciais são culpados de afetar, perturbar e diluir *A Lei da Simplicidade.*

Uma cultura criativa, onde propagandas únicas, entendidas por um pequeno grupo, são recompensadas com prêmios de criação, pode minar *A Lei da Consistência*, e assim por diante.

Muitos dos grandes comunicadores do mundo passam a maior parte de seu tempo sem praticar e refinar as leis da propaganda excelente, mas resolvendo os problemas causados pelos perpetradores de crimes contra a boa propaganda.

Aqui estão 10 exemplos de violência aleatória contra a propaganda excelente, que são lembrados imediatamente.

1. O Crime da Pesquisa

Anita Roddick, que fundou The Body Shop, descreveu a pesquisa 'como olhar pelo espelho retrovisor de um carro que se move rapidamente'.

Idéias mais lucrativas morreram, desnecessariamente, devido ao uso desleixado, que visa a manter a pontuação da pesquisa, e mata mais que qualquer outra arma.

Pesquise e destrua.

Pré-testar conceitos de publicidade transforma mágica potente em lixo patente. Supõe desumanamente que o que as pessoas dizem e fazem é, de algum modo, a mesma coisa.

Às vezes, os anunciantes dizem: "Nós a usamos apenas como uma 'verificação do desastre'".

Isto é realmente gerenciar para o fracasso.

É claro que os consumidores fazem escolhas de marca intuitivamente. Por isso, perguntar a eles qual é a probabilidade de comprarem determinada marca, obviamente não vai levar a resultados exatos.

É igualmente claro que, contanto que haja clientes inseguros, haverá pesquisa permanente de conceito.

No entanto, ao seguir essa trajetória tão patologicamente, o setor tem conseguido sufocar a comunicação inovadora, ao mesmo tempo em que a tecnologia oferece cargas de produtos semelhantes para serem anunciados.

Não é só a propaganda, é claro.

Hollywood mostra um filme, antes de seu release, a um bando de cabeleireiros, motoristas de caminhão, secretárias e trabalhadores de Dogsbody, Arkansas, que declaram, unanimemente, que a morte do herói na tomada final é inaceitável. Aquiescendo aos pedidos, o filme é mudado de modo que haja um final feliz.

Vamos encarar os fatos. Se a pesquisa funcionasse, Hollywood nunca falharia (menos de seis entre 10 filmes fazem dinheiro. Seu retorno sobre o investimento é entre 4% e 5% — eles teriam mais lucro se colocassem o dinheiro em uma poupança).

Os previsores de tendências do Reino Unido, Martin Raymond e Chris Sanderson, manifestaram-se contra as pesquisas em visita recente à Austrália:

"Grupos de discussão? Esqueça. A única coisa que os clientes dizem é o que você quer que eles digam. Não confie neles".

2. O Crime da Lógica

A maioria dos anunciantes está preocupada em encontrar a resposta logicamente certa, em vez da resposta emocionalmente real.

Muitos se assustam com o risco. Ainda pior, relutam em seguir seus instintos. Retraem-se — mesmo que achem que funcionará — porque não têm provas. O resultado é que idéias críticas, não lineares, costumam ser cortadas sob pressão da racionalidade zelosa da direção. O problema é que a criatividade na propaganda não é um processo linear, por definição. Logo, toda a lógica e a análise cognitiva executadas até o momento em que o brief é dado ao pessoal de criação são, freqüentemente, de uso limitado.

Uma idéia original é o resultado desejado, e a originalidade é o salto lateral de qualquer um dos passos que a precedem.

Idéias emocionalmente poderosas devem poder superar o processo incansavelmente racional.

Se você quer ser um anunciante bem-sucedido, meu conselho é: não julgue as idéias com sua cabeça, julgue-as com seu coração.

Sinta-a.

Não pense nela.

As pessoas reais não pensam tanto quando olham para a propaganda, e você também deve ser assim.

O coração lhe diz se você ficou tocado, riu ou chorou, ou se a idéia é comum, vazia ou desinteressante.

> *O olho deve ver coisas.*
> *A alma está aqui para lhe proporcionar alegria...*
> *Mistérios não devem ser resolvidos.*
> *O olho é cego*
> *Quando só quer ver o porquê.*
> — Jalal al-Din Rumi, poeta sufi do século XIII

O problema da paralisia da análise infeta outras profissões também. Certa vez, um comediante me contou como sua ocupação arruinou sua capacidade de rir: “Se ouço uma boa piada — disse seriamente — eu não rio, e penso, hum, muito engraçado... mas *por quê?*”

Faça uma análise. Independentemente de como logicamente tudo esteja ‘nos trilhos’, a não ser que a idéia seja emocionalmente forte, ela não começará a resolver seu problema de marketing.

E o produto não venderá.

Logo, somente quando você está certo de que a propaganda tem um engajamento emocional é que você deve processar logicamente se a idéia se encaixa no brief, ou nos valores da marca, ou mesmo, ouso dizer, no orçamento.

(O filme de animação *Procurando Nemo* foi um dos maiores sucessos nos Estados Unidos, em 2003. Na época, inúmeros chatos afirmaram que não é tecnicamente possível um peixe ser engolido por uma baleia e depois sair pelo espiráculo — não há ligação física entre o trato digestivo de um cetáceo e a traquéia. Mas Hollywood não estava treinando gastrenterologistas, estava? Eles queriam ser populares, e não precisos. Sabem que há espaço para saltos imaginativos quando o coração é capturado.)

Seu processo publicitário deve ser uma busca estruturada por um acidente maravilhoso de circunstância, a criação de algo novo e poderoso, potente o suficiente para fazer com que coisas interessantes aconteçam.

Às vezes você tem de elevar a importância da idéia até mesmo acima do pensamento estratégico original.

As grandes idéias nem sempre se encaixam no brief. Geralmente são maiores que o brief original.

As grandes idéias geram oportunidades imprevistas. Podem mudar a natureza ou o foco de uma empresa inteira.

Certa vez, ouvi um paisagista profissional lamentar-se para alguns de seus clientes: “É uma inconveniência que as árvores cresçam — elas precisam aprender a abrir mão do controle e deixar o jardim evoluir para algo inesperado e maravilhosamente maior que qualquer coisa que siga um plano lógico”.

3. O Crime da Familiaridade

A familiaridade gera inércia.

A familiaridade gera desprezo.

E repete clichês.

Enquanto falo sobre ser previsível, citarei o grande Bill Bernbach (afinal, todos não fazem isto?). *"O que foi efetivo um dia, pela mesma razão não será efetivo no dia seguinte, porque perdeu seu impacto máximo de originalidade."*

As marcas foram inventadas para atingir a diferenciação e, no entanto, os clientes exigem loucamente: "Me dê algo como blablablá..." O problema é que quando o blablablá foi feito, não havia nada igual.

Livre-se de qualquer pré-concepção de como a solução deve parecer. A maioria das propagandas cede, pois se baseia na experiência anterior. A sabedoria tradicional é tradicional demais.

Don Watson, redator de discursos e autor, perguntou: "Quando foi a última vez que você ouviu um político usar palavras que pareciam sinceras e faziam sentido?... Seus olhos brilham quando você lê uma carta de seu banco? Quando seu empregador lhe diz para tocar um projeto, ou fala que é preciso aumentar o resultado financeiro, sua mente se fecha?"

A ambigüidade e a surpresa forçam nosso interesse.

O poeta Ezra Pound escreveu: "Torne isto novo para mim".

4. O Crime da Auto-importância

Há uma história apócrifa sobre um executivo da televisão americana que admitiu: "Fazemos programas para as pessoas que podemos dominar". Essa mesma desconsideração infecta muitos importantes profissionais de marketing. O cinema que freqüento não passa 'propagandas' antes do filme principal. Eles oferecem 'entretenimento antes do filme'.

Se fosse.

Dizem que a maioria dos profissionais de marketing se acostumou demais a ver as pessoas como consumidores, como se as pessoas comuns vivessem em uma corrida por recursos preciosos. É claro que a maioria das pessoas preferiria se ligar a uma comunidade que lhe desse apoio, em vez de competir ferozmente pela sobrevivência (que, na verdade, é mais a mentalidade agressiva do mundo dos negócios).

O newsletter Nilewide.com destaca que muitos líderes empresariais são de um tempo em que tudo o que eles tinham a fazer, basicamente, era levar as pessoas a comprarem coisas em uma época em que a maioria das famílias não tinha a maior parte dos produtos que queriam de qualquer forma.

As empresas gostavam de acreditar que estavam no controle.

Muito arrogantes, as empresas, em sua maioria, tinham uma forte hierarquia, aprendida com o exército, para se dirigir ao público de uma forma muito masculina. As comunicações eram um monólogo.

Entretanto, agora, o negócio da persuasão deve se tornar menos coercivo e mais discursivo.

A propaganda do mercado de massa, que costumava bombardear, empurrar e solicitar, agora deve aprender a atrair. Seduzir. Engajar. A feminilização do marketing, como esse movimento está sendo chamado, com seu novo modo de expressar diálogos de marketing, é dirigida para o relacionamento e é sedutora. Ironicamente, será o modo mais efetivo de atingir o objetivo machista de controle sobre preferências ou atitudes do cliente.

Você não deve tentar ensinar às pessoas coisas sobre seu produto. Deve tentar criar uma crença emocional no seu produto. As marcas que farão sucesso amanhã, agregarão valor por meio da garantia, de emoções partilhadas e de sentido não-racional. A evolução, ou talvez revolução, para alguns, é das 'marcas de ingredientes' para as 'marcas de solução'.

Ou, para colocar em uma linguagem menos arrogante, as pessoas querem saber de flores bonitas, e não dos níveis de fosfato de seu adubo.

5. Os Crimes Contra a Humanidade

Em geral a propaganda habita mundo próprio, de realização brilhante, supereducado, idealizado e irreal. Isto é muito mesquinho.

À medida que o mundo se torna mais comercial, há uma ânsia maior por autenticidade, escala humana, alimento saudável, grupos de leitura, fibras naturais e vegetais orgânicos. O público pagante quer ver a propaganda que é mais solidária. Isto significa ter honestidade intelectual para ser mais realista. A não ser que você consiga 'alcançar e tocar' alguém, ninguém procurará sua marca.

O guru do cinema, Robert McKee, ensina que se você quer o sucesso global, precisa ser culturalmente específico e universalmente humano.

Foi irônico que, durante o blecaute maciço que afetou a parte noroeste dos Estados Unidos e regiões do Canadá, em 2003, para muitos nova-iorquinos foi uma oportunidade única de ver as estrelas, principalmente a constelação Grande Dipper que, para o resto do mundo, é uma das constelações mais nítidas do céu.

Quero dizer que é fácil se sentir muito refinado e, ao mesmo tempo, estar totalmente fora de contato com as coisas grandes, importantes, da vida.

E o que é real? Peguei essas verdades humanas básicas do estrategista inglês David Keig, da Keig & Co., da Austrália:

Ninguém confia em alguém que pode ser todas as coisas, para todas as pessoas, ou apenas diz o que elas sabem que querem ouvir.

Todos nós gostamos de ser surpreendidos.

Nossos amigos não são idênticos a nós, nem nós queremos que eles sejam.

Odiamos quando alguém diz: "Eu sei o que você quer".

Ficamos aborrecidos quando as pessoas sempre olham e agem da mesma forma.

Nós nos sentimos incomodados quando as pessoas se portam de um modo contrário à sua personalidade.

Odiamos o interesse falso e cortesias vazias ou falsas.

Odiamos pessoas que têm apenas uma piada em seu repertório, e a contam repetidamente.

Não gostamos de pessoas que levam as coisas muito a sério.

Odiamos ser perturbados quando estamos relaxando ou nos concentrando em algo.

Odiamos ser defendidos.

Odiamos a sinceridade falsa.

Perdoamos os erros... até certo ponto.

Não gostamos de ciúmes.

Gostamos de aprender com os outros.

Gostamos de partilhar experiências.

Gostamos de conversar e estabelecer contato.

Odiamos pessoas que abusam da receptividade ou buscam a amizade insistentemente.

Agora, faça a pergunta: Por que as marcas deveriam ter outro comportamento?

Então, faça a pergunta: Minha marca é assim, real?

É possível que não seja e, enquanto busca agradar, merecer crédito, e assim por diante, a personalidade da marca tem se tornado gritantemente clara e artificial, para se tornar real.

Bom demais para ser verdade.

Logo, nem boa, nem verdadeira.

6. O Crime do Ateísmo

Os pecadores se arrependem. A propaganda funciona como mágica.

Como a mágica, você precisa acreditar na propaganda, antes de mais nada. Se você não acreditar no poder de transformação que ela tem, não conseguirá fazer uma propaganda efetiva. Então, por que você está incorrendo no seu custo?

Uma das razões para a propaganda não ser tão boa quanto deveria é que um número muito pequeno de profissionais de marketing acredita realmente em sua eficácia. Isto leva à precedência de imperativos de curto prazo sobre a construção da marca (que, no final, é mais lucrativo).

Supõe-se que o marketing seja sobre a descoberta de um insight humano comercialmente rico, que é realizado vividamente na execução criativa. Sim, muitos departamentos de marketing gastam seu dinheiro e muito de vida profissional 'ticando caixas'. Isto não é ser um comunicador profissional, mas a maneira mais segura de impor padrões rigorosos de mediocridade, garantindo a produção de um manjar sem graça, insípido.

Por isso, transforme sua profissão em paixão, ou arrisque transformar sua marca em uma commodity. Você precisará reconhecer os valores essenciais do intangível: paixão, sensualidade e história.

Se o seu objetivo é criar a crença em sua marca, comece acreditando que nada é impossível.

O original cientista Sir Isaac Newton, tinha uma ferradura da sorte na porta da frente de sua casa. Isto chocava seus colegas zelosamente racionais que certamente diziam que ele não acreditava nessas coisas, não é mesmo?

Newton concordava: "Realmente não acredito, mas ouvi dizer que funciona".

Experimente ter fé. Olhe os milagres que ocorreram em tempos passados.

"A coragem" — escreveu Goethe — "contém gênio, poder e magia".

Em nenhum lugar isto é mais verdadeiro que na propaganda.

7. O Crime da Estrangulação por Dados

Os publicitários recebem uma avalanche de dados e, no entanto, têm cada vez mais necessidade de entendimento, conexão, magnetismo e humanidade.

Os dados não são conhecimento.

O conhecimento não é necessariamente *insight.*

E o *insight* não é uma idéia.

Raramente o problema é falha de informação, mas de receptividade, uma falha até mesmo de ideologia. Há uma patologia da mensuração nos atuais departamentos de propaganda, uma obsessão em reduzir todas as coisas a um conjunto de números 'objetivos'. Os números parecem dar aos tomadores de decisão uma falsa noção de exatidão. Os profissionais de marketing ficam hipnotizados com isso.

A propaganda é provocação. É o tom, o estilo, o charme, a apresentação, o tempo efetivo.

É mais conduta que substância.

Ou dados.

Em suma, é melhor estar aproximadamente certo que absoluta e friamente errado.

De aocrdo com psequsias na Uinvresiddae Ingelsa, naõ improta em que ordem as lteras estão em uma palavra, a única coisa imroptante é que a pirmeira e a útlima letra estejam no lguar creto. O rseto pode ser uma confsuaõ total e vcoê ainda pdoe ler sem porbelma. Isto proqeue nós naõ lmeos cada lerta isoaldamnete, mas a palarva como um tdoo.

Comece certo. Determine o fim que você tem em vista e faça o meio ficar interessante; não trabalhe demais nas minutas.

Nicholas Samstag comentou em seu maravilhoso livro *Bamboozled*: Como a sedução, você sabe quando sua idéia está dando certo ou não. Por bem ou por mal.

Não se engane. Nem a sedução, nem a excelente propaganda, podem ser realizadas com qualquer técnica fundamentada basicamente em números.

Deixe uma brecha para que a mente penetre nela.

Procure um seixo na praia, dê um polimento nele e deixe-o como ornamento, para que ele capte a luz.

8. O Crime da Interferência

Esta é a insanidade de latir, quando você tem um cachorro.

Sim, a propaganda é uma 'arte coletiva', mas não é a mesma coisa que tomar decisões por comitê. Pior, muitos a tornam um processo adversário, o que inevitavelmente leva ao consenso.

A propaganda, como Hollywood, é uma indústria agitada. Entendo que o produtor do filme *Scream* quisesse filmar sete alternativas para a máscara scream, para decidir mais tarde qual delas o assassino usaria.

Muito freqüentemente, com o interesse equivocado de 'construir relacionamentos', clientes que em princípio seriam bem-intencionados têm abertura para destruir, sem querer, uma idéia ponderada com exatidão, com a infame síndrome da 'morte por picada de patos', mesmo depois de o conceito ter sido aprovado.

Uma vez realizada com sucesso a reunião, antes da produção, o cliente realmente não deveria ver o comercial novamente, antes de estar concluído. É a única forma de julgá-la objetivamente.

Os clientes deveriam ser desencorajados a ficar 'em cima' de seus profissionais de criação, como uma consciência irritante (ainda estamos lá?). Os profissionais de criação precisam ter espaço para criar a solução.

Os publicitários se subestimam ao tentar ser redatores ou diretores medíocres. Eles deveriam se colocar no papel mais estimulante de um empresário, que é definido em meu dicionário como:

(1) um produtor ou promotor de iniciativas comerciais de entretenimento.

(2) alguém encarregado de uma companhia de balé, ou de ópera, responsável pela parte empresarial, contratação de artistas e autorização de novos trabalhos.

(3) um showman.

O maior empresário que existiu foi Diaghilev, diretor do Russian Ballet Russes, que aproveitou talentos de Picasso, Braque, Matisse, Prokofiev, Stravinsky, Fokine, Massine e Cocteau. Ele tinha a capacidade de saber quem era excelente, reuni-los e lhes dizer a famosa frase: "Etonne-moi (Surpreendam-me)".

A alternativa é arriscar desequilibrar um trabalho bem-ajustado, e arruinar seu efeito porque a agência viu-se intimidada ou foi gentil demais para interrompê-lo.

Isto me lembra o tempo em que o lutador de boxe Tony Mundine foi treinado para dar uma declaração 'digna de ser citada'. Durante a grande coletiva de imprensa, infelizmente, ele acrescentou à frase de efeito uma fala sua, que acabou arruinando totalmente o efeito pretendido:

Mostrando os punhos cerrados para as câmeras e os repórteres, ele foi orientado a dizer: "Esta mão direita já colocou mais natureza morta na tela que Rembrandt..."

Assim que os repórteres estavam anotando a frase, Mundline cochichou ao seu gerente, e todos ouviram: "... mas, quem é este idiota do Rembrandt?"

O grande HG Wells escreveu: "Nenhuma paixão no mundo se iguala à paixão de alterar o rascunho de alguém".

(Sinto muito, mas você vai ter de mudar isto.)

9. O Crime do Discurso Promocional

A promoção de novos negócios talvez tenha sido a mais inadequada em todos os processos estabelecidos no setor. Muitas agências se ressentem. Os clientes apresentam os mesmos defensores para cada projeto? Eles enchem as salas com diferentes representantes de escritórios de advocacia, para que sejam apresentadas defesas alternativas para os casos judiciais?

Distribuir gratuitamente idéias e estratégias utilizando discursos criativos, esgota os recursos e o moral de uma agência. Isto é pouco mais que a extensão de um processo do cliente, que está experimentando a estratégia de marketing ou reforçando um relacionamento senhor — escravo com suas agências.

O medo é um clima ruim para o trabalho excelente se desenvolver.

Pertence ao mesmo conjunto de ferramentas de poder que convoca reuniões às 7 da manhã e procura conduzir negócios fora do expediente. Eu sei que parece loucura, mas os clientes deveriam tentar ser mais intuitivos, mais dispostos a confiar nos outros, e mais éticos, quando procuram um parceiro de negócio — mesmo porque um cão de colo, subserviente e obediente, nunca será útil.

As agências, é claro, têm encorajado esse comportamento. Saltar aros suspensos no ar e fazer 'micagem' para convencer os clientes de suas idéias profissionais é um procedimento complicado.

O relacionamento de sucesso entre agência e cliente é de parceria, de partilhar receita, e de incentivo. As agências funcionam melhor quando estão motivadas, e não quando estão reduzidas a um fornecedor genérico que se baseia no custo.

Isto me leva a:

10. O Crime de Transformar o Produto Criativo em Commodity

Anos de cortes nos preços das agências têm desvalorizado as idéias. Foi um pecado mortal.

"Se você elimina o profissional de criação, como um agente discriminador entre agências, grupos de rede podem vender pacotes de serviços com desconto", destacou Lord Saatchi, do Reino Unido, em uma entrevista recente. "Os grupos de rede têm interesse... (em querer) que os profissionais de criação se tornem uma commodity."

Mas a criatividade é a essência da venda da publicidade.

Arcar com responsabilidades é algo que precisa acontecer nos dois sentidos. Os auditores são tão comuns quanto os diretores de arte em alguns corredores de agência, mas o papel da construção da marca, em longo prazo, pode ser avaliado adequadamente?

Uma idéia como "Pense Diferente" escrita em um bloco de anotações muda radicalmente o valor daquele papel.

Índice Remissivo

D

E

F

G